Ralf Krüger
Quanten und die Wirklichkeit des Geistes

**Edition Moderne Postmoderne**

**Ralf Krüger** (Dr. med.), geb. 1968, arbeitet als Oberarzt in einer Klinik für Psychiatrie, Psychotherapie und Psychosomatik.

Ralf Krüger

# Quanten und die Wirklichkeit des Geistes

## Eine Untersuchung zum Leib-Seele-Problem

[transcript]

**Bibliografische Information der Deutschen Nationalbibliothek**

Die Deutsche Nationalbibliothek verzeichnet diese Publikation in der Deutschen Nationalbibliografie; detaillierte bibliografische Daten sind im Internet über http://dnb.d-nb.de abrufbar.

Umschlaggestaltung: Kordula Röckenhaus, Bielefeld
Korrektorat: Tobias Heinze, Frankfurt a.M.
Satz: Mark-Sebastian Schneider, Bielefeld.
Printed in Germany
Print-ISBN 978-3-8376-3173-9
PDF-ISBN 978-3-8394-3173-3

Gedruckt auf alterungsbeständigem Papier mit chlorfrei gebleichtem Zellstoff.
Besuchen Sie uns im Internet: *http://www.transcript-verlag.de*
Bitte fordern Sie unser Gesamtverzeichnis und andere Broschüren an unter: *info@transcript-verlag.de*

# Inhalt

## Zwischenstufen

# Vorbemerkung

Unser Gedanke ist von gleichem Stoffe wie alle Dinge.
FRIEDRICH NIETZSCHE[1]

Mir gefällt das ganze modische »positivistische« Kleben am Beobachtbaren überhaupt nicht.
ALBERT EINSTEIN[2]

Der Gegenstand, über den wir uns hier Gedanken machen, ist der Gedanke selbst, der sprachlich formulierte Gedanke im Bewusstsein des Menschen. Die Frage lautet: Sind die Gedanken, die ein Mensch denkt, ebenso wirklich oder real wie die Nervenzellen seines Gehirns? Die Frage scheint einfach; die Antwort ist es nicht. Wir fragen nach der Wirklichkeit des Psychischen und suchen die Antwort inmitten der naturwissenschaftlich erfahrbaren Welt. Hieraus folgt freilich nicht, dass die Wirklichkeit des Menschen am Horizont naturwissenschaftlicher Erfahrbarkeit endet oder das Wissenschaft, besonders Naturwissenschaft, die einzige Weise ist, in der der Mensch sich selbst und seiner Wirklichkeit begegnen kann. Es ist nicht erforderlich, Naturwissenschaft als umfassend anzusehen. Transzendenz, Kunst, Religion, die Welt der Mythen und die Begegnungen im Spiel sind andere Weisen, in denen der Mensch mit sich selbst zu Rate geht. Aber wenn wir nach einer Erklärung fragen inmitten der naturwissenschaftlich erfahrbaren Welt, dann werden nur Antworten inmitten dieser Erfahrbarkeit zugelassen. Erkenntnis- und Erklärungslücken innerhalb der Naturwissenschaft können nur durch andere, durch bessere naturwissenschaftliche Erkenntnisse und Erklärungen gefüllt werden.

Nach einhundert Jahren Quantentheorie befinden wir uns, so scheint es, noch immer in einer durch die klassische Naturwissenschaft geprägten Welt. Messbarkeit und Objektivität sind darin zum Messobjekt verschmolzen, das

---

1 | Nietzsche F. Nachgelassene Fragmente. Sämtliche Werke. Kritische Studienausgabe Band 9. München, Berlin, New York: Dtv, de Gruyter; 1980: 578.

2 | Brief Albert Einsteins an Karl Popper vom 11.9.1935. In: Popper KR. Logik der Forschung. Tübingen: Mohr Siebeck; 1994: 412-418.

als »von außen« zugänglich betrachtet wird und von entsprechenden Geräten zu erfassen ist. Gleichwohl ist der Ausgangspunkt der Wissenschaft die Theorie. Wird dennoch das Messobjekt zum Ausgangspunkt erklärt, dann verrät sich bereits eine Auslegung darin, eine klassische Deutung dieser Welt, die von Quantentheorie nichts wissen will. Die universell gültige Quantentheorie hat dieses klassische Ideal seit Langem korrigiert und die naturwissenschaftlichen Erkenntnisse dadurch nicht ärmer, sondern umfassender, reicher gemacht. Ein jetzt vorliegender Quantenzustand kann von einem außenstehenden Gerät oder Beobachter aus naturgesetzlichen Gründen nicht vollständig so erfasst und gemessen werden, wie er jetzt vorliegt. Eine perfekte, ideale, ja idealisierte Messapparatur ändert daran nichts.[3,4] Das ist naturwissenschaftliche Realität. Die Theorie, die das erklärt, die Quantentheorie, hat sich in der Wirklichkeit naturwissenschaftlicher Erfahrungen bewährt. An dieser Stelle sei bereits angemerkt, dass auch die Psyche des Menschen, zum Beispiel der Gedanke, sich zwar der Natur eines klassischen Messobjekts entzieht, doch nicht der Naturwissenschaft, die diesen engen Winkel des Blicks bereits verlassen und sich anderen Erfahrungen geöffnet hat.

Wir wollen das Feld der Untersuchung abstecken. Die Frage als sprachliches Mittel wird dabei stets Begleiter, ja Wegweiser sein. Zu Beginn formulieren wir das Problem. Wir befragen zunächst die prominenten Zweige der wissenschaftlichen Gegenwart, Hirnforschung und Neurobiologie. Neuronal oder nichtneuronal, so stellt sich hier die Frage. Die bisherigen Antworten, das soll vorweggenommen werden, reichen nicht hin. Die Rede ist vom neuronalen Korrelat, doch bleibt die Frage unberührt, was das denn ist, was mit Neuronen korreliert.

Die Frage nach der Wirklichkeit des Psychischen ist eng mit der Frage verbunden, ob die psychische und die materielle Welt, ob »Geist und Natur« sich überhaupt als Einheit denken lassen. Carl Friedrich v. Weizsäcker hat diese Frage ein Forscherleben lang bewegt. Die Wirklichkeit in ihrer Einheit darzustellen – darin sah er eine Aufgabe der Wissenschaft; einer Wissenschaft freilich, die sich selbst nach ihren Grundlagen befragt und die eigenen Voraussetzungen kennt. Vor mehr als fünfzig Jahren hat Carl Friedrich v. Weizsäcker mit der Ausarbeitung einer Theorie begonnen, die ein solches Ziel »vor Augen« hat. Thomas Görnitz hat an dieser Arbeit viele Jahre mitgewirkt und gemeinsam mit seiner Ehefrau Brigitte Görnitz eine Weiterentwicklung der v. Weizsäcker'schen Ideen vorgeschlagen. Ob wir hier fündig werden, soll der Text ausweisen.

---

**3** | Görnitz T, Görnitz B. Der Kreative Kosmos. Geist und Materie aus Quanteninformation. Heidelberg: Spektrum Akademischer Verlag; 2008: 88.

**4** | Görnitz T, Görnitz B. Die Evolution des Geistigen. Göttingen: Vandenhoeck & Ruprecht; 2008: 277.

Ein erster und ein letzter Blick fallen auf die Medizin, denn hier sind die Konsequenzen von besonderem Belang. Wenn die Psyche des Menschen sich in naturwissenschaftliche Erklärungsmodelle einbinden lässt, dann gilt dies auch für die Veränderungen, die als pathologisch bezeichnet werden. Psychosomatik und Psychiatrie sind die zwei Fachgebiete hier, wobei die prominente Skepsis wächst, sogar die Anzahl derer, die dem Inhalt ihrer eigenen Tätigkeit misstrauen. Es steht die Frage im Raum, ob die Vorstellungen der Leute vom Fach, bei allen Erfolgen und therapeutischem Geschick, nicht einer Art optischen Täuschung unterliegen; ob denn das, was sie zu behandeln glauben – die Psyche, die Gedanken, die Gefühle, das Ich – überhaupt vorhanden ist, *wirklich* vorhanden wie ein Molekül, die Nervenzellen oder das Gehirn.

Für die hier gestellte Aufgabe hat sich die Form des Essays als die geeignete gezeigt. Sie bietet genügend Raum, in die Umgebung der vorgestellten Theorien einzutreten, manche Verwandtschaften zu entdecken und Verzweigungen aufzusuchen oder auch um einfach abzuschweifen, wo es geboten scheint. Hier sind kurze Geschichten eingestreut, dort finden sich literarische Bruchstücke oder auch längere Passagen, die das Thema beleuchten sollen und vielleicht dadurch auch erhellend sind. Der Gedankengang behält freilich den Vorrang – er hat Hauptstraßencharakter; doch kehren wir, um manchen Blickwinkel bereichert, übersichtiger zu ihm zurück.

*Ralf Krüger*                                              *Weimar, im Mai 2015*

# Gedankengang

Vom Geiste befreit sind Mensch und Verhalten
Durch der Hirnforschung klassisch-zergliedernden Blick;
Im Scanner leuchten Neurone zurück;
Das menschliche Ich, in seiner Schwäche,
Zog sich ins Illusionäre zurück.
Von dorther sendet es, korrelierend, nur
Ohnmächtige Zeichen fragenden Geistes
In Gedanken, die nicht neuronaler Natur! –
Was aber sind sie dann?

# Psyche und Wirklichkeit

## 1

Psychiatrie und Psychosomatik sind jene Bereiche der Medizin, deren enge Beziehung zur Psyche sich schon im Namen verrät. Die Psyche steht im Mittelpunkt, wie das Auge in der Augenheilkunde und das Herz in der Kardiologie. Wie in diesen klinischen Bereichen auch werden Symptome erfasst, Diagnosen gestellt, Therapien eingeleitet. An dieser Stelle zeigt sich ein Problem, das die Augenheilkunde nicht kennt und auch den Kardiologen sind solche Fragen fremd. Ist denn die Psyche überhaupt real? Niemand bezweifelt doch, dass Herz und Auge existieren. Wenn aber psychische Störungen und psychische Krankheiten mit Psychopharmaka und Psychotherapie behandelt werden, dann stehen zwiespältige Fragen im Raum. Was behandeln wir eigentlich: Eine Psyche, die ebenso real ist wie Herz und Auge und dennoch etwas anderes als das Gehirn? Oder behandeln wir allein das Gehirn und seine neuronalen Prozesse? Die Psyche wäre dann lediglich ein Wort, das einem Teil dieser Prozesse den Namen gibt. Oder therapieren wir doch beides, die Psyche und das Gehirn? In der hier durchgeführten Untersuchung wird von einem Vorhandensein der Psyche ausgegangen und davon, dass Psyche und Gehirn etwas Verschiedenes sind. Beide Annahmen werden zunächst in Form von zwei Thesen präzisiert, die als hinreichende Bedingungen gelten sollen, um sinnvoll nach einer naturwissenschaftlichen Erklärung der Psyche zu fragen, nach einer Einbindung des Psychischen in die naturwissenschaftlich erfahrbare Welt. Das ist zugleich die Aufgabe dieser Untersuchung.

Erste These: Psychische Prozesse sind keine neuronalen Prozesse. Sie sind etwas anderes. Das gilt auch, sollten alle psychischen Prozesse immer an das Vorhandensein von neuronalen Prozessen gebunden sein. Zweite These: Psychische Prozesse und neuronale Prozesse unterscheiden sich ontologisch nicht, das heißt, sie können im Rahmen einer erklärenden Naturwissenschaft auf eine einzige ontische Struktur oder Substanz zurückgeführt werden. Worauf zielt die Frage nach einer einzigen ontischen Struktur oder Substanz im Rahmen naturwissenschaftlicher Erklärungen? Wer mit dem Kopf an einen Holzpfeiler stößt, erfährt die Realität des Holzes unmittelbar. Diese Realität kann mithilfe mathematisch-physikalischer Theorien auf die dem Holz zugrunde liegenden, also fundamentalen Strukturen zurückgeführt werden. Diese Erklärung ist es schließlich, die uns von der naturwissenschaftlich erfahrbaren Realität des Holzes überzeugt. Wer sich an einem Gedanken stößt, erfährt die Realität des Gedankens ebenso unmittelbar. Doch bleibt die Frage, ob der Gedanke – ebenso wie das Holz – mithilfe mathematisch-physikalischer Theorien auf fundamentale Strukturen zurückgeführt werden kann. Erst durch eine solche Zurückführung würde die Realität des Gedankens auch als eine naturwissenschaftlich erfahrbare überzeugen. Die Forderung eines naturwissenschaftlich begründeten Monismus ist aber erst dann erfüllt, wenn die dem Holz und dem Gedanken zugrunde liegenden Strukturen identisch sind; wenn das Holz und der Gedanke auf die gleichen fundamentalen Strukturen zurückgeführt werden können. Wird nun anstelle des Ausdrucks »das Zugrundeliegende« der aus dem Lateinischen stammende Ausdruck »Substanz« eingeführt, lässt sich Folgendes formulieren: Wenn das Holz und der Gedanke auf eine einzige Substanz zurückgeführt werden können, dann ist die Forderung eines naturwissenschaftlich begründeten Monismus erfüllt. Das Holz steht hier stellvertretend für die Materie, den Körper, das Gehirn und seine neuronalen Prozesse; der Gedanke für Immaterielles, das Bewusstsein, den Geist und die psychischen Prozesse.

## 2

In einer durch Technik und klassische Naturwissenschaft geprägten Welt ist die Frage nach Objekten und Untersuchungsgegenständen zentral. Auge und Herz, das Gehirn und seine Zellen können als Objekte vorgeführt und so zum Gegenstand der Untersuchung werden. Doch wie sieht es mit der Psyche aus, den psychischen Objekten?

Ein Patient mit paranoider Schizophrenie schildert wiederholt die folgenden Gedanken: Er werde verfolgt. Eine unbekannte Organisation habe es auf ihn abgesehen. Nachbarn seien darin verstrickt, einzelne Familienglieder eingeschlossen. Vermutlich gehöre auch die Arzthelferin in der Praxis des Arztes dazu, was er aus ihren Blicken und Bewegungen geschlossen habe, die er im Wartezimmer beobachten konnte. Die Exploration des Arztes fördert Vorstellungen und Gedanken eines Verfolgungswahns zutage, die psychischen Objekte der Person. Ein anderer Patient ist von verzweifelt grüblerischen Gedanken erfüllt, die ihm seine Welt als ausweglos erleben lassen. Er sehe keinen Sinn mehr im Leben, fühle sich fern aller Freude, ohne Elan, lebensmüde. Zunehmend sei er von Gedanken an den eigenen Tod erfüllt. Abermals werden Gedanken und auch Gefühle als Objekte der Psyche exploriert, diesmal im Rahmen einer Depression. Natürlich begegnet der Arzt nicht einzelnen Objekten eines psychischen Geschehens, sondern einer ganzen Person und auch die Therapie hat nicht die isolierte Veränderung im Blick. Zuletzt erlebt, fühlt, denkt auch der Arzt. Er macht sich Gedanken, zum Beispiel über eine Therapie. Diese Gedanken zählen zu den psychischen Objekten seiner Person. In allen Beispielen wurden Gedanken exploriert und als psychische Objekte identifiziert. Und doch liegt darin eine Schwierigkeit. Zweifellos verstehen wir, was es heißt, wenn jemand sich Gedanken »macht«, einen Gedanken »mit sich herumträgt« oder einen Gedanken »loszuwerden sucht«. Sagen wir doch auch, dass uns Gedanken »einfallen«, vielleicht »vorschweben« oder »durch den Kopf gehen«. Wir wissen aber ebenso, dass Gedanken dies nicht in einer gesondert vorführbaren Weise tun. Gedanken können nicht aus dem Bewusstsein einer Person herausgelöst, als Einzelobjekte separiert, auf einen Untersuchungstisch oder Objektträger platziert und so von außen – objektiv – untersucht, beobachtet, gemessen werden. Diese Tatsache wird oft mit Skepsis bedacht. Ob denn Objekte, die »von außen« gar nicht zugänglich sind, überhaupt als Objekte aufgefasst und zum Ziel einer Erklärung beanspruchenden naturwissenschaftlichen Theorie werden können? Die Antwort lautet »Ja«. In vielen Bereichen der Naturwissenschaft werden immer wieder erfolgreich Theorien entwickelt, obgleich das zu erklärende Phänomen oder der zu untersuchende Gegenstand einer empirischen Prüfung nicht unmittelbar zugänglich ist. Denken wir beispielsweise an die Theorien zur Energieerzeugung in der Sonne. Weder der Mensch noch seine technischen Geräte haben sich je in ihrer Nähe oder gar in der Sonne aufgehalten, um etwa die Temperatur und andere Größen vor Ort zu bestimmen und doch haben sich die Theorien über die erzeugte Sonnenenergie bewährt. Oder die Theorien über die Quarks, den Strukturen innerhalb der Atomkerne. Auch sie können nicht aus den Protonen oder Neutronen herausgelöst und als Einzelobjekte separiert und isoliert untersucht werden; dennoch haben sich die Theorien bewährt und fügen sich in konsistenter Weise in das etablierte Gefüge der Physik. Ein drittes physikalisches Beispiel ist der nach Albert Einstein, Boris Podolsky und Nathan Rosen benannte EPR-Effekt der Quantenphysik, der für Einstein und andere Forscher einst ein »spukhaftes«[1] und paradox anmutendes Phänomen darstellte. Der EPR-Effekt – dargestellt in dem Kapitel »Ein neuer Ansatz« – wird an dieser Stelle nur genannt, um stellvertretend jene Bereiche der Naturwissenschaften einzubinden, in denen Konsequenzen aus einer bewährten Theorie folgen, deren empirische Prüfung jedoch nicht oder noch nicht möglich ist. Die empirische Prüfung des Effektes war damals von vielen Physikern für unmöglich gehalten und nicht einmal erwogen worden. Es hat auch Jahrzehnte gedauert, bis eine experimentelle Prüfung gelang. Heute zählen Anwendungen, die auf dem EPR-Effekt beruhen, zum Alltag der Physik. Ein objektiver Zugriff »von außen« ist folglich keine notwendige Bedingung einer naturwissenschaftlichen Untersuchung, Erklärung oder Theorie.

---

1 | Albert Einstein spricht in einem Brief an Max Born von »spukhaften Fernwirkungen«. Einstein A. Born M. Briefwechsel. München: Nymphenburger Verlag; 1991: 210.

# 3

Beim Treppensteigen ist es nicht erforderlich, jede einzelne Stufe auch zu betreten. Stufen können ausgelassen, übersprungen werden. Ähnlich verhält es sich mit den anekdotischen Zwischenstufen, die sich inmitten der laufenden Gedankenfolge befinden. An einer solchen befinden wir uns hier:

## Das geistlose Gehirn

Auf einem Symposion hatten sich Ärzte aller Disziplinen die Aufgabe gestellt, das Fach, das sie ausübten, möglichst leicht und allgemeinverständlich vorzustellen. Was sich im Namen des Faches verriet, sollte gegenständlich vorgeführt oder im Bilde anschaulich erscheinen. »Medizin zum Anfassen«, lautete das Schlag- und Losungswort. Wenigstens mit dem Finger sollte man doch darauf zeigen können. Freilich hatten die Hals-Nasen-Ohren-Ärzte keine frischen Hälse, Nasen und Ohren dabei, und die Augenärzte kein Auge und die Kardiologen kein Herz. Eine lebendige Anschauung für allgemeine Internisten oder Bauchchirurgen wäre ohnehin schwierig geworden. Die meisten hatten sich mit moderner Bildtechnik begnügt. Der Finger wurde durch elektronische Zeigestäbe ersetzt. Laserpunkte markierten auf der Leinwand Haut und Knochen, Blut und Drüsensäfte, Inneres und Äußeres. Einige Abteilungen hatten vom Pathologen konservierte Organe dabei. Das Gehirn, das die Neurologen vorführten, hatte Eindruck gemacht. Es war in feine Scheiben zerlegt und einer der Fachleute erläuterte das Organ und seine Funktion. Selbstverständlich war man froh, dass die Virologen und Bakteriologen die Gegenstände ihrer Arbeit in den Laboren gelassen hatten. Nun waren die Psychiater an der Reihe. Wie konnte es anders sein. Sie waren gespalten, schon bei der Frage, was denn der Gegenstand ihrer Arbeit sei. Die größte Gruppe unter ihnen verwies auf die Gehirnkonserve am Neurologentisch. Fasslicher geht es ja kaum. Sie standen den reinen Somatikern nicht nach. Bei den Vertretern der Gehirnkonserve fanden sich die führenden Köpfe zusammen, die an den Universitäten den Hauptstrom bestimmen und diesen von unerwünschten Zuflüssen frei halten. Eine kleinere Gruppe war überwiegend aus Therapeuten der Psyche bestückt, die dem gezielten Wort ebensolche Heilkraft wie den pharmakologischen Präparaten zugestehen. Bedenklich erschien, dass sie den Gegenstand ihrer Arbeit nicht einmal im Bilde vorführen konnten. Sie boten nichts, worauf sich mit dem Laserfinger zeigen ließ. Aus dem Hauptstrom meldete sich ein Dozent zu Wort: »Ein eigener Gegenstand der Psychosomatik und Psychiatrie existiert nicht. Und das, was schon bei Gesunden nicht existiert, soll auch noch verändert, gestört oder krank sein können?« Nach einer kurzen Pause schloss er die Lücke, welche das Ausschalten der Psyche hinterließ: »Nur das Gehirn und seine Zellen existieren!«

# 4

Zurück zur Psyche und ihren Objekten: Psychische Vorgänge sind subjektiv und allein der sie erlebenden Person bekannt. Fragen wir, was den subjektiv erfahrenen Erlebensraum einer menschlichen Psyche auszufüllen vermag, fragen wir nach Inhalt, Vielfalt und Verschiedenheit, dann werden unter anderem Gedanken, Vorstellungen und Gefühle erkennbar. Diese sind hier zunächst unter dem Begriff *psychische Objekte* zusammengefasst, auch um die Suche nach einem naturwissenschaftlichen Zugang zu betonen. Sollte sich diese Suche als erfolgreich erweisen, wird die naturwissenschaftliche Ausarbeitung selbst zeigen, dass der Begriff »Struktur« anstelle von »Objekt« eine treffendere Abbildung darstellt, da dieser aufgrund seiner engen Verwandtschaft zu »Gestalt« und »Form« eine kennzeichnende Nähe zu dem fundamentalen Informationsbegriff besitzt. Doch dazu später. An dieser Stelle wird nur noch darauf hingewiesen, dass in den folgenden Überlegungen in erster Linie die bewussten Inhalte des Bewusstseins, vor allem die Gedanken angesprochen werden, obgleich der Bereich des Unbewussten stets einbezogen bleibt. Der Einwand, dass das Wort »Objekt«[2] sich einer Anwendung auf das subjektive Innenleben entzieht, da es notwendig gegenständlich, dinglich, materiell aufgefasst werde, ist nicht triftig. Materielle Vorannahmen über etwas Dingliches oder Stoffliches müssen nicht getroffen oder können doch abstrahiert, ignoriert, ausgesondert werden. Das Gegenständliche weist in erster Linie der Beziehung zu einem Gegenüber, einem Gegenüberstehen die Richtung und diese ist bei der bewussten Reflexion durchaus gegeben. Wir können prinzipiell über alle Inhalte des Bewusstseins reflektieren, uns ihnen »inneräugig« und gedanklich zuwenden und ihnen in dieser Weise gegenüberstehen.

Gedanken – die sprachlich formulierten bewussten Gedanken des menschlichen Bewusstseins – werden zum Erklärungsziel der hier aufgenommenen Betrachtungen bestimmt. Es werden also nicht die gesamten psychischen oder geistigen Vorgänge oder Zustände des Menschen in den Blick genommen, sondern – exemplarisch – die sprachlich formulierten bewussten Gedanken des Bewusstseins. Dies geschieht aus zwei Gründen. Erstens: Sprachlich formulierte bewusste Gedanken scheinen spezifisch menschliche Formen des Psychischen zu sein. Sie sind, soweit wir wissen, erst mit dem Menschen in der evolutionären Entwicklung aufgetaucht. Wenn wir die Entwicklung der Informationsverarbeitung in ihrem bisherigen evolutionären Verlauf betrach-

---

2 | Vgl. Kluge F. Etymologisches Wörterbuch der deutschen Sprache. Berlin, New York: de Gruyter; 22. Auflage, 1989: 512. Hier heißt es: Objekt = Gegenstand. Im 14. Jahrhundert entlehnt aus Mittellateinisch *objectum* »das (dem Verstand) Vorgesetzte«. Das lateinische *obicere* bedeutet neben »vorsetzen« auch »entgegenwerfen«. Vergleich: Wir werfen auch Blicke.

ten und ihre Komplexität als Maß auffassen, dann kann eine Art »evolutionäre Hierarchie« erstellt werden. Die Entstehung von Gedanken kann dann sinnvoll als ein »höherer« Schritt angesehen werden, höher beispielsweise als die Entwicklung der Schmerz- oder Farberlebnisse, die selbstverständlich auch zu den psychischen Vorgängen zählen. Wenn die Idee richtig ist, dass sich aus einem Verständnis des »Höheren« oder Komplexeren das »darunter Befindliche« oder Einfachere leichter verstehen und erklären lässt, zumindest leichter als umgekehrt, dann ist auch die Vermutung berechtigt, dass von einer naturwissenschaftlichen Erfahrbarkeit der Gedanken eher ein Licht auf die naturwissenschaftliche Erklärbarkeit von Farb- oder Schmerzerlebnissen geworfen werden kann als umgekehrt. Zweitens: Die »Arbeit am Modell«, am Modell und Beispiel der Gedanken, soll zudem die Gefahr von Missverständnissen, die sich aus dem verschiedenen Gebrauch von Worten ergeben können, verringern. Diese Gefahr ist gerade bei der Wort- und Bedeutungsvielfalt im Umkreis der Psyche recht groß. Ganze Diskussionen scheitern daran, dass Worte immer wieder anders verwendet und in Abhängigkeit von philosophischen Traditionen, Kulturkreis und wechselnden Perspektiven mit verschiedenen Bedeutungen versehen werden. Denken wir an die Worte Seele, Geist, Wille, Psyche, Bewusstsein, Erleben, Emotion und Kognition, um nur einige zu nennen. Hinzu kommen die heute in der akademischen Philosophie vorgenommenen Klassifizierungen von verschiedenen Arten oder Typen mentaler Zustände. In einer ersten Sonderung werden hier intentionale von phänomenalen Zuständen unterschieden.

Der Ausdruck »sprachlich formulierte bewusste Gedanken des Bewusstseins« scheint hinreichend klar zu sein. Aus Gründen der praktischen Kommunikation wird im Text meist nur das Wort »Gedanke« verwendet, aber mit exakt derselben Bedeutung. Aus ebenfalls praktischen Gründen werden die Ausdrücke mental, seelisch, geistig und psychisch meist mit übereinstimmender Bedeutung, also synonym verwendet. Sie sind dann als Abkürzungen oder Stellvertreter anzusehen, deren Bedeutung mit dem Ausdruck »die sprachlich formulierten bewussten Gedanken des menschlichen Bewusstseins betreffend« identisch ist. Kurzum: Wenn Zweifel an der Bedeutung dieser Ausdrücke auftauchen sollten – es sind immer die sprachlich formulierten bewussten Gedanken des menschlichen Bewusstseins angesprochen. Der Gedanke als psychisches Objekt ist ferner vom Gedanken als logisches Objekt, von dem Gottlob Frege berichtet, zu unterscheiden.[3] Als psychisches Objekt ist der Gedanke nicht auf die Gestalt eines Behauptungssatzes eingeengt. Er kann vielmehr jede beliebige Satz-, Wort- oder Buchstabenfolge enthalten, sogar inkohärenten »Wortsalat«.

Auch die Worte Wirklichkeit und Realität werden hier gleichbedeutend, synonym verwendet. Mitunter werden Schwierigkeiten in einer solchen Gleichsetzung gesehen und auf das in »Realität« enthaltene lateinische Wort »res«

---

3 | Frege G. Logische Untersuchungen. Göttingen: Vandenhoeck & Ruprecht; 2003.

zurückgeführt, das nicht nur als »Sache«, sondern auch als »Ding«[4] übersetzt wird. Da sich »Dinge« aber meist im Bannkreis des Stofflichen, Körperlichen, Materiellen befinden, könnten dann Materie-Eigenschaften sich nicht nur in die Auffassung der Realität, sondern auch in die der Wirklichkeit hineinschieben, sodass die Vorstellung begünstigt werde, dass ausschließlich materielle Objekte wirklich sind oder real. Wir sind überzeugt, dass eine solche Verknüpfung, wenn sie sich vorfinden oder einschleichen sollte, über eine Reflexion dieser Zusammenhänge aufgelöst und ausgesondert werden kann.

# 5

Sind die Gedanken, die ein Mensch denkt, ebenso wirklich oder real wie die Nervenzellen und neuronalen Prozesse? Wenn wir diese Frage mit »Nein« beantworten, dann haben wir die Möglichkeit einer naturwissenschaftlichen Erfahrbarkeit des Psychischen bereits ausgeschlossen. Neurobiologen und Hirnforscher beschäftigen sich seit einiger Zeit mit der Aufgabe, das »Rätsel des Bewusstseins« zu lösen und eine naturwissenschaftliche Erklärung der menschlichen Psyche und des Geistes und damit auch der Gedanken vorzulegen. Haben sie also mit »Ja« geantwortet? Diese und andere Fragen im Umkreis einer womöglich auch naturwissenschaftlich erfahrbaren Psyche werden im folgenden Text beantwortet. Zunächst werden wir uns jedoch allgemeineren Betrachtungen zuwenden, dem Determinismus, Indeterminismus und ihren Unterschieden innerhalb einer naturwissenschaftlich erfahrbaren Welt.

---

4 | Eine interessante etymologische Spur scheint bei dem Wort »Ding« selbst vorzuliegen. Nach Kluge wurde in der gotischen Sprache dem Wort »Ding« auch die Bedeutung »festgesetzte Zeit« zugewiesen. Kluge F. Etymologisches Wörterbuch der deutschen Sprache. 1989: 144. Nach Pfeifer lässt sich »Ding« auf das althochdeutsche Wort »thing« zurückführen, das in seinen ältesten Belegen auch »Zeitpunkt« bedeutet. Pfeifer W (Hg.). Etymologisches Wörterbuch im Deutschen. Erster Band, A-L. Berlin: Akademie Verlag; 1993: 227. Wir kommen erst in einem der späteren Abschnitte auf die quantenphysikalisch bedeutsame Unterscheidung von Fakten und Möglichkeiten zu sprechen, die untrennbar mit der Struktur der Zeit verbunden ist. Dabei sind Fakten mit einer »festgesetzten Zeit« verknüpft, Quantenmöglichkeiten hingegen mit einer »umfassenden Gegenwart«. Weizsäcker CFv. Aufbau der Physik. München: Hanser; 1985: 612-617.

# Neuron und Naturgesetz

## 6

Die Vorstellung von einer vollständig vorherbestimmten Welt hat in der abendländischen Kultur schon viele Ausprägungen erfahren und die unterschiedlichsten Weltbilder erfasst. Ob die Allmacht Gottes, historische Notwendigkeiten oder Naturgesetze als verantwortlich für das determinierte Weltgeschehen angesehen werden, alle Formen des Determinismus sind durch eine zentrale Idee verbunden, die für sämtliche Ausprägungen charakteristisch ist: *Jedes Ereignis ist vorherbestimmt!*

Die Auffassung des wissenschaftlichen Determinismus kann in folgender Weise formuliert werden: Der Zustand eines Systems ist zu jedem Zeitpunkt vollständig festgelegt. Der gegenwärtige Zustand, der den nächsten Zustand festlegt, ist selbst durch den vergangenen Zustand festgelegt. Der wissenschaftliche Determinismus duldet keine Ausnahme. Sollte sich ein Ereignis finden, das nicht festgelegt ist, muss die Auffassung von einer deterministischen Entwicklung durch die des Indeterminismus ersetzt werden, da nur der Indeterminismus Entwicklungen kennzeichnet, in denen *nicht alle* Ereignisse festgelegt sind. Daraus folgt: Nur der Indeterminismus kann mit einer *fast vollständig* festgelegten oder *ziemlich stark* bestimmten Entwicklung verbunden sein, der Determinismus jedoch nicht. Mit der logischen Verknüpfung von Determinismus und Naturgesetz hat die Idee des Determinismus Einzug in die Wissenschaft gehalten. Die Auffassung, dass der Determinismus die notwendige Folge der Gültigkeit mathematisch formulierbarer Naturgesetze ist, hatte sich zum ersten Mal im Anschluss an die von Isaac Newton gefundenen physikalischen Gesetze herausgebildet. Dieser *physikalische Determinismus*, den wir auch als den ersten naturgesetzlichen Determinismus bezeichnen können, liegt in der mathematischen Struktur von Differentialgleichungen begründet, in der diese Gesetze formuliert werden. Differentialgleichungen symbolisieren eine Art deterministisches Ideal; mit mathematischer Strenge wird darin vollkommene Festlegung wissenschaftlich formuliert. Newtons Entdeckungen kamen einer Revolution der Naturbetrachtung gleich. Der außergewöhnliche Erfolg der Theorien und ihre technischen Konsequenzen bestärkten die Aus-

sicht, dass die gesamte physikalisch erfahrbare Wirklichkeit mit diesen Naturgesetzen vollständig beschrieben werden kann. Und wäre dies der Fall, das
schien nur folgerichtig, dann ist diese Wirklichkeit vorherbestimmt. Die Situation änderte sich mit der Entdeckung der Quantentheorie zu Beginn des
zwanzigsten Jahrhunderts. Diese Änderung hatte einen nicht minder revolu-
tionären Charakter als die Entdeckungen Newtons einige hundert Jahre zuvor.
Die Physiker begannen sogar den grundlegend anderen Charakter der neuen
Theorie in der Sprache kenntlich zu machen, indem sie sämtliche physikalische Theorien wie die newtonsche Mechanik, Elektrodynamik, Thermodyna-
mik, Optik, einschließlich der gerade erst gefundenen speziellen Relativitäts-
theorie gemeinsam unter dem Begriff »klassische Physik« zusammenfassten,
um sie dadurch von der Quantenphysik zu unterscheiden. Diese Unterscheidung – Quantenphysik und klassische Physik – hat sich bis heute erhalten.
Als Konsequenz der Quantentheorie wurde der physikalische Determinismus
durch den physikalischen Indeterminismus abgelöst.

Der zweite naturgesetzliche Determinismus, der den Determinismus auf
die Gültigkeit der Naturgesetze zu gründen versucht, ist der *neuronale Determinismus*, eine Auffassung, die seit dem ausgehenden zwanzigsten Jahrhundert
von Neurobiologen und Hirnforschern formuliert wird. Wenn auch nicht immer unter ausdrücklicher Verwendung des Namens »neuronaler Determinismus«, lässt sich ein gemeinsamer Kern inhaltlicher Übereinstimmung überall
dort wiederfinden, wo aus den Resultaten neurowissenschaftlicher Forschung
der Determinismus aller psychischen Vorgänge und des menschlichen Verhaltens gefolgert wird. Der neuronale Determinismus ist die Auffassung, dass
alle psychischen Vorgänge durch neuronale Vorgänge determiniert sind. Genauer: Alle psychischen Vorgänge – ob bewusst, vor- oder unbewusst – sind
vollständig und in allen Einzelheiten durch neuronale Prozesse festgelegt. Von
seinen Vertretern wird der neuronale Determinismus als unausweichliche
Folge naturwissenschaftlicher Erkenntnisse angesehen, als logische Konsequenz neurobiologischer Theorien über Struktur und Funktion der Gehirne
und Nervensysteme. Formulierungen wie »psychische Vorgänge beruhen auf
neuronalen Prozessen« oder »psychische Vorgänge gehen aus neuronalen Vorgängen hervor« oder auch »Gehirnfunktionen liegen psychischen Vorgängen
zugrunde«, präzisieren die angenommenen Verknüpfungsverhältnisse freilich noch nicht. Gleichwohl versuchen die Autoren darin schon mehr oder weniger direkt, die vom neuronalen Determinismus angenommene zeitliche und
ursächliche Aufeinanderfolge der angenommenen Gehirn-Geist-Verbindung
auszudrücken: Zuerst findet ein Gehirnvorgang statt, dem anschließend der
durch diesen Hirnprozess vollständig festgelegte psychische Vorgang folgt.

# 7

Mithilfe eines Gedankenexperimentes kann das Modell des neuronalen Determinismus veranschaulicht werden: Nehmen wir an, eine Person sitzt allein in einem Raum und spricht nicht. Während einer Minute wird mit den modernsten Apparaturen die Gehirnaktivität der Person gemessen und registriert. Was die Person in dieser Minute fühlt, erinnert, denkt, erlebt – alles, was ihr in dieser Zeit *einfällt* und *durch den Kopf geht*, nennen wir psychische oder mentale oder geistige oder seelische Vorgänge oder auch die Inhalte ihres Bewusstseins. Diese psychischen Vorgänge sind subjektiv und allein der sie erlebenden Person bekannt. Die neuronalen Prozesse sind objektiv und werden von außen gemessen und in einer Messapparatur registriert. Dem einminütigen Strom des Bewusstseins steht damit ein einminütiger Strom registrierter Gehirnaktivität gegenüber. Jetzt zerschneiden wir gedanklich das einminütige bewusste Erleben in Zeitscheiben von jeweils einer Millisekunde Länge und erhalten dadurch sechzigtausend »psychische Zeitscheiben«: $P_1$, $P_2$, ..., $P_{60000}$. Innerhalb jeder Zeitscheibe sind nun die gesamten Inhalte des Bewusstseins dieser Person enthalten, die ihr in dieser Millisekunde *durch den Kopf gegangen* sind. Nun zerschneiden wir ebenfalls gedanklich die einminütige registrierte Gehirnaktivität in Zeitscheiben von jeweils einer Millisekunde Länge, subtrahieren davon den Teil der registrierten neuronalen Aktivität, der zur Determinierung der psychischen Prozesse nicht erforderlich ist und erhalten sechzigtausend »neuronale Zeitscheiben«: $N_1$, $N_2$, ..., $N_{60000}$. Selbstverständlich ist die Millisekunde eine willkürlich festgelegte Zeitscheibenlänge und wir hätten auch eine andere wählen können. Die gewählte Zeitscheibenlänge orientiert sich an der Fähigkeit des Gehirns »über große Entfernungen hinweg Synchronizität zu erzeugen, die im Millisekundenbereich präzise ist«[1]. Gemäß der Auffassung vom neuronalen Determinismus sind alle psychischen Vorgänge *ihren* neuronalen Vorgängen »nachgängig«[2], wie der Hirnforscher Wolf Singer betont. Das heißt: Zwischen dem Beginn eines neuronalen Vorgangs (N) und dem Beginn des durch (N) determinierten psychischen Vorgangs (P) vergeht Zeit, die Determinierungszeit (D). Nehmen wir an, die Zeitdauer beträgt für alle sechzigtausend neuropsychischen Determinierungen eine Millisekunde. Dann gilt $D_1$ = $D_2$ = D... = $D_{60000}$, die Determinierungszeit ist konstant. Auch diese Zeitdauer wurde willkürlich und, der Einfachheit halber, ebenso groß wie eine Zeitscheibenlänge gewählt. Eine kleine Schwierigkeit gilt es noch zu beheben. Die erste neuronale Zeitscheibe $N_1$ und die erste psychische Zeitscheibe $P_1$ beginnen gleichzeitig. Da Determinierung Zeit benötigt, kann $P_1$ nicht durch $N_1$ deter-

**1** | Singer W. Der Beobachter im Gehirn. Frankfurt: Suhrkamp; 2002: 165.

**2** | Singer W. »Wir brauchen Übersetzer«. Ein Gespräch. In: Hüttemann A (Hg.). Zur Deutungsmacht der Biowissenschaften. Paderborn: Mentis; 2008: 23.

miniert worden sein, sondern durch einen neuronalen Vorgang, sagen wir $N_0$, dessen Beginn eine Millisekunde vor dem Beginn der ersten Registrierung liegt. Unsere erste neuronale Zeitscheibe $N_1$ determiniert die zweite psychische Zeitscheibe $P_2$. Analog dazu verhalten sich die anderen, »um eins verschobenen« Determinierungen. $N_2$ determiniert $P_3$, $N_3$ determiniert $P_4$ und so weiter. Was aber geschieht innerhalb des Zeitraumes der Determinierung? Einerseits heißt es, der gegenwärtige neuronale Zustand lege den nächsten neuronalen Zustand vollständig fest.[3] Andererseits soll offenbar in dieser Zeit der »unvermeidliche ›Sprung‹«[4] (Gerhard Roth) oder »Phasenübergang«[5] (Wolf Singer) vom Neuronalen zum Psychischen erfolgen. Was aber ist damit gemeint? Wohin wird »gesprungen« und *was* befindet sich dort? Was ist die »Phase« des Psychischen, in welche die »Phase« des Neuronalen übergeht, wie komplex, dynamisch, nichtlinear und distributiv organisiert die neuronale »Phase« auch immer sein mag. Die bisherigen Ausführungen legen zumindest die Vermutung nahe, dass dort, wohin gesprungen oder übergegangen werden soll, auch *etwas* ist. Wenn aber das Psychische *etwas* ist, knüpft sich daran die Frage nach seiner Realität und Qualität. An dieser Stelle werden durchaus verschiedene Ansichten einzelner Vertreter des neuronalen Determinismus erkennbar, die sich freilich alle innerhalb eines Naturalismus genannten Materialismus, einer Art »Kleine-Bausteine-Monismus«, bewegen.

An einem neuronalen Vorgang sind zahlreiche Neurone beteiligt. Die Funktionsweise eines einzelnen Neurons kann innerhalb einer sich ausschließlich an den Theorien der klassischen Physik ausrichtenden Neurobiologie mit einem Transistor oder »Schwellenschalter« verglichen werden, der entweder ein- oder ausgeschaltet ist. In der Sprache der Neurophysiologie ausgedrückt: Das Neuron feuert oder feuert nicht. Zwar wird die durch diesen Vergleich angedeutete einfache Arbeitsweise neuronaler »Transistorzellen« durch die große Neuronenzahl, die synaptische Variabilität und die große Vielfalt elektrochemischer Prozesse erheblich komplizierter, doch wird in der großen Zahl von Neuronen und der noch größeren Zahl ihrer Verknüpfungen untereinander – einem »Mehr des Gleichen«[6] – tatsächlich die entscheidende Ursache für die Herausbildung bewusstseinsfähiger Nervensysteme gesehen. Milliarden dieser Neurone sind durch eine noch größere Zahl synaptischer Verbindungen auf vielfältige Weise – erregend oder hemmend, stark oder schwach – miteinander verknüpft. Hirnvorgänge, die psychischen Vorgängen zugrunde liegen,

---

**3** | Singer W. Der Beobachter im Gehirn. 2002: 75.

**4** | Roth G. Worüber dürfen Hirnforscher reden – und in welcher Weise? In: Geyer C (Hg.). Hirnforschung und Willensfreiheit. Frankfurt: Suhrkamp; 2004: 78.

**5** | Singer W. Der Beobachter im Gehirn. 2002: 179.

**6** | Singer W. Verschaltungen legen uns fest. In: Geyer C (Hg.). Hirnforschung und Willensfreiheit. Frankfurt: Suhrkamp; 2004: 40.

werden als raumzeitliche neuronale Aktivierungsmuster beschrieben. Diese elektromagnetischen Muster entstehen, indem Millionen von Nervenzellen, die in den verschiedensten Hirnregionen lokalisiert sein können, in einer spezifisch miteinander verknüpften und zeitlich aufeinander abgestimmten Weise elektromagnetische Aktivität zeigen. Dabei handelt es sich um ein komplex organisiertes Neuronen-Miteinander, das zumindest im Prinzip[7] »von außen« dargestellt und aus der Dritte-Person-Perspektive objektiv erfasst werden kann. Wie das Gedankenexperiment deutlich macht, lässt sich – nach Auffassung des neuronalen Determinismus – jedem psychischen Vorgang ein solches neuronales Aktivierungsmuster zuordnen, das vor dem psychischen Vorgang stattfindet und diesen vollständig festlegt.

# 8

Das Modell des neuronalen Determinismus behauptet die vollständige Festlegung psychischer Vorgänge durch neuronale Prozesse. Liegt ein psychischer Vorgang vor, dann ist der ihn zuvor determinierende neuronale Prozess notwendig eingetreten. Liegt ein neuronaler Vorgang vor, dann ist es nicht zwingend, dass der durch ihn »eigentlich« determinierte psychische Vorgang tatsächlich eintritt. Der neuropsychische »Sprung«, der »Phasenübergang vom Materiellen zum Geistigen«[8], könnte ja ausbleiben oder gestört sein. Ein neuronaler Vorgang, der einen psychischen Vorgang zu »erzeugen« vermag, determiniert somit zweierlei: *seinen* psychischen Vorgang und den nächsten neuronalen Vorgang. Freilich könnten an der Festlegung des nächsten neuronalen Vorgangs auch andere neuronale Vorgänge beteiligt sein, als jener »Ausschnitt« neuronaler Aktivität, der – gemäß dieser neurobiologischen Konzeption – den psychischen Vorgang zu »erzeugen« vermag, doch bleibt der neuronale Determinismus davon unberührt. Der jetzige Zustand des Gehirns legt den nächsten Zustand des Gehirns vollständig fest. So lautet das neuronale Prinzip. Dazu bemerkt der Hirnforscher Wolf Singer: »Im Bezugssystem neurobiologischer Beschreibungen gibt es keinen Raum für objektive Freiheit, weil die je nächste Handlung, der je nächste Zustand des Gehirns immer determiniert wäre durch das je unmittelbar Vorausgegangene. Variationen wären allenfalls denkbar als Folge zufälliger Fluktuationen.«[9] Dann wäre allerdings die

---

7 | Die Verwendung des Ausdrucks »im Prinzip« deutet eine Einschränkung an. Diese besagt, dass der beschriebene Vorgang als logische Folge der Gültigkeit einer naturwissenschaftlichen Theorie angesehen wird, aber die tatsächliche empirische Prüfung – meist aufgrund praktisch-technischer Hindernisse – erschwert oder unmöglich ist.

8 | Singer W. Der Beobachter im Gehirn. 2002: 179.

9 | Ebd., S. 75.

Entwicklung von einem neuronalen zum nächsten neuronalen Vorgang nicht mehr vollständig neuronal festgelegt und der Indeterminismus zumindest auf der neuronalen Ebene verwirklicht. Für den neuronalen Determinismus bleibt dies jedoch ohne Belang. Erstens handelte es sich bei diesen »Fluktuationen« bloß um »Zufälle« und zweitens bleibt die Forderung, dass alle psychischen Vorgänge durch neuronale Vorgänge vollständig festgelegt werden, davon unberührt. Wenn sich ein neuronales Aktivierungsmuster durch »zufällige Fluktuationen« ändert und damit nicht mehr durch den vergangenen Zustand des Gehirns determiniert ist, dann ist das Gehirn jetzt folgerichtig in einem anderen Zustand, als es ohne diese »zufällige Fluktuation« gewesen wäre. Auch ein von diesem neuronalen Prozess hervorgerufener psychischer Vorgang wird nun vermutlich ein anderer sein, als er ohne das zufällig veränderte neuronale Aktivierungsmuster gewesen wäre; aber noch immer ist der psychische Vorgang durch einen, durch *seinen* Hirnvorgang determiniert.

Der neuronale Determinismus wurde bisher allein mit Blick auf die Psyche bestimmt, da diese im Zentrum der Untersuchung steht. Aber der neuronale Determinismus behauptet mehr. Er behauptet nicht nur, dass die psychischen, sondern das alle Vorgänge oder Zustände, die durch neuronale Vorgänge angestoßen, initiiert oder ausgelöst werden, vollständig durch diese neuronalen Prozesse festgelegt sind, also auch die über Nervenzell-Muskelbeziehungen gesteuerten motorischen Bewegungen und die dem vegetativen Nervensystem obliegenden autonomen Prozesse wie beispielsweise die Drüsensekretion. Die Letzteren – motorische und autonome Prozesse – sind es ja schließlich, die den »von außen« beobachtbaren und messbaren Teil des Verhaltens oder einer Handlung überhaupt ausmachen. Werden die beobachtbaren oder messbaren somatischen Vorgänge mit den Erlebnisberichten einer Person verknüpft, dann werden sie beispielsweise von Eric Kandel als »komplexe kognitive Handlungen«[10] oder von Wolf Singer als »Verhaltensleistungen« charakterisiert: »Darunter fallen Wahrnehmen, Vorstellen, Erinnern und Vergessen, Bewerten, Planen und Entscheiden, und schließlich die Fähigkeit, Emotionen zu haben.«[11] Die Unzugänglichkeit der Innenperspektive einer anderen Person wird durch die sprachliche Verknüpfung von »kognitiv« und »Handlung« oder von »Verhalten« und »Leistung« natürlich nicht aufgehoben. Psychische Vorgänge – eine Grünempfindung oder das introspektive *Haben* einer Vorstellung oder eines Gedankens – sind für eine andere Person oder ein Messgerät, also aus einer Dritte-Person-Perspektive nach wie vor nicht zugänglich. Sie können nur indirekt ermittelt oder erschlossen werden, wenn eine Person über ihre Erlebniszustände berichtet oder ihre körperlichen Vorgänge über diese Zustände etwas mitteilen. Das ist

---

10 | Kandel ER. Psychiatrie, Psychoanalyse und die neue Biologie des Geistes. Frankfurt: Suhrkamp; 2008: 82.

11 | Singer W. Verschaltungen legen uns fest. 2004: 35.

und bleibt natürlich etwas ganz anderes als die unmittelbare Teilnahme oder introspektive Teilhabe an oder gar inmitten der Innenperspektive des Bewusstseins einer anderen Person. Kurzum: Ein subjektiver Erlebniszustand kann – nach den bisher in der Neurobiologie verwendeten klassisch-physikalischen Grundlagen – immer nur *in* seiner Verknüpfung mit motorischen oder durch das autonome Nervensystem vermittelten viszeralen oder vegetativen Vorgängen erfahrbar werden. Gerade dieses »in« markiert die Schwierigkeit bei der Erklärung eines »umgekehrten Phasenübergangs« von der Psyche zum Körper und der Beantwortung sich daran anknüpfender Fragen: Wie ist der Geist *im* gesprochenen Wort, wie die Psyche *in* der Bewegung? Das Treffen einer Entscheidung beispielsweise kann, was sich auch immer im Bewusstsein einer Person »rein psychisch« abgespielt haben mag, erst in einer motorischen Bewegung oder einer durch das autonome Nervensystem bewirkten physischen Veränderung auch von außen messbar werden, also in einer Verknüpfung mit dem Körper. So werden letztlich nur Aspekte der körperlichen Gebundenheit erfasst: motorische Bewegungsabläufe, Verhalten, Handlungen. Die Psyche des Menschen umfasst freilich mehr. – Ein Schüler macht sich Gedanken (psychischer Vorgang) über die Aufgabe und notiert die Lösung (Verhalten). Ein Kind schämt sich (psychischer Vorgang) und sein Gesicht wird rot (Verhalten).

Neben dem »reinen« neuronalen Determinismus lassen einige neurobiologische Konzepte noch andere, freilich ebenfalls deterministische Auffassungen erkennen. Auch sind einige eng mit der Diskussion über den »freien Willen« verknüpft, wie der von Gerhard Roth und Michael Pauen beschriebene »Motivdeterminismus«.[12] Die Unterschiede sind gering, die Konsequenzen – das Verhalten des Menschen ist vollständig festgelegt – identisch. Sie äußern sich in den unterschiedlichen Akzenten innerhalb der Argumentation, mit deren Hilfe der Determinismus begründet wird; sodass sie eher als Schattierungen, Varianten oder Lesarten des neuronalen Determinismus erscheinen. Während der »reine« neuronale Determinismus konsequent den Determinismus aller psychischen Vorgänge behauptet, also aller »Erste-Person-Erlebnisse« in einem subjektiven »Innenraum«, die nicht gemessen und damit nicht »von außen« erfahren werden können, wird in anderen »Varianten« eher die vollständige Festgelegtheit des menschlichen Verhaltens betont oder die Argumentation wird vornehmlich auf die Unterscheidung von bewussten und unbewussten Prozessen eingegrenzt. Zuletzt stimmen alle Auffassungen in dem überein, was die Formulierungen »Verschaltungen legen uns fest«[13] von Wolf Singer oder »Wir sind determiniert«[14] von Gerhard Roth als konsequente

12 | Roth G. Aus Sicht des Gehirns. Frankfurt: Suhrkamp; 2009: 198-201.

13 | Singer W. Verschaltungen legen uns fest. 2004: 30.

14 | Roth G. Wir sind determiniert. Die Hirnforschung befreit von Illusionen. In: Geyer C (Hg.). Hirnforschung und Willensfreiheit. Frankfurt: Suhrkamp; 2004: 218.

Kurzformeln zum Ausdruck bringen. Dadurch scheint der Verzicht auf eine fortlaufende Unterscheidung verschiedener deterministischer Varianten hinreichend begründet. Wir werden uns in den folgenden Abschnitten auch allein auf den »reinen« neuronalen Determinismus beschränken, werfen aber zuvor noch einen Blick auf einige Unterschiede innerhalb der Argumentation.

Bei einigen Neurobiologen und Hirnforschern tritt innerhalb der Argumentation die Unterscheidung von Bewusstseinsstufen, insbesondere von unbewussten und bewussten psychischen Vorgängen, in den Vordergrund. Zur Begründung des neuronalen Determinismus ist dies nicht erforderlich. Wird davon ausgegangen, dass jeder psychische Vorgang durch vorangehende neuronale Prozesse determiniert ist, dann gilt dies für alle Bewusstseinsgrade, für unbewusste, vorbewusste und bewusst erlebte psychische Vorgänge. Bewusste und unbewusste psychische Vorgänge unterscheiden sich zweifellos, doch nicht im Grad ihrer Festgelegtheit. »Je bewusster, desto weniger festgelegt« gilt für den neuronalen Determinismus gerade nicht. Bewusste Vorgänge könnten, was niemals der Fall ist, zu einhundert Prozent den Entscheidungsvorgang bestimmen, doch werden – nach Auffassung des neuronalen Determinismus – auch diese einhundert bewussten Entscheidungsprozente vollständig und in allen Einzelheiten durch vorangehende neuronale Prozesse festgelegt. Damit entgeht der neuronale Determinismus dem Einwand, dass bewusste Gedanken des Bewusstseins womöglich den Determinismus des menschlichen Verhaltens irgendwie einschränken oder gar aufheben könnten. Dieser »reine« neuronale Determinismus stützt sich auch nicht auf die Experimente Benjamin Libets oder anderer Forscher zur sogenannten Willensfreiheit. Wann auch immer und ob überhaupt ein Gedanke ins Bewusstsein tritt; er ist, gemäß dieser Auffassung, immer und ausschließlich ein durch neuronale Prozesse vollständig festgelegtes Resultat.

Der Hirnforscher Gerhard Roth stützt seine Argumentation auf die Unterscheidung von unbewussten, im Limbischen System verankerten, und von bewussten, unter maßgeblicher Beteiligung der Hirnrinde »erzeugten«, psychischen Vorgängen.[15] Die Begründung: Am Anfang und am Ende eines jeden Entscheidungsprozesses sind ausschließlich unbewusst wirksame neuronale Prozesse des Limbischen Systems ausschlaggebend und nur sie legen letztlich fest, welche Handlung tatsächlich ausgeführt und unterlassen wird. Kurzum: Das »erste und das letzte Wort« hat das Limbische System! Nehmen wir an, die Entscheidung »Vanille- oder Erdbeereis« ist das Ergebnis eines langen Erwägungs- und Überlegungsvorgangs, der mit dem Appetit, dem Verlangen, dem Wunsch, der uns zum Eismann führt, beginnt und mit der entsprechenden Eiswaffel in der Hand endet. Ein Vorgang hat, als zeitliches Geschehen, einen An-

**15** | Roth G. Das Problem der Willensfreiheit aus Sicht der Hirnforschung. In: Information Philosophie. 2004: 83-92.

fang und ein Ende. Das »Erste Wort« hat das Limbische System. Wenn nun auf dem Wege der Entscheidung auch bewusste Abwägungen oder Auswahlüberlegungen eine Rolle spielen sollten, geschehen diese lediglich in der Zwischenzeit, bevor das unbewusst wirksame Limbische System die Letztentscheidung trifft. Jeder bewusst erlebte Erdbeerwunschgedanke kann zugunsten einer unbewussten, durch das Limbische System getroffenen Vanilleentscheidung umgeworfen werden, und zwar ohne dass uns die Vorgänge, die diesen Entscheidungswechsel tatsächlich herbeiführen, in irgendeiner Form bewusst oder einsichtig werden. Dabei kann die »Erstes-und-Letztes-Wort-Argumentation« durchaus den Eindruck erwecken, dass eine Einschränkung des Determinismus durch bewusste psychische Vorgänge für möglich gehalten werde, wenn nur die bewussten Anteile an Entscheidungsprozessen spät genug auftauchten, wenn auch sie einmal »das letzte Wort« haben könnten. Doch sei eben dies niemals der Fall. Noch einmal: Dieses Argument ist überflüssig, um den »reinen« neuronalen Determinismus zu begründen, da nach dieser Ansicht auch jedes bewusste Erleben, jeder im und mit Bewusstsein stattfindende Prozess ein psychischer Vorgang ist, der vollständig durch neuronale Prozesse determiniert ist.

# 9

Welche Konsequenzen sind mit der Auffassung des neuronalen Determinismus verbunden? Was folgt daraus für unser Denken, unser Handeln, unser Selbstverständnis? Zunächst betrifft der neuronale Determinismus alle Lebewesen mit Neuronen und damit auch den Menschen und die Gesamtheit seiner Interaktionen. Wenn der neuronale Determinismus die menschliche Wirklichkeit zutreffend beschreibt, dann sind alle psychischen Vorgänge und Handlungen des Menschen durch neuronale Prozesse vollständig festgelegt. Wenn aber alle psychischen Vorgänge und Handlungen des Menschen durch neuronale Prozesse determiniert sind, dann sind damit weitreichende Konsequenzen verknüpft, die nun an einigen Beispielen veranschaulicht werden sollen. Zur Einführung einige Worte aus Fausts Studierzimmer, nachfolgend eine neuronale »Übersetzung«:

> Das Erst' wär' so, das Zweite so,
> Und drum das Dritt' und Vierte so,
> Und wenn das Erst' und Zweit' nicht wär',
> Das Dritt' und Viert' wär' nimmermehr.[16]

---

16 | Goethe JW. Faust. Eine Tragödie. Erster Teil. München: Beck; 1994: 63.

Das Erst' – Psychische Vorgänge sind durch neuronale Vorgänge festgelegt. Das Zweit' – Motorische und das autonome System betreffende Vorgänge sind durch neuronale Vorgänge festgelegt. Das Dritt' – »Verschaltungen legen uns fest«.[17] Das Viert' – »Wir sind determiniert«.[18]

Argumentationen, Abwägungen, Begründungen – für oder gegen den neuronalen Determinismus – sind psychische Vorgänge und somit die Folge determinierter Gehirnprozesse. Sie sind durch neuronale Prozesse festgelegt und nicht etwa der logischen Kraft eines Argumentes oder schlüssiger Erklärungen zu verdanken. Vielmehr sind Überzeugungen, dass Argumente logisch und Erklärungen schlüssig seien, selbst psychische Vorgänge und als solche neuronal determiniert. Sollte dies jemand lesen oder nicht lesen, einleuchtend oder unsinnig finden – alle diese Überlegungen und Entschlüsse und damit verbundenen Stimmungen und Gefühle sind die Folge determinierter Gehirnvorgänge. Als Neurowissenschaftler ihren Aufsätzen folgende Überschriften gaben: »Wir sind determiniert« und »Verschaltungen legen uns fest«, war dies die Folge von vollständig festgelegten Gehirnprozessen. Erkenntnisse, Einfälle oder Intuitionen sind ebenso wie jede Suche nach schlüssigen oder fehlerhaften Argumenten psychische Vorgänge und damit neuronal determiniert. Und nicht nur das. Welchen Stift die Autoren wählten, an welchem Computer sie schrieben oder ob sie dabei ein blaues Hemd oder einen Pullover trugen, alles das war neuronal festgelegt. Auch als ihre akademischen Widersacher einen Stift in oder einen Computer an die Hand nahmen, um ihre Einwände zu formulieren, war dies nicht die Folge ihrer argumentativen Über- oder Unterlegenheit, sondern die Folge determinierter neuronaler Prozesse.

Im neuronalen Determinismus sind unangenehme Empfindungen ebenso determiniert wie angenehme. Alle je hervorgebrachten Gedanken, Gefühle und Vorstellungen sowie alle logischen Folgerungen, Widerlegungen, Begründungen, Verteidigungen, Überzeugungen, Abwägungen, kurzum alle Gemütsbewegungen sind neuronal determiniert. Auch die »Entdeckung« des neuronalen Determinismus und der Gedanke, dass vielleicht ein Neurobiologe bessere Argumente als ein anderer habe, alles das sind ebenso determinierte Prozesse wie sämtliche möglicherweise gegenteiligen Empfindungen oder Gedanken, denn, so Wolf Singer: »Und wie jemand rational abwägt, ist seinerseits wieder neuronal determiniert.«[19] Neurobiologen und Hirnforscher, die für die Auffassung plädieren, dass Straftäter gar nicht anders hätten handeln können und dies mit Argumenten zu verteidigen suchen, taten dies, weil sie in diesem Moment zum Plädieren und Aussprechen dieser als Argumentation bezeichne-

---

**17** | Singer W. Verschaltungen legen uns fest. 2004: 30.
**18** | Roth G. Wir sind determiniert. 2004: 218.
**19** | Singer W. Wer deutet das Denken? Streitgespräch zwischen Wolfgang Prinz und Wolf Singer über Neurowissenschaften und den freien Willen. Die Zeit. Heft 29; 2005.

ten Wortfolge neuronal determiniert waren. Die Vorstellung, dass Erkenntnis eben einer von vielen Begriffen innerhalb umfangreicher Beschreibungssysteme sei, mit denen Gesellschaften wie die unsere solche und andere Vorgänge benennen, ist ein neuronal determinierter Vorgang. Der Glaube, dass dies dennoch ein Argument oder Erkenntnis sei, ist neuronal determiniert. Jedenfalls überzeugen uns Argumente nicht in einer Weise, dass dem Überzeugungsprozess ein intrapsychischer nichtneuronaler Mechanismus innewohnt. Wenn wir zustimmen oder ablehnen, dann deshalb, weil neuronale Prozesse uns in dieser Weise und zu diesem Zeitpunkt so determiniert haben. Die neurobiologische Verteidigungsstrategie ist ebenso determiniert wie der Verweis auf die Plastizität des Gehirns. Als ein Neurobiologe den Unmut seiner Zuhörer mit Argumenten zu verringern hoffte, war das neuronal determiniert; auch als er verlauten ließ, dass wir nicht pessimistisch sein müssten, denn wir wüssten ja heute, dass Psychotherapie auch bei Straftätern helfen könne. Was dabei hinzugefügt werden muss – auch die Hinzufügung ist wie der Pessimismus die Folge eines neuronal determinierten Prozesses – hier wird nicht aus Gründen der Einsicht in neurobiologische Zusammenhänge eine Therapie verordnet, sondern weil ein neuronal determinierter Arzt zu einem Stift greift und infolge neuronal determinierter Prozesse ein Rezept ausfertigt, das zu einem ebenso neuronal determinierten Psychotherapeuten gelangt. Dieser therapiert wiederum nicht aufgrund seiner psychotherapeutischen Kenntnisse, Einsichten und Überlegungen, sondern weil er neuronal determiniert ist, dies zu tun oder etwas anderes. Der Psychotherapeut ist in seinem Verhalten nicht weniger festgelegt als der Straftäter. Und wenn er die Therapie nicht durchführt, dann deshalb, weil er anders determiniert war. Wolf Singer schreibt: »Jemand hat so entschieden, weil er mit einem Gehirn ausgestattet ist, das in diesem Moment so entscheiden konnte und nicht anders.«[20]

Was aber folgt aus dem neuronalen Determinismus nicht? Wenn die Vorstellung des neuronalen Determinismus sich zu einer ähnlich starken Überzeugung entwickeln sollte, wie beispielsweise die Überzeugung, dass auch am morgigen Tag an irgendeinem Ort der Erde die Sonne scheinen wird, dann ist damit nicht notwendig verbunden, dass alle Menschen in eine resignative Verantwortungslosigkeit verfallen müssten und keine Anstrengungen mehr für sich und andere auf sich nehmen würden. Der Mensch wäre zwar von seiner Determiniertheit innerlich durchdrungen, aber kein Mensch »wüsste« wie, sondern nur dass er determiniert ist. Nicht zu vergessen: Resignative Überzeugungen, verantwortungslose Stimmungen, Einsichten, Hoffnungen, Befürchtungen und auch das Gegenteil – alles das sind psychische Vorgänge und also neuronal determiniert. Der neuronale Determinismus behauptet zwar die vollständige Festgelegtheit des menschlichen Handelns, nicht aber

**20** | Singer W. Wer deutet das Denken? Die Zeit. Heft 29; 2005.

die vollständige Berechenbarkeit und Vorhersagbarkeit dieser Festgelegtheit. Außerdem wären alle Handlungen – auch Berechnungen und Vorhersagen sind Handlungen – die zu einer resignativen Verantwortungslosigkeit gehören, lediglich die Folge neuronal determinierter Prozesse. In Erinnerung an Theodor Fontane und seinen literarischen Helden, Dubslav von Stechlin, können wir sagen, dass der neuronale Determinismus der folgenden Auffassung genügt: Wenn ich das Gegenteil gesagt, getan, gefühlt oder gedacht hätte, wäre es ebenso determiniert gewesen.[21] Diese wenigen Beispiele sollen die zwingenden Konsequenzen andeuten, die unausweichlich mit dem neuronalen Determinismus verbunden sind. Gleichwohl zeigt sich in einigen Texten der neurowissenschaftlichen Literatur eine Tendenz zur Harmonisierung von Widersprüchen: Einerseits werden die unausweichlichen Konsequenzen des neuronalen Determinismus betont, zum Beispiel die vollständige Festgelegtheit aller menschlichen Entscheidungen und das eben niemand hätte anders handeln können, als er es getan.[22] Andererseits wird derselbe Determinismus mit der Möglichkeit einer offenen Zukunft, objektiver oder echter Neuheit und Kreativität zu harmonisieren versucht.[23,24] So schreibt zum Beispiel Wolf Singer: »[...] unsere Gehirne funktionieren nach deterministischen Naturgesetzen. Aber auch deterministische Systeme sind offen und kreativ, können Neues in die Welt bringen.«[25] Dass darin Widersprüche enthalten sein müssen, liegt auf der Hand. Eine Entwicklung als offen zu charakterisieren bedeutet immer, dass es sich um eine nicht festgelegte, um eine indeterministische Entwicklung handeln muss. Eine deterministische Entwicklung kann unbekannt, doch niemals offen sein. Alles ist ja festgelegt, gleichgültig, ob wir von dieser Festgelegtheit Kenntnis haben, sie prognostizieren können oder nicht. Sie ist – und damit alle Zustände oder Vorgänge oder Ereignisse, die zu dieser deterministischen Entwicklung gehören – von Beginn an vollständig festgelegt, also gerade nicht offen, sondern *geschlossen*. Schwieriger ist die unterscheidende Zuordnung, wenn über die Möglichkeit der Neuheit von Ereignissen geurteilt wird, da Neuheit, anders als Offenheit, letztlich nur subjektiv aufgefasst werden kann. Das subjektiv Neue bezieht sich auf die Person, die ein Ereignis zur Kenntnis nimmt. Etwas ist erstmalig und neu für die Person, unabhängig davon, ob die untersuchte Entwicklung im Augenblick der Kenntnisnahme

**21** | Fontane T. Der Stechlin. In: Fontanes Werke in fünf Bänden. Fünfter Band. Berlin und Weimar: Aufbau-Verlag; 1991: 28.

**22** | Singer W. Wer deutet das Denken? Die Zeit. Heft 29; 2005.

**23** | Singer W. Neurobiologische Anmerkungen zur Willensfreiheit. In: Bonhoeffer T, Gruss P (Hg.). Zukunft Gehirn. München: C.H.Beck; 2011: 260-261.

**24** | Singer W. Der freie Wille ist nur ein gutes Gefühl. Interview mit Markus C. Schulte von Drach. Süddeutsche Zeitung vom 25.1.2006.

**25** | Ebd.

eine deterministische ist oder nicht. Soll von einer objektiven Auffassung des Neuen die Rede sein, muss dieses Neue – unabhängig von einer möglichen Kenntnisnahme – sich auf die Entwicklung selbst beziehen und erhielte damit die gleiche Bedeutung wie die oben erwähnte Offenheit. Das objektiv Neue ist das noch nicht Festgelegte, gleichgültig ob irgendein Lebewesen davon Kenntnis nimmt oder nicht. »An-Sich-Neues« oder objektive Neuheit kann daher ebenso wie Offenheit ausschließlich bei indeterministischen Entwicklungen auftreten. Mit einer deterministischen Entwicklung sind beide unvereinbar. Das sogenannte Neue ist innerhalb deterministischer Entwicklungen immer das subjektiv Neue, das für eine Person, die den Vorgang untersucht, nur und noch unbekannt ist. Dieses »Neue« ist aber bereits vollständig festgelegt und in der »Fadenrolle der Wirklichkeit« bereits enthalten, nur eben noch nicht abgewickelt, noch nicht tatsächlich eingetreten. Auch dabei ist natürlich hinzuzufügen, dass auch die Person, die hier Kenntnis nimmt und den Vorgang untersucht – gemäß der Auffassung des neuronalen Determinismus – durch neuronale Prozesse vollständig festgelegt ist. Danach sind alle Neuigkeitsgefühle oder Erstmaligkeitserlebnisse dieser Person neuronal determiniert.

»Systeme« oder Entwicklungen sind deterministisch oder sie sind es nicht. Ob sie dies sind, hat freilich nichts mit der menschlichen Fähigkeit zu tun Vorhersagen zu treffen oder Berechnungen anzustellen. Dass eine indeterministische Entwicklung niemals vollständig vorhersagbar oder berechenbar ist, versteht sich von selbst. Doch eine deterministische Entwicklung ist aufgrund ihrer vollständigen Festgelegtheit nicht auch schon vorhersagbar oder für beliebig lange Zeitdauern zu prognostizieren, sei es aufgrund der Unmöglichkeit, eine unendlich genaue Kenntnis des Anfangszustandes zu erlangen oder weil die deterministische Entwicklung den tatsächlich durchführbaren Rechen- und Prognoseprozessen »davoneilt«, wie in der nichtlinearen Dynamik des deterministischen Chaos.

Fassen wir zusammen. Determinismus heißt: Die Entwicklung ist vollständig festgelegt. Determinismus heißt nicht: Wir wissen, wie die Entwicklung festgelegt ist oder können diese deterministische Entwicklung berechnen, vorhersagen, prognostizieren. Das Wissen über die Festgelegtheit, über den Verlauf der deterministischen Entwicklung, kann fehlen und unmöglich zu erlangen sein. Aus diesem Mangel an Wissen lassen sich jedoch keine Offenheit, keine objektive Neuheit und keine Kreativität konstruieren. Eine offene Zukunft, objektive Neuheit und echte Kreativität sind notwendig an eine indeterministische Entwicklung gebunden und mit einer deterministischen Entwicklung unvereinbar. Aus Sicht der uns heute bekannten Naturwissenschaften sind indeterministische Entwicklungen ausschließlich in Verbindung mit quantentheoretisch zu beschreibenden Vorgängen anzutreffen.

An dieser Stelle soll noch ein Einwand gegen den neuronalen Determinismus angeführt werden, der sich aus der Analyse des neuronalen Determinismus ergibt. Wenn wir annehmen, dass das menschliche Gehirn und die menschliche Psyche zu den komplexesten Erzeugnissen der bisherigen Evolution zählen, dann erscheint es unbegreiflich, dass die Natur gerade bei dieser Entwicklung – bildlich gesprochen – »auf ihr eigenes Fundament verzichtet haben sollte«, nämlich auf die grundlegendste und genaueste Theorie, die der Mensch bisher gefunden und als Quantentheorie bezeichnet hat. Für Neurobiologen, Hirnforscher und Philosophen, die die Auffassung des neuronalen Determinismus teilen, kommen die Quantentheorie und damit auch der physikalische Indeterminismus für das Verständnis psychischer Prozesse nicht in Betracht. Die zwei häufigsten Argumente – das Gehirn sei zu groß und zu warm, um quantentheoretisch relevante Prozesse zu ermöglichen – sollen vorläufig nur erwähnt und erst an anderer Stelle diskutiert werden. Daraus ergibt sich eine durchaus bizarre Situation. Der neuronale Determinismus kann ja nur dort ernsthaft Geltung beanspruchen, wo Nervenzellen und neuronale Prozesse zu finden sind. Nun gelten die Quantentheorie und der mit ihr verbundene physikalische Indeterminismus universal und neuronale Prozesse finden selbstverständlich in diesem Universum statt, sodass hier Konflikte unvermeidlich sind. Wir gelangen zu der eigenartigen Situation, dass der neuronale Determinismus sich offenbar vereinbar sieht mit einem physikalischen Indeterminismus, der überall gelten mag, nur eben nicht dort, wo neuronale und psychische Vorgänge existieren. Wie muss das wiederum – aus Sicht der den neuronalen Determinismus vertretenden Wissenschaftler – mit Blick auf die evolutionäre Entwicklung interpretiert werden? Die physikalisch erfahrbare Wirklichkeit mag indeterministisch sein, doch mit dem Auftreten neuronaler und psychischer Strukturen treten in diesem sich entwickelnden Kosmos zunehmend deterministische, »quantentheoriefreie« Inseln auf, in denen der neuronale Determinismus besonders im Menschen seine volle Gültigkeit erlangt. Diese zwingende Konsequenz – die Konsequenz des neuronalen Determinismus – ist aus naturwissenschaftlicher Sicht vollkommen absurd, bedeutete sie doch: Je komplexer, lebendiger, »neuronaler und psychischer« die Wirklichkeit ist, desto festgelegter und je einfacher, lebloser, »nichtneuronaler und nichtpsychischer«, desto offener kann diese Welt sein. Dieses Denkschema ist offenkundig ungenügend, aber als Konsequenz der Auffassung des neuronalen Determinismus unausweichlich, notwendig, zwingend. Es akzeptiert den physikalischen Indeterminismus für alle Vorgänge im Kosmos mit Ausnahme der neuronalen und psychischen. Die Quantentheorie führt sogar dazu, dass die fatalistische Konsequenz »Alle Ereignisse sind vorherbestimmt«, die aus der universellen Gültigkeit eines physikalischen Determinismus folgen würde, aus dem neuronalen Determinismus inmitten einer indeterministischen »Umgebung« nicht folgen muss. Der physikalische Determinismus hätte die notwendige Konsequenz, dass die gesamte kosmische Wirklichkeit, und nicht nur die neuronale und psychische, vollständig festgelegt ist. Alles wäre dann im Wollknäuel der Zeit bereits von Beginn an enthalten, nur in dem jeweils von uns Gegenwart genannten Augenblick »zeigt« sich die entsprechende Spitze des abgewickelten Woll- bzw. Zeitfädchens. Vor diesem »Albtraum«, wie Karl Popper den physikalischen Determinismus bezeichnet hat, wird der neuronale Determinismus merkwürdigerweise durch die Quantentheorie »bewahrt«. Die Quantentheorie sorgt sozusagen dafür, dass selbst dann, wenn der neuronale Determinismus wahr wäre, die indeterministischen Entwicklungen außerhalb aller Neuronen und Psyche »tragenden« Lebewesen den Albtraum verhindern oder doch lindern könnten. Freilich wären nicht festgelegte, indeterministische Entwicklungen ausschließlich im nichtneuronalen und nichtpsychischen »Dazwischen« möglich.

# 10

Kann das Modell der Erzeugung psychischer Vorgänge durch neuronale Prozesse mit dem Fingerdruck auf einen Lichtschalter und dem nachfolgenden Leuchten einer Glühlampe verglichen werden, wobei der durch den Fingerdruck geschlossene Stromkreis dem neuronalen Ereignis und das Leuchten der Glühlampe dem psychischen Ereignis entsprechen? Die Antwort ist »Nein«; nur *worin* besteht der wegweisende Unterschied? Bei den Prozessen des Lichteinschaltens könnte eine entsprechende Apparatur den Weg der elektromagnetischen Bewegungen vom Schließen des Kontaktes innerhalb des Lichtschalters bis zur Glühlampe, einschließlich der Vorgänge innerhalb der Glühfäden, zeitlich und räumlich objektivieren und »von außen« durchgehend sichtbar machen. Das Fließen des Stromes innerhalb der Kabel und Drähte könnte anschaulich dargestellt werden, wie das Wasser, das in einem durchsichtigen Gartenschlauch vom Wasserhahn bis zu einem Rosenbeet fließt. Das Leuchten der Glühlampe ist ohnehin zu sehen. – *Doch die Psyche nicht!*

An der Stelle des sogenannten neuropsychischen Übergangs versagt der Lichtschalter- und Gartenschlauch-Vergleich, der sich allerdings auf andere neuronale Prozesse durchaus sinnvoll anwenden lässt, zum Beispiel beim Verfolgen der Nervenimpulse, die mit rein motorischen Vorgängen verbunden sind, wie dem unwillkürlichen Heben des rechten Zeigefingers. Mit einer geeigneten Apparatur ließen sich der Weg der Nervenimpulse und die elektrochemischen Übertragungen an den Synapsen, ja die gesamte Nervenleitung von den ersten Aktivitäten im Gehirn über das Rückenmark bis hin zu den peripheren Nerven zur motorischen Endplatte, wo die Nervenimpulse auf die Muskelfasern übertragen werden, verfolgen und – wie das Wasser im Gartenschlauch – im Prinzip sichtbar machen. Der Vergleich versagt, wenn von psychischen oder mentalen oder geistigen oder Bewusstseinsvorgängen die Rede ist. Zwar lässt sich immer noch – wie bei den neuromotorischen Vorgängen – ein Teil der Hirnaktivität sichtbar machen, dass heißt lokalisieren, wo Hirnprozesse mit welcher Ausprägung aktiver sind als zur gleichen Zeit in anderen Hirnregionen. Aber an der Stelle, wo bei der motorischen Aktion, der Fingerbewegung, auch der Weg bis zu den feinsten Fasern der Muskulatur des Fingers noch uneingeschränkt darstellbar ist, reißt die Sichtbarmachung plötzlich ab, und zwar genau an der Stelle des »neuropsychischen Übergangs«. Die Neuronenspur verliert sich und kann nicht bis zum Erste-Person-Erleben der untersuchten Person in gleicher oder ähnlicher Weise »von außen« verfolgt und objektiviert werden. Motorische Endplatten existieren, psychische Endplatten nicht. Es bleibt lediglich die Auskunft der untersuchten Person.

Kann die Psyche als ein Produkt des Gehirns und das Gehirn als Produzent des Psychischen betrachtet werden? In dem Buch »Wir sind das Gehirn« schreibt der Hirnforscher Dick Swaab: »Das Produkt der Interaktion dieser Milliarden von Nervenzellen ist unser ›Geist‹«.[26] Die deutsche Ausgabe von Benjamin Libets Buch »Mind Time« wurde mit dem Untertitel versehen: »Wie das Gehirn Bewusstsein produziert«.[27] Dick Swaab knüpft seine Produktvorstellungen an folgenden Vergleich: »So wie die Niere den Urin produziert, produziert das Gehirn den Geist.«[28,29] Der Hirnforscher Wolf Singer wurde gebeten, dieses Zitat zu kommentieren. Singer bemerkte, dass der Kollege, von dem dieser Satz stamme, zwar einen unappetitlichen Vergleich gewählt habe, doch habe er »im Grunde recht!«[30].

---

**26** | Swaab D. Wir sind das Gehirn. Wie wir denken, leiden und lieben. München: Droemer; 2011: 27.

**27** | Libet B. Mind Time. Wie das Gehirn Bewusstsein produziert. Frankfurt: Suhrkamp; 2007.

**28** | Diese Ansicht ist nicht neu. Der britische Psychiater Henry Maudsley (1835-1918) weist auf einen ähnlichen Vergleich des französischen Arztes und Philosophen Pierre-Jean-George Cabanis (1757-1808) hin. Maudsley schreibt: »Cabanis Vergleich, dass das Gehirn Gedanken secernire, wie die Leber die Galle, wurde vielfach belächelt [...]«. Maudsley zitiert dabei aus dem im Jahre 1802 erschienen Buch »Rapport du physique et du moral de l'homme« von Cabanis. Maudsley H. Die Physiologie und Pathologie der Seele. Würzburg: A. Stuber's Buchhandlung; 1870: 37. Der deutsche Zoologe Karl Vogt (1817-1895) formulierte später in ähnlicher Weise, dass »die Gedanken in demselben Verhältnis etwa zu dem Gehirne stehen wie die Galle zu der Leber und der Urin zu den Nieren.« Vogt K. Physiologische Briefe für Gebildete aller Stände. Zwölfter Brief. In: Wittich D (Hg.). Vogt, Moleschott, Büchner. Schriften zum kleinbürgerlichen Materialismus in Deutschland. Erster Band. Berlin: Akademie Verlag; 1971: 18.

**29** | Swaab D. Wir sind das Gehirn. 2011: 27.

**30** | Singer W. Der freie Wille ist nur ein gutes Gefühl. Gespräch mit Birgit Recki (Philosophin der Universität Hamburg) und Konrad Paul Liessmann (Philosoph der Universität

Der neuronale Determinismus formuliert: Liegt ein psychischer Vorgang vor, dann ist die Wahrscheinlichkeit P gleich eins, dass dieser Vorgang durch seinen neuronalen Prozess hervorgerufen wurde. Liegt im Körper ein Drüsensekret vor, dann ist die Wahrscheinlichkeit P gleich eins, dass das Sekret durch seine Körperdrüse produziert wurde. Worin besteht der Unterschied? Der Unterschied besteht darin, dass das Drüsensekret, ist es einmal produziert, sich von seiner Drüse lösen, entfernen und eigene Wirkungen ausüben kann, womöglich auf die das Sekret erzeugende Drüse selbst – und zwar vollständig autonom im Hinblick auf diese Erzeugerdrüse. Das Sekret kann auch Wirkungen aus seiner Umgebung aufnehmen, ohne dass seine Erzeugerdrüse davon beeinflusst wird. Würden sich die psychischen Vorgänge zu den sie »erzeugenden« neuronalen Prozessen ebenso verhalten, wie das Sekret zu seiner Drüse, dann bedeutete dies für die Psyche, zum Beispiel für einen sprachlich formulierten Gedanken im menschlichen Bewusstsein, dass der Gedanke, ist er einmal durch neuronale Prozesse erzeugt worden, sich von diesen neuronalen Vorgängen lösen, entfernen und eigene Wirkungen ausüben und empfangen kann – und zwar vollständig autonom im Hinblick auf seine neuronalen Erzeuger. Die Psyche würde als eine nichtneuronale, autonom agierende physikalische Realität anerkannt. Genau das – die Möglichkeit nichtneuronaler autonomer Wirkungen – würde aber allen bisherigen neurobiologischen Vorstellungen widersprechen.

Nun sind Bilder und Vergleiche immer nur Annäherungen an das zu Vergleichende. Sie sollen lediglich das Verständnis erleichtern und dürfen nicht wörtlich, spitzfindig und schon gar nicht mit mikroskopischer Genauigkeit interpretiert werden. Jedes Beispiel hinkt und nicht immer in die richtige Richtung. Gleichwohl enthalten sie einen »Gleichniskern«, darin sich ihre Verwendung bestätigt. Was allerdings von einem Vergleich des Gehirns mit der Niere oder einer anderen Drüse dann noch übrig bliebe, ist lediglich die vom neuronalen Determinismus angenommene zeitliche Nachfolgestruktur, das »Später« oder »Danach« des Psychischen, dass die psychischen Vorgänge immer die zeitlichen Nachfolger von *ihren* neuronalen Prozessen sind. Doch liegt die Vermutung nahe, dass tatsächlich mehr behauptet werden sollte, und zwar dass psychische Prozesse durch neuronale Prozesse hergestellt, erzeugt, produziert werden. Um ein schlichtes »Früher oder Später« zu kennzeichnen, ist jeder beliebige zeitliche Vorgang gleich gut gewählt, also etwa, dass gebackenes Brot dem Anrühren *seines* Teiges nachgängig ist wie das Treppenlaufen dem Vorhandensein einer Treppe. Dabei würde auch niemand auf die Idee verfallen, dass der »nachgängige« Treppenläufer, der an die »vorgängige« Exis-

Wien). Gesprächsleitung: Heinz Nußbaumer. Filmaufnahme. Produktion der ORF-Reihe Kreuz & Quer: Philosophicum; 2006.

tenz einer Treppe gebunden ist, von dieser auch erzeugt oder hervorgerufen wird.

# 11

Bisher haben wir den neuronalen Determinismus darstellend zu analysieren versucht und sind dabei bis an die Grenze des sogenannten neuropsychischen Übergangs gelangt. Erst mit der Überwindung dieser Grenze – vom Neuronalen zum Psychischen – erhielte der neuronale Determinismus die von ihm selbst geforderte naturgesetzliche Konsistenz. Wir fragen aber zunächst nicht nach einer Theorie des neuropsychischen »Sprungs« oder »Phasenübergangs«, sondern wichtiger noch, nach dem *Etwas*, das dort ist, wohin vom neuronalen aus *gesprungen* oder übergegangen wird, kurzum, nach einer Theorie der Psyche oder des Geistes oder des Bewusstseins innerhalb der neurobiologischen Modelle des neuronalen Determinismus. Was sind psychische oder mentale oder geistige oder seelische Vorgänge – was sind die sprachlich formulierten bewussten Gedanken des Bewusstseins? Dass wir mit dieser Frage den entscheidenden Punkt berühren, lässt sich auch daran erkennen, dass sich Neurobiologen und Hirnforscher bei der Darstellung und Interpretation neuronaler Mechanismen weitgehend einig sind, doch hier – nach einer Theorie der Psyche und damit auch nach ihrer Realität und Qualität befragt – zumindest auf den ersten Blick zu unterschiedlichen Ansichten gelangen. Auf den zweiten Blick zeigt sich freilich, dass sich die Unterschiede innerhalb eines gemeinsamen, heute oft »naturalistisch« genannten Denkbezirks bewegen. Neurobiologen und Hirnforscher sehen im Rahmen ihrer Modelle keinen Raum für einen ontologischen Dualismus und bekennen sich zu einer Auffassung, die meist als materieller Monismus bezeichnet wird. Damit ist natürlich sofort eine Schwierigkeit verbunden, die sich in der Frage »Was ist materiell?« formulieren lässt. Heutige Physiker haben durchaus Schwierigkeiten, verständlich zu machen, was in der Physik überhaupt unter Materie verstanden wird. Einer Charakterisierung Carl Friedrich v. Weizsäckers, »Materie ist das, was der Quantentheorie genügt«[31], würden sich vielleicht einige Physiker anschließen, doch viele Neurobiologen, Hirnforscher und akademische Philosophen würden ihr wohl nur ungern folgen, da sie gerade die feste Überzeugung zu einen scheint, dass die Quantentheorie bei der Entstehung psychischer Prozesse keine Rolle spielt. Um bei der Frage »Was ist materiell?« nicht sogleich verbalen Spitzfindigkeiten zu erliegen, schlagen wir eine für die hier zu beantwortenden Fragen hinreichende Charakterisierung des Monismus vor, der sich Neurobiologen und Hirnforscher des neuronalen Determinismus wohl auch

---

31 | Weizsäcker CFv. Die Einheit der Natur. München: Hanser; 1982: 313.

anschließen könnten. Wir hatten sie deshalb gleich zu Beginn als zweite These formuliert. Der geforderte Monismus geht davon aus, dass sich im Rahmen einer erklärenden Naturwissenschaft neuronale und psychische Vorgänge auf eine einzige ontische Struktur oder Substanz zurückführen lassen. Eine zweite davon verschiedene ontische Struktur oder Substanz wird ausgeschlossen.

Aus neurobiologischer Sicht sind neuronale Prozesse materielle Prozesse, welche die hinreichende Grundlage für die vollständige naturwissenschaftliche Erklärung psychischer Prozesse bilden. Sollten dennoch andere als die bisher bekannten neuronalen Prozesse bei der Entstehung psychischer Vorgänge eine Rolle spielen, dann müssen diese ebenfalls innerhalb eines mit den Naturgesetzen im Einklang stehenden ontologischen Monismus erklärt werden können. Eine Theorie der Psyche oder des Geistes muss sich in naturwissenschaftliche Modelle integrieren lassen. Dabei füllt das Wort »integrieren« freilich nur die Lücke, die durch eine erklärende Theorie geschlossen werden muss. Wir pointieren, um zu präzisieren: Sein oder Nichtsein, das ist die Frage! Ist denn die Psyche nun real? Wiederum ist die Gefahr keine kleine, in jenes sprachphilosophische Gelände zu geraten, in dem Diskussionen über Worte und Wortbedeutungen leicht die Oberhand gewinnen und dadurch die tatsächlichen Probleme mitunter verdecken. Wir folgen auch hier der Forderung, nur Antworten zuzulassen, die sich in naturwissenschaftliche Erklärungsmodelle einordnen lassen. In anderen Worten, wir fragen nach der physikalischen Realität des Psychischen. Diese Frage schließt nun die Frage ein, ob denn die neurobiologischen Vorschläge diesen Ansprüchen selbst genügen.

Wenn wir fragen, ob der Gegenstand unserer Betrachtungen – die Psyche – in naturgesetzliche Erklärungsmodelle eingebunden werden kann, also ob es sich dabei auch um einen Gegenstand naturwissenschaftlicher Erfahrbarkeit handelt, fragen wir zunächst nach den Eigenschaften, die dieser Gegenstand aufweisen muss, um von den Naturgesetzen erfasst und identifiziert werden zu können. Wir fragen: Welche Eigenschaften charakterisieren einen solchen Gegenstand als physikalisch »real«? Die Antwort: Wenn ihm die Möglichkeiten innewohnen, Wirkungen auszuüben oder zu empfangen. Wir fordern: *autonome Wirkmöglichkeit.* Gegenstände oder Phänomene ohne autonome Wirkmöglichkeit – die weder faktisch noch der Möglichkeit nach Wirkungen ausüben oder empfangen können – besitzen keine Eigenschaften, um von den Naturgesetzen »bemerkt« und »gesehen« zu werden. Sie können nicht in naturgesetzliche Erklärungsmodelle eingebunden werden und sich auch keiner empirischen Beurteilung unterziehen. So gehören mathematisch erfasste Strukturen genau dann zur physikalisch erfahrbaren Welt, wenn ihnen autonome Wirkmöglichkeiten angehören. Der Ausdruck »autonom« soll dabei nur das Selbstverständliche unterstreichen, dass diese möglichen Wirkungen tatsächlich von dem zu erklärenden Gegenstand – hier der Psyche – ausgehen und nicht von anderen, zum Beispiel von neuronalen Prozessen »stellvertretend« erzeugt werden. Mit anderen Worten: dass psychische Vorgänge etwas anderes als neuronale Prozesse sind, was wir zu Beginn der Untersuchung als »erste These« formuliert haben. Mit dem Ausdruck »autonome Wirkmöglichkeit« werden alle Zustände der bisher bekannten Physik erfasst, sowohl klassische Zustände, die durch eine deterministische Entwicklung der Fakten charakterisiert sind, als auch Quantenzustände, deren deterministische Gesetzmäßigkeiten nur für die Entwicklung der Möglichkeiten gilt. Ein von seiner Umwelt isolierter Quantenzustand, dessen Möglichkeiten sich gemäß der Schrödingergleichung gesetzmäßig entwickeln, erscheint »von außen« – metaphorisch zugespitzt – wie ein Zustand, der nicht zur Sache kommt, der aber zur Sache kommen *könnte*, da ihm die Möglichkeiten dazu innewohnen. Die Idee, dass auch Phänomene oder Gegenstände ohne autonome Wirkmöglichkeit naturwissenschaftlich erfasst werden können, ist mit der Überzeugung vergleichbar, dass alle Menschen von ihrer Geburt bis zum Tod unsichtbare Hüte tragen, die weder wärmen noch vor Sonne oder Regen schützen, ja die nicht einmal der Möglichkeit nach irgendeine Wirkung ausüben oder empfangen können. Sie sind nicht und durch nichts zu identifizieren.

*Wenn wir die Psyche naturgesetzlich identifizieren wollen, fordern wir mit der Psyche eine Struktur, die autonome Wirkmöglichkeiten besitzt.*

# 12

Dieser Abschnitt stellt eine Unterbrechung der bisherigen Gedankenfolge dar. Diese Pause soll genutzt werden, um einige wiederkehrende und eng miteinander verbundene Probleme aufzuzeigen und ihre Lösung soweit zu verfolgen, wie es für die Weiterführung der hier entwickelten Gedanken erforderlich ist. Das erste Problem betrifft die Verschiedenheit der Inhalte des Bewusstseins. Im Rahmen unseres Gedankenexperimentes wurde von einer näheren Differenzierung der Bewusstseinsinhalte abgesehen. Wir hatten lediglich unterstellt, dass überhaupt etwas in dem einminütigen Strom des Bewusstseins der Person enthalten ist und umschrieben diesen Inhalt als dasjenige, was der Person *einfällt* und *durch den Kopf geht*. Eine nähere Ausleuchtung des Bewusstseinsstroms ließe gewiss zahlreiche inhaltliche Unterscheidungen zu. Womöglich kann ein mehr oder weniger homogenes »Vor-Sich-Hin-Fühlen« von konkreten Vorstellungen unterschieden werden, zum Beispiel dem bewussten Erlebnis der Farbe eines Gegenstandes. Vielleicht enthält der Bewusstseinsstrom auch konzentrierte Gedankenflüsse, wobei einige Gedanken plötzlich auftauchen, andere sich erst nach und nach ausformen, bevor sie schließlich als »gut gebaute« und klare Gedanken im Bewusstsein erscheinen. Darunter mögen auch reflektierende Gedanken anzutreffen sein, Gedanken über Gedanken oder Gedanken über die eigene Person. Alles das lässt sich ausführlicher differenzieren. Für unsere Fragen können wir diese Unterscheidungen weiterhin im Hintergrund belassen. Wir hatten schon zu Beginn darauf hingewiesen. Treffen wir auf die Frage »Was ist psychisch oder mental oder geistig?« sollen hier nur die spezifisch menschlichen Bewusstseinsinhalte angesprochen sein, die *sprachlich formulierten bewussten Gedanken des Bewusstseins*. Damit verwandte Schwierigkeiten kehren wieder, wenn wir – halb synonym, halb differenziert – von mental oder geistig oder seelisch oder psychisch ohne spezifische Markierung der Bedeutungsunterschiede reden. Wir wollten – das Problem vor Augen und *im Bewusstsein* – die analytische Spitzfindigkeit an dieser Stelle nicht zu weit treiben. Münden doch all diese Probleme letztlich in der Frage, ob die sprachlich formulierten bewussten Gedanken des Bewusstseins innerhalb naturwissenschaftlicher Modelle erfasst werden können. Wir wollen das Erklärungsziel dann als erreicht ansehen, wenn sich eine Theorie formulieren lässt, die *in* den Gedanken eine Struktur identifiziert, die in mathematisch-physikalisch konsistenter Weise mit den schon bekannten Naturgesetzen verbunden werden kann. Das zweite Problem ist eng mit dem ersten Problem verknüpft. Es zeigt sich, wenn wir einmal von psychischen Zuständen, ein anderes Mal von psychischen Vorgängen sprechen. Darin ist immer schon die Zeitlichkeit des Geschehens angesprochen, was die Vorstellung von einer getrennt von Verhalten und Handlung denkbaren Psyche möglicherweise erschwert. Die Zeit, die wir von außen messen, ist nicht zugleich schon subjektiv erlebte Zeit. Eine nicht leicht durchschaubare Beziehung. Andererseits suchen wir nach einer naturwissenschaftlichen Erklärung der Psyche. Wir müssen offen sein für in der Physik beschriebene Zustände, deren zeitliche Entwicklung nicht ohne Weiteres mit einer von außen gemessenen Zeit verbunden ist. Ferner ist aber auch die Struktur der Zeit – der Unterschied von Vergangenheit, Gegenwart und Zukunft – darin nicht abgebildet. Ein Vorschlag wäre, statt von psychischen Zuständen oder Vorgängen, von psychischen Strukturen auszugehen. Allerdings entgehen auch die Strukturen nicht dem Problem der Zeitlichkeit. Auch Strukturen verändern sich in der Zeit. Das dritte Problem betrifft die unvermeidliche Durchdringung grundlegender naturwissenschaftlicher und philosophischer Fragestellungen und Ausdrucksweisen. So haben wir die sprachlich formulierten Gedanken des Bewusstseins zum Erklärungsziel der Untersuchung bestimmt, obgleich die philosophische Auffassung vom Kategorienfehler über ihnen schwebt. Wir behalten das Wort »Gedanke« durchweg bei, weisen aber darauf hin, dass wir innerhalb eines naturwissenschaftlichen Kontextes immer jene abstrakte Struktur vor Augen haben, als die wir den Gedanken mathematisch-physikalisch zu identifizieren suchen.

Zuletzt ziehen wir die konkrete Darstellung einer auf Generalisierung zielenden Fachbegrifflichkeit vor, wenn dadurch Missverständnisse vermieden werden können. Wir verwenden beispielsweise den Ausdruck Physikalismus gerade nicht, da sein fachwissenschaftlicher Gebrauch außerhalb der Physik

nicht selten der tatsächlichen Physik widerspricht. Wenn dort vom Physikalismus die Rede ist, lässt sich oft eine beinahe exklusive Orientierung an der
klassischen Physik erkennen, wodurch viele der zwingenden Konsequenzen
und Folgerungen, die mit der Quantentheorie verbunden sind, gar nicht erfasst werden.

# Das neuronale Prinzip

## 13

Wir kehren zu unserem Gedankenexperiment zurück und fragen: Was verbirgt sich in dem einminütigen Strom des Bewusstseins aus ontologischer Perspektive? Dazu werden drei neurobiologische Konzepte untersucht, die alle in einem Determinismus des menschlichen Verhaltens münden. Alle Konzepte stützen sich dabei allein auf die naturwissenschaftlichen Grundlagen der klassischen Physik und stimmen darin überein, dass quantentheoretische Modelle für ein neurobiologisches Verständnis der menschlichen Psyche nicht erforderlich sind. Welche Antworten liefern sie auf die Frage nach einer naturwissenschaftlichen Erklärung psychischer oder mentaler oder geistiger oder seelischer Vorgänge? Was sind die sprachlich formulierten bewussten Gedanken des Bewusstseins?

1. Eine emergente Eigenschaft von neuronalen Prozessen
2. Eine Menge von Gehirnfunktionen
3. Ein »physikalischer Zustand«[1]

Erstens: Das Wort Emergenz taucht heute in zahlreichen neurowissenschaftlichen Publikationen auf, darin die Psyche, das Bewusstsein, der Geist, das Verhalten als emergente Eigenschaften von neuronalen Prozessen bezeichnet werden. Dazu drei Zitate des Hirnforschers Wolf Singer: »Das Bewusstsein ist eine emergente Eigenschaft von Hirnprozessen«[2], »Verhalten ist nun einmal eine emergente Eigenschaft.«[3], »Warum ein mehr vom Gleichen die Emergenz

---

1 | Roth G. Geist und Bewusstsein als physikalische Zustände. In: Dresler M (Hg.). Kognitive Leistungen. Intelligenz und mentale Fähigkeiten im Spiegel der Neurowissenschaften. Heidelberg: Spektrum Springer; 2011: 171-174.
2 | Singer W. Der freie Wille ist nur ein gutes Gefühl. Süddeutsche Zeitung vom 25.1.2006.
3 | Singer W. »Wir brauchen Übersetzer«. Ein Gespräch. 2008: 22.

neuer kognitiver Fähigkeiten ermöglichte [...]«[4]. Wolf Singer geht zudem davon aus, dass die Wechselwirkungen zwischen den Gehirnen mitbetrachtet werden müssen, um die »Emergenz sozialer Realitäten« zu erklären.[5,6]

Das Wort Emergenz wird hier in einer Weise verwendet, als sei damit bereits eine Antwort auf die Frage gegeben, wie die Entstehung der menschlichen Psyche aus dem Zusammenspiel zahlreicher Neuronen naturwissenschaftlich erklärt werden kann. Das ist nicht der Fall! Emergenz ist nicht die Antwort. Emergenz ist die Frage oder genauer, das Fragezeichen. Das Wort Emergenz markiert jene Orte, wo nach einer erklärenden Theorie gefragt werden muss: Hier ist ein Problem. Wie lautet die Lösung? Hier muss etwas erklärt werden. Wie sieht eine Theorie aus, die das leisten kann?

Dazu einige allgemeine Betrachtungen: Die Entwicklungen innerhalb der Naturwissenschaften, sämtliche Theorien und ihre mathematischen Ausformungen, können als eine unermessliche Fülle von Antworten auf Fragen verstanden werden, die für die Naturforscher zuvor als ungelöste Rätsel und Probleme erscheinen mussten. Solange Phänomene im naturwissenschaftlichen Sinne unerklärt sind, könnten sie im Grunde auch als emergente Eigenschaften dieser Welt betrachtet werden, und nicht nur, wenn ein System komplexe Züge trägt, was ohnehin, je genauer ein System untersucht wird, sehr oft der Fall sein wird. Aus naturwissenschaftlicher Sicht ist in vielen Fällen das Wort »unerklärt« ein geeignetes Synonym für das Wort »emergent«. Wenn schließlich eine Erklärung gefunden worden ist, dann ist damit auch keine Markierung des Ortes mehr erforderlich, wo nach dieser Erklärung gesucht werden muss. Wir akzeptieren eine erklärende Theorie, wenn mit ihrer Hilfe die Verknüpfung eines Phänomens mit der schon vertrauten Naturwissenschaft gelingt. Im erfolgreichen Falle geschieht diese Verknüpfung in einer mathematisch ausformulierten Theorie. Mitunter muss der an solch schöpferischen Prozessen Beteiligte sogar noch eine mathematische Struktur hinzuerfinden, damit ihm die zurückführende Verknüpfung gelingt; wie zum Beispiel Werner Heisenberg, der sich die »quadratischen Schemata« erfand, wobei er später feststellen musste, dass diese Struktur unter dem Namen Matrizen bereits in der Mathematik bekannt war.

Nehmen wir die »Emergenz« des Lichtes. Warum taucht bei Tagesanbruch die Farbe Rot an den Vorhängen und Gelb an den Wänden meines Zimmers auf, obgleich sie Stunden zuvor noch als verschiedene Grautöne erschienen

**4** | Singer W. Der Beobachter im Gehirn. 2002: 173.

**5** | Ebd., S. 194.

**6** | Singer W. Wer deutet die Welt? Streitgespräch zwischen Lutz Wingert und Wolf Singer über den freien Willen, das moderne Menschenbild und das gestörte Verhältnis zwischen Geistes- und Naturwissenschaften. Die Zeit. Heft 50; 2000.

waren. Mit der Theorie der Absorption und Reflexion des Lichtes wurden diese Fragen beantwortet. Viele Antworten dieser Art verfeinern sich noch im Laufe der Entwicklung. Sie werden genauer. So kann das Licht, wenn eine präzisere Antwort erforderlich ist, als es die Theorie elektromagnetischer Wellen erlaubt, dank der quantentheoretischen Genauigkeit, als Photonenfolge beschrieben werden. So wurde das einst »emergente« Phänomen des Lichtes nicht nur immer genauer erklärt, sondern sogar mit einem anderen, früher ebenfalls unerklärten Phänomen verknüpft, dem morgendlichen Aufgehen der Sonne; dass freilich seit Galilei längst kein »emergentes« Phänomen mehr war. Werden nun an einem als »komplex« bezeichneten System Eigenschaften erkennbar, welche die Elemente, aus denen das System erzeugt oder in die es zerlegt werden kann, allein nicht aufweisen, dann gilt es genau diese Zusammenhänge im Rahmen einer naturwissenschaftlichen Theorie zu beschreiben und konsistent aufzuklären und eben nicht bei der Benennung »emergent« stehenzubleiben.

Wolf Singers Idee der Emergenz oder »emergenten Eigenschaft« verschmilzt mit der Auffassung vom neuronalen Determinismus zu einer Konzeption, deren zwingende Folgerungen wir am Beispiel einer Person, die sich »Gedanken macht« darstellen wollen: Wir nehmen an, dass im Bewusstsein der Person zwei aufeinander folgende Gedanken vorhanden sind, die wir als $G_1$ und $G_2$ bezeichnen wollen. $G_1$: »Wie herrlich, dass es abends noch länger hell ist.« und $G_2$: »Da können wir noch auf der Terrasse sitzen.« Wie müssen die »Beziehungen« der im Bewusstsein der Person aufeinander folgenden Gedanken $G_1$ und $G_2$ zueinander innerhalb dieser neurobiologischen Konzeption interpretiert werden? Das Entscheidende ist: $G_1$ und $G_2$ haben keine Beziehung zueinander. Sie berühren, begegnen, kennen sich nicht! Wie und was sollte sich hier auch begegnen, berühren oder miteinander verbunden sein? Nirgends wurde die Frage verfolgt, was die Gedanken inmitten der naturwissenschaftlich erfahrbaren Welt überhaupt sind. Stattdessen heißt es: Neuronale Prozesse determinieren die Gedanken. Zum Beispiel determiniert ein neuronaler Zustand den Gedanken $G_1$, ein anderer den Gedanken $G_2$. $G_1$ und $G_2$ tauchen aus einem hochkomplexen Neuronen-Miteinander auf. Das ist die Emergenz der Gedanken. Entscheidend ist, dass hier nicht gefragt wird, ob die Gedanken – oder etwas »in« ihnen – als physikalisch identifizierbare, nichtneuronale Strukturen aufzufassen sind und falls sie dies sind, wie sie selbst und ihre Verbindungen zu den physikalisch beschreibbaren neuronalen Prozessen naturwissenschaftlich erfasst und erklärt werden können! Es finden sich keine Versuche einer Erklärung, auch keine Fragen. Es findet sich ein Wort, ein »fettes Wort«, mit

Friedrich Nietzsche zu reden, anstelle eines nicht einmal »spindeldürren Fragezeichens«.[7] Das Wort heißt Emergenz.

Was folgt aus alledem? Wenn in der Selbstkenntnis oder dem Selbsterleben einer Person auf den ersten Gedanken, »Wie herrlich, dass es abends noch länger hell ist.«, der zweite Gedanke, »Da können wir noch auf der Terrasse sitzen.« folgt und sogar weitere Erwägungen oder Handlungen sich an dieser Gedankenfolge zu orientieren scheinen, dann ist dies – als notwendige Folge der Auffassung neuronal determinierter Emergenz – nicht etwa diesen Gedanken zuzuschreiben, sondern allein und ausschließlich den neuronalen Prozessen, die diese Gedanken »irgendwie« erzeugt, verursacht und determiniert haben. Noch einmal: Die Gedanken $G_1$ und $G_2$ »kennen« sich nicht. Innergedankliche oder intrapsychische »Berührungen« finden nicht statt. Sollte es unserer Person, wie auch allen übrigen Denkern und Fühlern, dennoch so vorkommen, als ob sie durch eigene Gedanken, Gefühle oder sonstige psychische Zustände oder Vorgänge angeregt und motiviert werden, und zwar als ob diese, bei aller neuronalen Verbundenheit, auch autonome, psychische, inner- oder zwischengedankliche, vor allem nichtneuronale Eigenwirkungen besitzen würden, dann ist dieses Als-ob-Erlebnis nur eine Täuschung, also ein psychischer Vorgang und als solcher ebenfalls neuronal determiniert. Das alles ist die notwendige Folge aus Wolf Singers Konzeption »neuronal determinierter Emergenz«.

Wir werden erneut zur Ausgangsfrage unserer Untersuchung zurückgeführt: Was sind Gedanken inmitten der naturwissenschaftlich erfahrbaren Welt? Wenn sie »nichts« sind, dann finden sie innerhalb einer sich als Naturwissenschaft verstehenden Konzeption auch nicht statt. Wenn sie »etwas« sind: Was sind sie dann? Wenn Wolf Singer schreibt: »Da der Gedanke Folge neuronaler Prozesse ist, unterscheidet er sich natürlich von diesen«[8], dann sind darin zwei Behauptungen enthalten. Erstens: Gedanken sind etwas. Zweitens: Gedanken sind keine neuronalen Prozesse. – Was aber sind sie dann inmitten dieser sich als Naturwissenschaft verstehenden Konzeption?

Wir wollen die Idee der neuronal determinierten Emergenz des Psychischen noch etwas anschaulicher darstellen, um uns die springenden Punkte deutlicher vor Augen zu führen. Dazu wählen wir einen metaphorisch aufgeladenen Vergleich: Eine Flasche Mineralwasser steht auf dem Tisch. Zunächst ist zu beobachten, wie kleine Gasbläschen nur in geringer Zahl und vereinzelt emporsteigen. Diese Gasbläschen stellen in unserem Vergleich die psychischen Vorgänge, zum Beispiel die Gedanken dar. Das Mineralwasser steht für das physische, das neuronale Geschehen. Nun schütteln wir die Flasche. Das Wasser gerät in Bewegung, was wir als Aktivierung neuronaler Prozes-

---

**7** | Nietzsche F. Zur Genealogie der Moral. Sämtliche Werke. Kritische Studienausgabe Band 5. München, Berlin, New York: Dtv, de Gruyter; 1980: 376.

**8** | Singer W. Wer deutet die Welt? Die Zeit. Heft 50; 2000.

se interpretieren wollen. Als unmittelbare Folge sprudelt eine große Zahl von Gasbläschen empor: Psychische Vorgänge tauchen auf, Gedanken emergieren! Der Bläschen-Sprudel korreliert mit der Bewegung des Mineralwassers ebenso, wie die Gedanken mit den neuronalen Aktivierungen. Die Pointe freilich, die Wolf Singers Emergenzmodell erst deutlich macht, liegt im Scheitern des Vergleichs. Während an der physikalischen Realität aufsteigender Kohlendioxidbläschen kein Zweifel besteht, denn sie sind physikalisch ebenso real wie das Mineralwasser, aus dem sie hervorgehen, existieren die Gedanken im neuronalen Emergenzmodell nicht. Die auftauchenden Gedanken besitzen keine autonomen, nichtneuronalen Möglichkeiten Wirkungen auszuüben oder zu empfangen. Es kann kein Zweifel bestehen: In Wolf Singers Konzeption sind – allen Bekundungen zum Trotz – allein die neuronalen Prozesse als physikalische Realität erkennbar. Wird nun noch einmal gefragt: Worin besteht der naturwissenschaftlich erfahrbare Unterschied zwischen »psychisch« und »nicht psychisch«? Was sind Psyche, Geist, Bewusstsein und Gedanken inmitten der naturwissenschaftlich erfahrbaren Welt? Es finden sich keine Antworten, sondern allenfalls zirkelhafte Manöver, die darauf verweisen, dass der Psyche, dem Bewusstsein, dem Geist und den Gedanken eben andere, »hochkomplexe« neuronale Aktivierungsmuster zugeordnet werden. Nirgends sind Gedanken auszumachen, nicht inmitten naturwissenschaftlicher Erfahrbarkeit. Daraus erschließt sich die notwendige Folgerung: Gedanken begegnen sich deshalb nicht, weil sie in diesem Konzept nicht existieren. Das Wort Emergenz erscheint wie ein Etikett, das auf dem »Nichts« klebt.

## 14

Vorsicht Stufe! Wir pausieren an dieser Stelle und verfolgen das Gespräch zwischen einem akademischen Philosophen und seinem nicht akademischen Hausarzt. Diese anekdotische Zwischenstufe fügt sich in die laufende Gedankenfolge ein, doch kann sie auch ausgelassen und übersprungen werden.

### Hohe Drücke

Der Philosoph fragt den Arzt: Wie? Im einundzwanzigsten Jahrhundert sind die Ursachen des hohen Blutdrucks nicht bekannt?

Der Arzt antwortet: Das stimmt. Nur bei wenigen Patienten lässt sich die Entstehung tatsächlich erklären, zum Beispiel wenn die Niere oder die Schilddrüse beteiligt sind.

Der Philosoph: Warum ist das so?

Der Arzt: Im menschlichen Körper wird der Blutdruck durch einen sehr komplexen Mechanismus reguliert. Zahlreiche Organe, Gefäße, biochemische

Botenstoffe und natürlich das Nervensystem sind daran beteiligt. Wir können das alles zwar untersuchen, wissen aber nur lückenhaft, warum bei dieser oder jener Person zu dieser oder jener Zeit ein Bluthochdruck entsteht. Das ist ein komplexes System.

Der Philosoph: Ich ahnte es bereits. Der Bluthochdruck emergiert. Er ist eine emergente Eigenschaft dieses Systems.

Der Arzt: Doch emergiert er immer weniger; das mit der Schilddrüse und Niere war ja früher auch nicht bekannt. Und die Forschung geht weiter. Übrigens: Was Sie emergent nennen, heißt in Medizinerkreisen essentiell.

Der Philosoph: Sie meinen, wenn das System eine wesentliche Eigenschaft hervorbringt, die aus den Eigenschaften seiner Bestandteile nicht folgt?

Der Arzt: Ich meinte eher, wenn wir nicht wissen, wie etwas entstanden ist. Wir geben unserem Nichtwissen einen Namen und sagen zum Beispiel: Der Bluthochdruck ist *essentiell.* Die Krankheit ist *idiopathisch.*

Der Philosoph: Aber damit steht der hohe Blutdruck nicht allein. Bei den meisten Erkrankungen sind doch die Ursachen nicht bekannt!

Der Arzt: Das mag sein, nur sagen wir das nicht so gern dazu:

Denn an Erklärung fehlt's im Revier,
Wir nehmen geputzte Worte dafür.

## 15

Wir kommen zum zweiten Punkt, der Psyche als Gehirnfunktion. Der Hirnforscher Eric Kandel schreibt: »Die zentrale These dieser Sichtweise besteht darin, dass das, was wir gewöhnlich Geist nennen, in einem ganzen Bündel von Funktionen besteht, die vom Gehirn ausgeführt werden.«[9]

Was aber sind Funktionen? Was sind Funktionen eines Organs, was Gehirnfunktionen? Die Funktion eines Organs ist dasjenige, was im lebendigen Körper beim Gebrauch des Organs geschieht. Funktion ist das, was das Organ leistet und was – in vorsichtiger Apparateanalogie – und »mit einer gewissen Verengung der Begriffe auch als Aufgabe interpretiert werden kann.«[10] Wenn das Herz mit ausreichender Kraft das Blut durch den Kreislauf pumpt, funktioniert das Herz. Das Herz hat diese Funktion. Auch das Blut erfüllt Funktionen, wenn es Nährstoffe, Sauerstoff und Kohlendioxid transportiert; ebenso die Leber, wenn sie Medikamente oder Giftstoffe eliminiert. Das alles sind Funktionen wie das Hören des Ohres und das Sehen des Auges. Selbstver-

---

9 | Kandel ER. Psychiatrie, Psychoanalyse und die neue Biologie des Geistes. 2008: 82.

10 | Weizsäcker CFv. Reden in der Leopoldina. Nova Acta Leopoldina. Neue Folge, Nummer 282, Band 68. Halle (Saale): Deutsche Akademie der Naturforscher; 1992: 93.

ständlich können alle diese Funktionen analysiert, differenziert und bis auf die zelluläre und molekulare Ebene der Organe und ihrer Systeme verfeinert und konkretisiert werden. Jede Zelle hat ihre Funktionen. Wir können zum Beispiel auch sagen, dass das, was wir Nährstofftransport nennen, ein ganzes Bündel oder eine Menge von Funktionen ist, die vom Blut ausgeführt werden. Der Transport von Sauerstoff und Kohlendioxid wäre dann eine Art Teilmenge der Blutfunktionen, der Transport von Proteinen und anderen Stoffen eine andere.

Auch das Gehirn hat vielfältige Funktionen, Gehirnfunktionen. Kandel identifiziert den menschlichen Geist als eine solche Funktion, nämlich als eine Menge von Funktionen, die vom Gehirn ausgeführt werden.[11] Was aber bedeutet das und was folgt daraus? Gedanken zählen sicher zu dem »was wir gewöhnlich Geist nennen«. Nicht allein das Denken und Sich-Gedanken-Machen, das Formulieren und endlich auch das Haben oder Fassen von Gedanken, sondern die Gedanken selbst sind demnach Funktionen. Erinnern wir uns an den Bewusstseinsstrom der Person unseres Gedankenexperimentes. Alles, was der Person durch den Kopf geht und einfällt, sind danach nicht nur psychische oder mentale oder geistige Vorgänge oder Zustände, sondern Gehirnfunktionen.

Wenn sprachlich formulierte Gedanken im Bewusstsein einer Person eine Eigenschaft besitzen, die Gehirnfunktionen nicht besitzen, dann folgt daraus, dass Gedanken etwas anderes als Gehirnfunktionen sind. Prüfen wir die Sachlage. Im Bewusstsein einer Person liegt folgender sprachlich formulierter Gedanke vor: »Wir treffen uns heute um acht Uhr am Haupteingang des Kinos.« Wenn wir zugestehen, dass dieser Gedanke eine andere Person erreichen kann – als Bestätigung könnte ein gelungenes Treffen gelten – dann hat der Gedanke oder seine Kopie oder irgendein »Teil« von ihm die andere Person erreicht. Das Gedicht, das in einem Buch geschrieben steht, kann gelesen werden und befindet sich nach dem Lesen im Bewusstsein des Lesers. Die Verszeilen liegen nun als sprachlich formulierte Gedanken im Bewusstsein vor. Sie können von der Person rezitiert und ausgesprochen werden. Sie können auch auf ein Blatt Papier geschrieben oder als elektronische Datei versendet werden. Sollen wir aber annehmen, dass die Gehirnfunktionen der Person auf ein Stück Papier übertragen oder innerhalb elektrischer Leitungen gesendet werden können? Organe, ihre Struktur und Funktion bilden eine Einheit. Organfunktionen können nicht von einer Person abgetrennt und auf eine andere Person übertragen werden, es sei denn durch Transplantation des Organs; dann besitzt aber die andere Person auch das Organ und nicht nur die Funktion des Organs. Gleichwohl können einige Organfunktionen teilweise ersetzt werden,

11 | Kandel ER. Psychiatrie, Psychoanalyse und die neue Biologie des Geistes. 2008: 308.

etwa durch technische Apparaturen wie ein Hörgerät oder die Herz-Lungen-Maschine.

Die Fähigkeit, den Träger zu wechseln, ist eine Eigenschaft von Information. Im Falle des Buches waren das Papier und die Druckerschwärze, im zweiten Falle das Bewusstsein und im dritten Falle waren die Luftmoleküle die unterschiedlichen Träger des Gedichtes. Der Gedanke wurde aber von Eric Kandel nicht als Information, sondern als Gehirnfunktion identifiziert. Die Funktionsanalogie stammt aus der technischen Welt der Apparate. Wir gingen zunächst davon aus, dass die Menge der hier Geist genannten Funktionen jeden maschinen- oder automatenhaften Funktionalismus übersteigt und nicht – wie etwa bei einem Fotoapparat – allein nach katalogisierbaren Algorithmen und Rechenvorschriften abläuft. Vor allem die beliebige Wiederholbarkeit ist eine Eigenschaft dieser Funktionen, freilich nur, solange ein Apparat intakt und die Energiezufuhr gewährleistet ist. Die wichtigste Funktion eines Fotoapparates ist das Erzeugen von fotographischen Bildern. Zu seinen Funktionen zählt aber auch die Speicherung der Bilder. Warum sollte nicht die automatische Übertragung der Bilder auf Speichermedien außerhalb des Apparates zur Funktion des Apparates gezählt werden? Doch selbst hier – in der leblosen Welt der Apparate – ist offensichtlich, dass mit der Fotographie ein »Bündel von Informationen« und kein »Bündel von Apparatefunktionen« übertragen worden ist. *Was* übertragen wird, ist eine Menge von Information; *dass* diese übertragen werden kann, erlaubt die Apparatefunktion. Informationsverarbeitung ist Funktion.

Bei aller Vagheit der Begriffe – denn natürlich kann der Funktionsbegriff mittels sprachanalytischer Manöver auch um die ihm fehlende Eigenschaft erweitert werden – aus unserer Sicht ist die Behauptung, dass ein im Bewusstsein eines Menschen vorliegender sprachlich formulierter Gedanke zugleich auch dessen Gehirnfunktion ist, widerlegt. Wir werden uns in den späteren Abschnitten noch ausführlicher mit den Gedanken in ihrer Eigenschaft als bedeutungsvolle Information beschäftigen. An dieser Stelle fassen wir zusammen. Eric Kandel kennzeichnet den menschlichen Geist als Gehirnfunktion und nicht als Information. Ein Verständnis der Psyche, des Bewusstseins, des Geistes, der Gedanken als nichtneuronale Strukturen, die autonome Wirkmöglichkeiten enthalten und entfalten können, liegt weit entfernt von den hier vermittelten Vorstellungen vom »Geist als Bündel von Gehirnfunktionen«.

# 16

Drittens: Der Hirnforscher Gerhard Roth spricht in ähnlicher Weise wie Wolf Singer und andere Wissenschaftler vom »Geist und Bewusstsein als emergente physikalische Eigenschaften«.[12] Roth schreibt: »Bei nüchterner Betrachtung können zahlreiche Eigenschaften des Geistes zumindest als ein schwach emergentes Phänomen innerhalb des physikalischen Systems Gehirn angesehen werden.«[13] Was uns aber hier interessiert, ist die Ergänzung dieser Auffassung durch eine andere. Gerhard Roth formuliert: »Wir müssen also davon ausgehen, dass Geist ein physikalischer Zustand eigener Art mit vielen speziellen Gesetzen ist.«[14]

Geist und Bewusstsein werden von Gerhard Roth also nicht nur als emergente Eigenschaften bezeichnet, sondern sie werden auch als physikalische Zustände charakterisiert, die »eindeutig im Rahmen der Naturgesetze« auftreten.[15] Von Gerhard Roth werden unbekannte »spezielle Gesetze«, »zahlreiche Eigengesetzlichkeiten«[16] und »mentale‹ Bereichsgesetzlichkeiten«[17] angenommen, denen der als physikalischer Zustand bezeichnete Geist letztlich genügen würde. Auf den ersten Blick scheint diese Auffassung zu einer naturwissenschaftlichen Erklärung geistiger oder psychischer oder mentaler Vorgänge zu ermutigen. Aber wird hier wirklich zu einer echten Suche nach einer mathematisch-physikalischen Theorie aufgefordert, durch die der Geist und das Bewusstsein und somit auch die sprachlich formulierten Gedanken als physikalischer Zustand verstanden und naturwissenschaftlich erklärt werden können? Dass dies hier bezweifelt wird, lässt schon die Fragestellung erkennen. Die Gründe dafür sind schon in den von Gerhard Roth selbst gezogenen Grenzen des Determinismus zu finden, innerhalb der die These »Geist und Bewusstsein sind physikalische Zustände« entwickelt wurde. Innerhalb dieser Vorfestlegungen drängt sich die Frage auf: Wenn das gesamte Verhalten des Menschen bereits durch neuronale Prozesse vollständig festgelegt ist, wozu dann einen »physikalischen Zustand Geist«?

Physikalische Zustände sind Zustände, die den Gesetzen der Physik gehorchen. Dann sind unter den von Gerhard Roth gesuchten Gesetzen zweifellos auch physikalische Gesetze zu verstehen. Die Roth'schen Bezeichnungen »speziell-«, »eigen-« und »bereichsgesetzlich« sollen vermutlich andeuten, dass die entsprechenden Gesetze dem Verfasser nicht bekannt sind oder dass aus der Fülle schon bekannter mathematisch-physikalischer Theorien jene noch nicht identifiziert werden konnten, die den »physikalischen Zustand« Geist erklären könnten, und zwar so, dass diese Erklärungen dann auch in den »Rahmen« der

---

**12** | Roth G, Strüber N. Wie das Gehirn die Seele macht. Stuttgart: Klett Cotta; 2014: 231-244.
**13** | Ebd.
**14** | Roth G. Geist und Bewusstsein als physikalische Zustände. 2011: 171-174.
**15** | Ebd.
**16** | Ebd., S. 173.
**17** | Roth G, Strüber N. Wie das Gehirn die Seele macht. 2014: 236.

von Roth favorisierten klassischen physikalischen Gesetzmäßigkeiten passen und mit den durch diese erfassten neuronalen und anderen physiologischen Prozessen in Übereinstimmung zu bringen sind. »Wie die ›Physik des Geistes‹ einmal aussehen wird«, schreibt Gerhard Roth, »ist unklar.«[18] Innerhalb eines neurobiologischen Konzeptes, das sich der Auffassung des neuronalen Determinismus verpflichtet zeigt, und zwar *bevor* die postulierten »speziellen Gesetze« bekannt sind, ist freilich für eine echte »Physik des Geistes« kein Raum. Es sei zwar unklar, wie die »Physik des Geistes« aussehen wird und ihre »speziellen Gesetze« seien noch unbekannt, aber eines scheint offenbar hinreichend klar und hinlänglich bekannt, dass nämlich diese unbekannte Physik den von Gerhard Roth und anderen Wissenschaftlern gleichsam apodiktisch verfügten neuronalen Determinismus nicht aufheben wird. Nach Gerhard Roth ist das menschliche Verhalten durch neuronale Prozesse determiniert.[19] Dazwischen – zwischen Neuron und Verhalten – ist dann aber auch kein Raum für einen »Geist« oder wie auch immer bezeichneten physikalischen Zustand. Der Geist erscheint vielmehr wie zwischen die Stahlbacken eines Schraubstockes – zwischen determinierte Neurone und durch Neurone determiniertes Verhalten – eingespannt und fest zusammengezogen. Die Stahlbacken stoßen in ganzer Fläche aneinander, dass dazwischen nichts zu wirken und nichts zu untersuchen, also auch kein »physikalischer Zustand« übrig bleibt. Psyche, Bewusstsein, Geist, Gedanken könnten niemals eine mögliche oder faktische nichtneuronale Wirkung ausüben.

Gerhard Roth versucht seine Annahme unbekannter »Bereichsgesetzlichkeiten«[20], denen der physikalische Zustand Geist genüge, in Analogie zur Quantenphysik zu beurteilen, die er offenbar als einen gesonderten Bereich der Physik mit eigenen »Bereichsgesetzen« betrachtet und nicht als eine universell geltende und fundamentale Theorie.[21] Dazu sind zwei Bemerkungen erforderlich: Erstens: Die Quantentheorie ist eine universell geltende Theorie. Bisher ist kein Ort im Universum bekannt, wo die Quantentheorie ihre Gültigkeit verliert. Zweitens: Die Quantentheorie ist eine fundamentale Theorie. Die Existenz der Atome und Elementarteilchen kann nur mithilfe der Quantentheorie erklärt werden. Die klassische Physik allein würde nicht erlauben, dass Atome und Elementarteilchen – auch die der Gehirne und Nervenzellen – überhaupt existieren.

Die Quantentheorie wird von Gerhard Roth ausschließlich im Hinblick auf den unterstellten »Bereichscharakter« erwähnt, ohne dabei den Verdacht zu hegen oder die Vermutung zu wagen, dass es sich bei den angenommenen

---

**18** | Roth G. Geist und Bewusstsein als physikalische Zustände. 2011: 171-174.
**19** | Roth G. Wir sind determiniert. Die Hirnforschung befreit von Illusionen. 2004: 218.
**20** | Roth G, Strüber N. Wie das Gehirn die Seele macht. 2014: 236.
**21** | Ebd., S. 237.

Bereichsgesetzen des Geistes womöglich auch um quantenphysikalische handeln könnte.[22] Wir greifen den Hinweis auf die Quantentheorie an dieser Stelle
dennoch auf, da als Konsequenz der Quantentheorie, die vor ihrer eigenen Entdeckung natürlich unbekannt war, der bis dahin für unumstößlich gehaltene
physikalische Determinismus aufgegeben und durch den physikalischen Indeterminismus abgelöst wurde. Warum, so könnte gefragt werden, sollte der von
einigen Hirnforschen und Neurobiologen für unumstößlich gehaltene neuronale Determinismus nicht ebenso aufgegeben und abgelöst werden, wenn die
von Gerhard Roth gesuchten »»mentalen‹ Bereichsgesetzlichkeiten« einmal
bekannt sein werden? Wir setzen an dieser Stelle einen Punkt, denn gesucht
wird letztlich eine physikalische Theorie, die die entsprechenden Strukturen
der Psyche, des Bewusstsein, des Geistes, der Gedanken aufzeigt und ihre physikalische Erfahrbarkeit innerhalb konsistenter Zusammenhänge erklärt. Eine
solche Theorie oder ein erster Entwurf, eine Skizze, ist in Gerhard Roths Konzeption nicht erkennbar. Was hier dargestellt wird, lässt sich abstrahieren und
eher noch als Aufruf formulieren: Gesucht wird eine Größe X, deren naturwissenschaftliche, insbesondere physikalische Erfahrbarkeit noch herzuleiten und
deren Anbindung an die bisher etablierten Naturwissenschaften, insbesondere
an die fundamentale Physik, noch aufzuzeigen ist. X = Psyche, Bewusstsein,
Geist, Gedanken. Aus naturwissenschaftlicher Perspektive ist damit die Aufgabe nicht gelöst, sondern gestellt. Sie beginnt genau hier. Wenn wir hier den
Buchstaben X einführen, dann deshalb, damit uns selbst kein X für ein U vor-
gemacht werde. Wir wollen bei der physikalischen Sache bleiben, da von dieser
ja die Rede sein soll. Mitunter erwecken aber Worte wie zum Beispiel »Feld«
oder »Kraft« den Anschein, dass allein ihre Verwendung dafür bürgt, dass
es sich um eine naturwissenschaftliche, insbesondere physikalische Theorie
handeln müsse. Das ist nicht der Fall. Wenn psychische Prozesse keine neuronalen Prozesse sind, aber beide innerhalb einer physikalisch erfahrbaren Welt
dargestellt und erklärt werden sollen, ist es nur konsequent, dass auch beide
physikalisch zu beschreiben sind. Nur besteht eben die Schwierigkeit, diese
Zusammenhänge in Übereinstimmung mit der bisherigen Physik tatsächlich
darzustellen. Innerhalb eines physikalischen Modells wird zuletzt immer die
Frage gestellt werden, mit welchen mathematischen Strukturen die physikalisch erfahrbare Wirklichkeit erfasst werden kann und wie diese Strukturen
mit der etablierten Physik in Übereinstimmung zu bringen sind.

Fassen wir zusammen: Die von Gerhard Roth vorgeschlagene Formulierung vom Geist als physikalischer Zustand kennzeichnet kein naturwissenschaftliches Modell. Es werden keine physikalisch erfahrbaren Strukturen
vorgeschlagen, die sich mit den schon verstandenen Strukturen der Physik,
wie etwa dem Verhalten von Molekülen oder den elektromagnetischen Pro-

---

22 | Roth G, Strüber N. Wie das Gehirn die Seele macht. 2014: 236-237.

zessen, konsistent verbinden lassen. Dass physikalische Zustände autonome Wirkmöglichkeiten enthalten und entfalten können, ist ihre Eigenschaft. Wir müssen allen physikalischen Zuständen – auch dem Geist und den Gedanken, wenn sie als solche aufzufassen sind – autonome Wirkmöglichkeiten nicht nur zugestehen, sondern wir müssen sie fordern! Erinnern wir uns noch einmal des Bildes der unsichtbaren Hüte, die keine Wirkmöglichkeiten besitzen, deren physikalische Erfahrbarkeit aber behauptet wurde. Wir könnten sogar annehmen, dass von diesen Hüten mathematische Modelle entwickelt werden, dennoch haben diese Hüte nichts mit einer physikalisch erfahrbaren Wirklichkeit gemein. Ein solcher Zustand ist kein physikalischer, er trägt zu Unrecht diesen Namen.

## 17

Alle drei Auffassungen, so verschieden sie auf den ersten Blick erscheinen mögen, haben eine grundlegende Gemeinsamkeit, die sie an einer so entscheidenden Stelle vereint, dass die Frage durchaus berechtigt ist, ob sie sich im Kern dann überhaupt unterscheiden. In allen Auffassungen besitzt die Psyche keine Möglichkeit und Fähigkeit, Wirkungen auszuüben oder zu empfangen. Wenn aber das, was hier unter Psyche verstanden wird, nicht einmal potentiell Wirkungen auszuüben vermag, dann gibt es auch kein Indiz ihrer physikalischen oder naturwissenschaftlich erfahrbaren Existenz. Eine solche Psyche ist nicht wirksam, nicht wirklich, nicht physikalisch real. Das Entscheidende ist ja nicht, ob Psyche oder Geist oder Bewusstsein, also das, was vom Gehirn irgendwie »erzeugt« und wohin vom Neuronalen aus gesprungen oder übergangen werden soll, »emergente Eigenschaft«, »Funktion« oder »physikalischer Zustand« genannt wird, sondern ob es die Eigenschaft besitzt, selbst Wirkungen ausüben und empfangen zu können. Und *etwas*, das keine autonomen Wirkmöglichkeiten hat, ist nicht physikalisch und auch nicht neurobiologisch real und kann daher nicht naturwissenschaftlich erfahren und in naturgesetzliche Konzepte eingebunden werden. Was von der Suche nach einer die Psyche erklärenden neurobiologischen Theorie dann noch übrig bleibt, sind drei verschiedene Namen, die einen theoretischen Sachverhalt etikettieren, vergleichbar einer Arznei, die unter drei verschiedenen Namen verkauft wird, jedoch den vom Hersteller ausgewiesenen Wirkstoff nicht enthält – nicht enthalten kann, weil dieser gar nicht existiert.

Wir fassen zusammen: Die Psyche »wirklich« nennen, heißt, der Psyche die Möglichkeit zu wirken zuzugestehen.

Alle vorgestellten neurobiologischen Konzepte sind dadurch gekennzeichnet, dass der Psyche keine autonomen Wirkmöglichkeiten angehören. Hier ist zu ergänzen, dass ein Vorhandensein autonomer Wirkmöglichkeiten und damit die physikalische Erfahrbarkeit allein nicht genügen, um eine »echte«, gerichtete, steuernde Einflussnahme der Psyche zu erklären. Um das deutlich zu machen, fügen wir den bisherigen Betrachtungen eine philosophische Auffassung hinzu, die die psychischen oder geistigen oder mentalen Zustände als Epiphänomene, als einflusslose *Nebenerscheinungen* eines von neuronalen und anderen somatischen Prozessen bestimmten Hauptgeschehens charakterisiert. Karl Popper hat den »Epiphänomenalismus« an einem anschaulichen Beispiel dargestellt:

»Infolge von Reibung erzeugt jede Uhr ein gewisses Quantum Wärme. Dies ist jedoch ein Nebenprodukt, das wenig oder nichts mit der Funktionsweise der Uhr zu tun hat. Wir können den Mechanismus der Uhr verstehen, ohne das bisschen produzierte Menge an Wärme zu beachten. Solch ein irrelevantes Phänomen, wie die von der Uhr produzierte Wärme, nennt man ein ›Epiphänomen‹. In Verbindung mit dem Leib-Seele-Problem ist Epiphänomenalismus die Theorie, dass Geistiges zwar existiert, aber nur als Epiphänomen.«[23]

In Poppers Beispiel werden Psyche und Geist zwar in jeder Hinsicht als unbedeutend, nebensächlich, beiläufig und irrelevant in Bezug auf das neuronale Hauptgeschehen angesehen, doch sie werden – analog zur Wärme – als physikalische Vorgänge vorgestellt, denn die von einer Uhr produzierte Wärme ist selbstverständlich wirksam und physikalisch real. Epiphänomene in dem hier geschilderten »Wärme-Sinne« können deshalb auch als Epirealitäten bezeichnet werden. Nur sind sie eben »Epi«. Obgleich natürlich aus einer naturwissenschaftlichen Perspektive auch hier die Frage bestehen bleibt, welchen mathematisch-physikalischen Theorien das unbedeutende, irrelevante Nebenprodukt »Geist« innerhalb dieses *Epirealismus* dann genügen soll. Kurzum: Im Epiphänomenalismus werden der Psyche, dem Bewusstsein, dem Geist keine Wirkungen inmitten neuronaler oder sonstiger somatischer Prozesse zugebilligt oder zugetraut, also etwa mit der Möglichkeit *steuernder Einflussnahme* auf diese Prozesse. Sie sind eben »Epi«, das heißt belanglos, unbedeutend, ohne Relevanz. Sie tragen nichts *Wirkliches* zur Sache bei.

# 18

In diesem Abschnitt wird noch ein weiteres neurobiologisches Modell vorgestellt, das jedoch nicht zu den Modellen des neuronalen Determinismus zählt. Die Rede ist von dem »Bewussten Mentalen Feld«, das Benjamin Libet in die

---

23 | Popper KR. Wissen und das Leib-Seele-Problem. Gesammelte Werke Band 12. Tübingen: Mohr Siebeck; 2012: 140.

Diskussion eingeführt hat. Das Modell von Libet ist bis zu einem gewissen Punkt mit der Auffassung Singers von der bewussten Psyche als emergente Eigenschaft nahezu identisch, bevor die Auffassungen erheblich voneinander abweichen. Der gewisse Punkt lässt sich markieren. Während Wolf Singer das Bewusstsein als emergente Eigenschaft neuronaler Prozesse versteht, führt Benjamin Libet die Annahme eines »Bewussten Mentalen Feldes« ein, das er als »emergente Eigenschaft eines geeigneten Systems neuronaler Aktivitäten«[24] bezeichnet. Während Singers emergente Eigenschaft keine autonomen Wirkmöglichkeiten besitzt, schreibt Libet dem emergenten bewussten mentalen Feld »die kausale Fähigkeit« zu, »bestimmte neuronale Funktionen zu beeinflussen oder zu verändern«[25]. Nach Libet besitzt das bewusste mentale Feld eine Art »Vermittlerrolle« zwischen den physischen Aktivitäten der Nervenzellen und dem Auftauchen von subjektivem Erleben. Das bewusste mentale Feld, das »durch geeignete, aber vielfältige Aktivitäten des Gehirns erzeugt wird«[26], erscheint als ein Produkt neuronaler Prozesse, ähnlich wie es in einem der vorigen Abschnitte anhand der Gehirn-Drüse- und Sekret-Psyche-Analogie dargestellt wurde.

Der Begriff des Feldes legt die Idee einer physikalischen Struktur nahe, zumal Libet formuliert, dass man sich das bewusste mentale Feld durchaus »analog zu physikalischen Kraftfeldern vorstellen«[27] kann. Allerdings distanziert er sich dann doch von einer solchen Vorstellung und betont, dass das bewusste mentale Feld gerade nicht »in Begriffen irgendeiner gegenwärtig bekannten physikalischen Theorie beschreibbar«[28] ist. Das Modell des bewussten mentalen Feldes ist nicht in ein naturwissenschaftliches Gesamtkonzept eingebettet und auch die Möglichkeit der Einbindung in die etablierten Naturwissenschaften ist nicht erkennbar. Das Modell wird hier dennoch erwähnt, da das Bemühen Libets spürbar ist, dem neuronalen Determinismus etwas anderes, etwas Indeterministisches gegenüberzustellen, um einige offensichtliche Probleme zu lösen, wie das der autonomen Wirkmöglichkeit. Libet schreibt:

»Gleichgültig, ob die BMF-Theorie richtig ist oder nicht, die Erkenntnis von neuronalen Strukturen und Funktionen kann nie an sich bewusstes Erleben erklären oder beschreiben. Wie schon gesagt, kann die Untersuchung des Gehirns einem zeigen, was die Nervenzellen tun etc., aber darin ist nichts, was auf ein subjektives Erleben hindeu-

---

24 | Libet B. Mind Time. Wie das Gehirn Bewusstsein produziert. 2007: 228.
25 | Ebd., S. 212.
26 | Ebd.
27 | Ebd., S. 213.
28 | Ebd., S 212-213.

ten würde. Außerdem ist es möglich, dass einige geistige Phänomene gar keine direkte neuronale Grundlage haben.«[29]

# 19

Die Grenze vom Neuronalen zum Psychischen wird in keinem der vorgestellten neurobiologischen Konzepte erkennbar markiert, be- oder überschritten. Die Frage nach dem *Etwas*, das dort ist, wohin vom Neuronalen aus *gesprungen* oder übergegangen werden sollte, lässt gemäß der bisherigen Analysen sogar nur eine Antwort zu: Dort befindet sich nichts: nichts, was durch bisherige neurobiologische Theorien naturwissenschaftlich erklärt oder erklärbar wird. Dies steht erkennbar im Widerspruch zum neurobiologischen Anspruch und der Forderung nach naturwissenschaftlicher »Einbindung« und Erklärung des Psychischen. Was übrig bleibt, kann als die Idee des neuronalen Korrelats bezeichnet werden. Diese Idee beinhaltet die statistische Korrelation von »Verhaltensleistungen« oder »kognitiven Handlungen«, also der Verbindung von den Erlebnisberichten einer Person und den Verhaltensbeobachtungen an dieser Person und den neuronalen Prozessen, die durch Messgeräte registriert und als neuronale Aktivierungen interpretiert werden. Wenn Naturwissenschaft etwas erklären soll, sind Korrelate nicht das Ziel. Gleichwohl können Korrelate eine wichtige Rolle spielen, wie der Erkenntnisgewinn durch korrelative Zuordnungen von neuronalen Aktivierungsmustern ja zeigt. Nur erklären diese neuronalen Korrelate nicht. Auch enthalten sie keine Theorie darüber, was sich »hinter« dem vorgestellten »Korrelationspartner« – der Psyche, dem Bewusstsein, dem Geist, den Gedanken – an naturwissenschaftlich Erfahrbarem verbirgt. In einigen Darstellungen finden sich Tendenzen, ein Korrelat für mehr zu nehmen, als es ist. Der Hirnforscher Wolf Singer wurde gefragt: »Sie haben eben nur von einem ›Korrelat‹ gesprochen. Gibt es keine kausalen Zusammenhänge zwischen Gehirnprozessen, die Sie als Wissenschaftler aus der Dritte-Person-Perspektive beschreiben, und dem Phänomen ›Aufmerksamkeit‹, das der Erste-Person-Perspektive entstammt?« Wolf Singer antwortet: »Doch, das sind ja kausale Beziehungen. Es ist nur schwierig, das zu beweisen.«[30]

Das folgende Gedankenexperiment soll den Unterschied zwischen einer Erklärung und einer korrelativen Zuordnung anschaulich zuspitzen: Nehmen wir an, es besteht die Aufgabe, nach einer naturwissenschaftlichen Erklärung des Phänomens »vom Baum fallender Apfel« zu suchen. Was für Theorien sind

**29** | Libet B. Mind Time. Wie das Gehirn Bewusstsein produziert. 2007: 230.

**30** | Singer W. Das Ende des freien Willens? Gespräch mit dem Hirnforscher Wolf Singer und den Autoren Inge Hoefer und Christoph Pöppe von der Zeitschrift Spektrum. Spektrum der Wissenschaft. Heft 2; 2001: 72.

dazu erforderlich? Vermutlich wird zuerst nach einer Theorie gefragt werden, die das Fallen des Apfels physikalisch erklärt und in konsistenter Form mit der bisherigen Physik verbindet. Außerdem wird nach einer Theorie gesucht werden, welche die biochemischen Prozesse im Apfel, besonders im Stiel beschreiben, die, in Verbindung mit Theorien über die Strömungen der Luft das Abbrechen des Apfels womöglich erklären kann. Sämtliche Theorien werden in mathematischer Fassung mit der etablierten Naturwissenschaft zu verbinden versucht. Wir müssen vermutlich nach weiteren Theorien Ausschau halten, die zur Erklärung des Phänomens erforderlich sind und diese dann ebenfalls in das Theoriegefüge integrieren. Wir halten hier dennoch inne, denn das Prinzip dürfte deutlich geworden sein. Ziel einer naturwissenschaftlichen Erklärung wird es immer sein, in dem Theoriegefüge möglichst einfache Grundprinzipien zu erkennen, auf die das zu erklärende Phänomen zurückgeführt werden kann. Diese naturwissenschaftliche Reduktion lässt natürlich allen selbständigen Entwicklungen der zu erklärenden Phänomene in eigenen Wissenschaftszweigen freien Raum und führt nicht zu der von Julian Huxley befürchteten »nothing-else-buttery«, was Konrad Lorenz als »Nichts-anderes-Alserei« übersetzt hat.[31,32,33]

Nehmen wir nun aber an, dass wir in einer Welt leben, in der den hier tätigen Forschern keine der gesuchten Theorien bekannt sind. Bekannt sind alle Orte, wo Apfelbäume wachsen, auch ist es eine allgemeine Erfahrung, dass die meisten Äpfel in einer bestimmten Jahreszeit von den Bäumen zu Boden fallen. Einige Forscher wollen sich dem Phänomen »vom Baum fallender Apfel« dennoch nähern. Dazu erstellen sie eine globale Karte, darin alle am Boden gefundenen Äpfel erfasst und mit Fundort und Datum vermerkt werden. Diesen Daten ordnen sie saisonale Korrelate zu, Korrelate raum-zeitlicher Apfelfallaktivität; denn, das scheint nur folgerichtig, in den letzten Tagen und Wochen vor dem Fund muss die Apfelfallaktivität an den jeweiligen Fundorten besonders hoch gewesen sein. Es ist denkbar, dass eine solche Kartographie

---

**31** | Dazu eine Bemerkung von Konrad Lorenz: »Wenn ich sage, alle Lebensvorgänge sind chemisch-physikalische Vorgänge, so ist das ein Satz, der selbstverständlich für jeden naturwissenschaftlich Denkenden richtig ist. Was denn sollen sie sein? Wenn ich an keine Wunder glaube, so müssen sie chemisch-physikalische Vorgänge sein. Jetzt sage ich aber, Lebensvorgänge sind eigentlich *nichts anderes als* chemisch-physikalische Vorgänge. Das ist ganz offensichtlich falsch, denn gerade »eigentlich«, gerade hinsichtlich dessen, was ihnen zu eigen ist, sind sie eben etwas sehr viel Andersartiges.« Lorenz K, Kreuzer F. Leben ist lernen. München: Piper; 1988: 32-33.

**32** | Lorenz K. Theoretische und praktische Auswirkungen des Szientismus. In: Der Abbau des Menschlichen. Doppelband, gemeinsam mit: Die Rückseite des Spiegels. München: Piper; 1988: 451.

**33** | Lorenz K, Kreuzer F. Leben ist lernen. 1988: 32-33.

wichtiges Wissen vermittelt, das auf anderen Wegen nicht erworben werden kann. Es ist auch denkbar, dass anhand der Ergebnisse eine Reihe von Fragen im Umkreis des Phänomens, zum Beispiel nach regionalen Besonderheiten oder verschiedenen Apfelsorten, überhaupt erst formuliert werden kann und dass diese Fragen zu einer echten Theoriesuche sogar den Anstoß geben. Was wir jedoch nicht haben, ist eine naturwissenschaftliche Erklärung des Phänomens vom Baum fallender Apfel.

Eine weitere Bemerkung ist erforderlich, da die Idee des neuronalen Korrelates nicht selten als Ausweis eines wissenschaftlichen, besonders naturwissenschaftlichen Vorgehens vorgelegt wird. Wenn zwischen einer im Blut gemessenen Konzentration eines bestimmten Stoffes und dem Auftreten verschiedener Symptome, wie zum Beispiel eines Bluthochdruckes, einer gesteigerten Atemfrequenz oder eines Hautausschlags, statistische Korrelationen ermittelt werden, gehören beide Korrelationspartner – der gemessene Stoff und das gemessene Symptom – zu einer physikalisch erfahrbaren Welt. Bei allen Korrelationspartnern ist klar, dass und wie ihre physikalische Erfahrbarkeit vorgestellt werden kann. Hinter der Idee des neuronalen Korrelates steckt etwas anderes. Die gemessene Hirnaktivität wird als naturwissenschaftlich erfahrbar vorgestellt, der im Bewusstsein einer Person gedachte Gedanke hingegen nicht. Er wird in keinem der zugrunde gelegten Modelle als eine Struktur ausgewiesen, die autonome Wirkmöglichkeiten enthält. Tatsächlich korreliert werden zumeist auch gar keine subjektiven Erlebnisse oder Inhalte des Bewusstseins, sondern bereits an motorische und vegetative Bewegungsabläufe des Körpers gebundene Interpretationen, zum Beispiel »komplexe kognitive Handlungen« oder »Verhaltensleistungen«.

## 20

Am Anfang der Untersuchung hatten wir die Frage gestellt, ob wir, wenn psychische Störungen und psychische Krankheiten mit Psychopharmaka und Psychotherapie behandelt werden, überhaupt wissen, was behandelt wird. Inzwischen dürfte deutlich geworden sein, warum diese einfache Frage keine einfach zu beantwortende ist. Dennoch zeigt sich heute, seit dem »Aufstieg der Neurowissenschaften«, dass nicht nur Neurobiologen, Pharmakologen und Hirnforscher, sondern auch Psychiater und Psychotherapeuten dieser Frage mit einer Zuversicht begegnen, die sich ihre Lösung zutraut. Die naturwissenschaftliche Basis scheint in der Psychopharmakotherapie offensichtlicher als in der Psychotherapie. Medikamente sind chemische Verbindungen. Sie gelangen ins Blut und auf diesem Wege zum Gehirn. Dort beeinflussen sie neuronale Prozesse und entfalten auf diese Weise neuronale Wirkungen. Die Wege der Moleküle, von der Einnahme durch den Patienten bis zur Ankunft an den spezifischen Rezeptoren und anderen Wirkorten im Gehirn sowie ihre jeweiligen biochemischen Reaktionen können weitgehend verfolgt, dargestellt und vielfach auch erklärt werden. Freilich bleibt dabei das Verhältnis von neuronalen und psychischen Prozessen weiterhin ungeklärt und Fragen, die die Psyche unmittelbar in den Blick nehmen, sind gar nicht einbezogen, zum Beispiel die Frage, wie Gedanken eines Verfolgungswahns oder einer Depression sich infolge dieser neuronalen Beeinflussung tatsächlich verändern können. Ein vereinfachtes Erklärungsschema lautet etwa so: Die Psyche ist eine Gehirnfunktion. Psychopharmaka verändern diese Funktion. Folglich verändern Medikamente die Psyche. Die durch Psychopharmaka erzielten Behandlungserfolge werden als Bestätigung dieses Erklärungsschemas angesehen.

Ein neurobiologisches Verständnis psychotherapeutischer Abläufe scheint noch schwieriger zu erlangen. Während chemische Moleküle wenigstens intrazerebral bis zu ihren Empfangs- und Wirkorten zumindest im Prinzip verfolgt werden können, ist bei analogen Überlegungen oder Fragen, etwa nach den »Rezeptoren« oder Wirkorten für Worte, nicht einmal klar, ob dies sinnvolle oder sinnlose Fragen sind. Die Idee des neuronalen Korrelates hat sich an dieser Stelle Raum verschafft. Sie ist es auch, welche die akademische Forschung der Psychiatrie und Psychosomatik, einschließlich ihrer psychotherapeutischen Verfahren zunehmend bestimmt. »Man kann heute mit der funktionellen MRT sehen, dass sich durch eine Psychotherapie im Gehirn wirklich etwas ändert. Vor fünfzehn Jahren hätte das noch niemand zu träumen gewagt.«[34], berichtet Tilo Kircher von der Marburger Universitätsklinik für Psychiatrie, Psychosomatik und Psychotherapie. Auch Kirchers folgende Worte spiegeln eine allgemeine Auffassung wieder: »Viele glaubten damals, eine Psychotherapie kann keinen Einfluss auf die Materie des Gehirns haben. Etwas Materielles wie Medikamente schon, aber etwas Geistiges wie Psychotherapie [...]? Wenn wir nun sehen, wie eine geistige Therapie die Hirnaktivität in bestimmten Regionen verstärkt oder schwächt, dann ist das schon ein Paradigmenwechsel.«[35] Hier tauchen die Begriffe Materie und Geist sowie materiell und geistig und ihre Zuordnung zu Medikament und Psychotherapie in jenem Spontanverständnis auf, das mit der allgemeinen Erfahrungswelt übereinstimmt. Aber was versteht der die neurobiologische Naturwissenschaft favorisierende Psychiater und Psychotherapeut unter Geist, der diese materiellen Veränderungen doch offenbar hervorzurufen vermag? Und wenn von »geistiger Therapie« die Rede ist, dann ist zunächst zu fragen, wie der Geist des Therapeuten den Geist des Patienten erreicht. Über die Sinneskanäle? Und wenn nicht, wie dann? Was heißt überhaupt »Geist« oder »geistige Therapie«, wenn diese die Bildung

---

**34** | Kircher T. Man sieht, dass sich durch Psychotherapie im Gehirn etwas ändert. InFo Neurologie & Psychiatrie. 15 (3); 2013: 8-9.

**35** | Ebd., S. 8-9.

oder Rückbildung einzelner Synapsen – also von Materie – bewirken soll?[36] Wo genau begegnet der Geist der Synapsenmaterie und wie setzt er diese materiellen Veränderungen in Gang?

Ein Großteil der akademischen Forschungsprogramme in Psychiatrie und Psychosomatik beinhaltet heute die Suche nach neuronalen Korrelaten.[37] Durch den Nachweis von Veränderungen im Gehirn habe die Psychotherapie eine »Stärkung ihrer Position«[38] erfahren, berichtet Sabine Herpertz, Leiterin des Lehrstuhls für allgemeine Psychiatrie an der Heidelberger Universität. Ähnlich äußert sich die Psychotherapeutin Verena Kast. Die Neurowissenschaften hätten gezeigt, dass der »Geist das Fleisch sticht«[39], also dass der Geist oder die Psyche zu messbaren Veränderungen im Gehirn führen können. Dieser Frage folgt natürlich wieder die Frage auf dem Fuße, wie der Geist das anstellt, wenn es sich denn so verhält. Und dieser Frage bleibt wiederholt die entscheidende Frage vorgeschaltet, was der Geist, was die Psyche, was ein Gedanke in einem naturwissenschaftlichem Erklärungsmodell dann überhaupt ist. Die vom Geist erzeugte Zunahme oder Veränderung von Gehirnmaterie sollte doch innerhalb naturwissenschaftlicher Modelle erklärt werden können. Der Geist, zum Beispiel der sprachlich formulierte bewusste Gedanke eines Therapeuten- oder Patientenbewusstseins, muss etwas sein, das diese Veränderungen im Gehirn bewirken kann, etwas, darin autonome Wirkmöglichkeiten sich offenbar auch faktisch innerhalb neuronaler Prozesse entfalten. In den drei neurobiologischen Modellen, die wir vorgestellt haben, zeigte sich aber, dass diese Veränderungen einem nichtneuronalen Etwas gar nicht zugetraut werden.

Unbeantwortete Fragen bleiben jung! Fragen, die nun auch der psychotherapeutischen Forschung angehören, sofern diese, über die Feststellung korrelativer Verbundenheit hinaus, nach Erklärungen sucht. Da nicht klar ist, was ein Gedanke ist, ist auch nicht klar, wie ein Gedanke Wirkungen erzielen oder empfangen kann. Wie ist der Geist in Mimik und Gestik einer Person, wie der Gedanke im gesprochenen Wort. Wir vermuten, nehmen an, gehen davon aus, dass etwas von dem, was als sprachlich formulierte Gedanken im Bewusstsein des Therapeuten vorliegt, in Form von Worten ausgesendet und weitergeleitet werden kann. In welchem Verhältnis stehen aber Gedanke und Wort zueinander. Wie »bindet« sich der Gedanke an das Wort? Klebt der Gedanke am Wort

**36** | Kircher T. Man sieht, dass sich durch Psychotherapie im Gehirn etwas ändert. 2013: 9.

**37** | Herpertz SC. Wie beeinflussen neurobiologische Erkenntnisse die Psychotherapie? In: Fiedler P (Hg.). Die Zukunft der Psychotherapie. Heidelberg: Springer; 2012: 52.

**38** | Ebd., S. 42.

**39** | Kast V. In: Nachtmeerfahrten. Eine Reise in die Psychologie von C. G. Jung. Filmaufnahme. Deutschland, R: Rüdiger Sünner; 2011.

wie der Blütenstaub am Körper der Biene, die diesen weiterträgt? Das Wort spielt in der Psychotherapie eine zentrale Rolle, wenn auch zahlreiche wortlose, nonverbale, unbewusste Faktoren die psychotherapeutische Beziehung wesentlich gestalten und entscheidend mitbestimmen. Dazu Sigmund Freud:

»Worte sind ja die wichtigsten Vermittler für den Einfluss, den ein Mensch auf den anderen ausüben will; Worte sind gute Mittel, um seelische Veränderungen bei dem hervorzurufen, an den sie gerichtet werden, und darum klingt es nicht länger rätselhaft, wenn behauptet wird, dass der Zauber der Worte Krankheitserscheinungen beseitigen kann, zumal solche, die selbst in seelischen Zuständen begründet sind.«[40]

Wir können fragen, ob etwas von diesem »Zauber« sich auch naturwissenschaftlich erfahren lässt.

# 21

Bevor wir weiterfragen, halten wir kurz inne und werfen einen Blick auf die naturwissenschaftlichen Mittel, derer wir uns in den nächsten Abschnitten bedienen werden. Zur Anwendung sollen nur naturwissenschaftliche »Werkzeuge« der klassischen Physik gelangen, da auch nur diese den eingeführten neurobiologischen Modellen zugrunde liegen. Überlegungen, welche die Quantentheorie mit einbeziehen, bleiben vorerst unberücksichtigt, gemäß der übereinstimmenden Auffassung publizierender Neurobiologen und Hirnforscher, dass die Quantentheorie bei der Erklärung des Psychischen keine Rolle spielt. Um zu begründen, warum wir dies hier hinzufügen, bedarf es eigentlich eines längeren Ausfluges in die naturphilosophisch bedeutsamen Unterschiede zwischen klassischer Physik und Quantenphysik. Hier soll nur auf einen Aspekt hingewiesen werden.[41] Wenn wir uns allein auf der Erklärungsebene der klassischen Physik aufhalten, beschränken wir uns selbst im Grad der Genauigkeit; denn die Quantentheorie ist heute die naturwissenschaftliche Theorie, die die genaueste Erfassung der physikalisch erfahrbaren Wirklichkeit erlaubt. Was das für unsere Untersuchung bedeuten kann, soll hier zumindest angedeutet werden. In der Luft auftretende Schallwellen beispielsweise sind bei einer genaueren Analyse der aneinanderstoßenden Luftmoleküle als elektromagnetische Wechselwirkungen zu beschreiben. Und werden elektromagnetische Wechselwirkungen untersucht, kommt auch die quanten-

---

**40** | Freud S. Psychische Behandlung (Seelenbehandlung). In: Freud S. Gesammelte Werke Band V. Werke aus den Jahren 1904-1905. Frankfurt: S. Fischer; 1991: 301-302.
**41** | Philosophische Grundfragen im Umkreis der Physik und Mathematik werden ausführlich in dem Buch »Quanten sind anders« von Thomas Görnitz diskutiert.

theoretische Darstellung dieser Prozesse mit realen und virtuellen Photonen in Betracht und damit die Möglichkeit einer noch genaueren Analyse dieser elektromagnetischen Vorgänge. Das soll hier nicht ausgeführt werden, sondern nur eines zu bedenken geben. In der physikalischen Praxis wird die Genauigkeit der Untersuchungsmethoden der jeweiligen Problemsituation angepasst. In unserem Falle liegen die Dinge jedoch anders. Wir wissen gar nicht, welcher Genauigkeitsgrad erforderlich ist; da wir im Unbekannten forschen und gar nicht wissen können, was die Problemsituation tatsächlich erfordert. Dass die bewussten Gedanken des menschlichen Bewusstseins als zentrale Figuren begrifflichen Denkvermögens zu den komplexesten evolutionären Produkten gehören, kann zugleich als Indiz aufgefasst werden, dass zu ihrer Erklärung auch eine hohe Genauigkeit, womöglich eine höhere als die der klassischen Physik und damit auch die Quantentheorie einbeziehende Überlegungen erforderlich sind. Wir können die Situation mit der eines Uhrmachers vergleichen, der weiß, dass er mit einem Brecheisen die Probleme einer Taschenuhr nur unzureichend lösen kann. Wenn er es dennoch versucht, dann erfährt nicht das Brecheisen Kritik, das ja in seinem Felde gute Arbeit leistet, sondern der Uhrmacher, der vielleicht seine eigenen Fähigkeiten oder die seiner Werkzeuge überschätzt. Auch bei der Untersuchung der Gedanken liegt es nahe, sich nicht auf klassische Werkzeuge zu beschränken, zumal andere – quantenphysikalische – zur Verfügung stehen. Auch sollten wir nicht auf die weitaus größeren Denkmöglichkeiten, zu denen die Quantentheorie verhelfen kann, verzichten, sondern über sie verfügen.

Begleiten wir das einfache Wort »Ja«, das von einem Therapeuten ausgesprochen wird und dem wir in einer bestimmten Situation der Therapie als »Signal der Zustimmung« eine entscheidende Wirkung zuschreiben wollen. Das »Ja« wird ausgesprochen. Es erreicht – in klassisch-physikalischer Näherung als Schalldruckschwankungen der Luftmoleküle beschrieben – das Ohr des Patienten und wird vom Trommelfell über die Gehörknöchelchen zum Labyrinth geleitet und gelangt so zum Corti'schen Organ, wo die Schallwellen in elektromagnetische Impulse umgewandelt werden. Ab hier beschreiben Neurobiologie und Physiologie ausschließlich neuronale Prozesse. Doch wie kann es dem so gewandelten »Ja« gelingen, in die Psyche einer Person vorzudringen, zu ihren Gedanken und Vorstellungen, um auf sie verändernd einzuwirken? Wo und wie begegnet das physikalisch gewandelte »Ja« des Psychotherapeuten den Gedanken und Vorstellungen des Patienten, der das Wort empfängt? Was begegnet sich hier?

Die Wirkung des Ja-Wortes soll Einfluss ausüben auf bestimmte Gedanken und Vorstellungen des Patienten, die – im therapeutischen Prozess affektiv »aufgeladen« – endlich Veränderungsbereitschaft zeigen. Selbstverständlich haben wir hier einen echten Prozess, eine therapeutische Beziehung vor Augen, das heißt eine den Gehörsinn und die Sprache weit übergreifende Situation. Wir verfolgen lediglich exemplarisch die Frage, was es mit dem zur Psyche gehörenden Gedanken und dem Ja-Wort des Psychotherapeuten auf sich hat und wie dieses über den Gehörsinn vom Patienten aufgenommene »Ja« zu seiner Wirkung gelangen kann. Diese Überlegungen können in ähnlicher Weise auf alle zwischen Patient und Therapeut wechselseitig über die Sinne vermittelten Wahrnehmungen ausgedehnt werden, aber auch der Gleichgewichtssinn, Schmerz- und Temperaturwahrnehmungen können einbezogen werden. Jeder einzelne dieser physiologischen Vorgänge könnte im Prinzip untersucht und anschließend mit allen anderen zusammengeführt und verbunden werden. Dieses Vorgehen stimmt mit der additiven mathematischen Struktur der klassischen Physik überein und ist somit auch der einzig gangbare Weg innerhalb dieser Modelle. Alles, was beispielsweise als therapeutische Atmosphäre bezeichnet wird, auch eine bestimmte Spannung, die sich beim Betreten eines Raumes einstellen mag, müsste dann gemäß der sich auf klassisch-physikalische Methoden beschränkenden Neurobiologie, das heißt in einer im Prinzip zerleg- und zusammensetzbaren Weise darstellbar sein, wenn wir von praktischen Hindernissen und fehlenden Kenntnissen einmal absehen.

Auf das gesprochene »Ja« soll es also ankommen. Was geschieht? Das »Ja« liegt zunächst in der Luft. Am Corti'schen Organ des Innenohrs des Patienten angelangt, werden die Schallwellen in neuronale Prozesse gewandelt (in klassisch-physikalischer Sprechweise sind neuronale Prozesse elektromagnetische Prozesse) und zu verschiedenen Orten des Gehirns geleitet. Nun mag das gewandelte »Ja« als neuronaler Prozess in eine unermessliche Vielfalt weiterer neuronaler Prozesse eingebunden sein, verbunden auch mit den über die anderen Sinne zugeführten und nun ebenfalls in neuronale Prozesse gewandelten Signalen. Aber wie gelingt es diesem elektromagnetischen Geschehen, auf die Gedanken und Vorstellungen tatsächlich einzuwirken? Was kommt hier eigentlich auf die Gedanken und Vorstellungen des Patienten zu? Eben kein »geistiges oder psychisches Ja«, kein »Stück Psyche«, sondern elektromagnetische Wellen mit einer bestimmten Frequenz und Amplitude. Erweitern wir die Überlegungen. Womöglich erzielte in der vorgestellten therapeutischen Situation ein zustimmendes Kopfnicken des Therapeuten oder der Satz »Ich stimme zu.« dieselbe Wirkung wie sein ausgesprochenes »Ja«, was überdies, leise oder laut, mit heiserer oder klarer Stimme ausgesprochen, ebenfalls vollkommen andere Schallwellen erzeugen würde. Es ist klar, dass im Falle des Kopfnickens die Netzhaut des Auges des Patienten und nicht sein Ohr der erste Empfangsort gewesen wäre und im zweiten gesprochenen »Ich-stimme-zu«-Falle wiederum ganz andere Schallwellen die Luft durchquert und das Patientenohr erreicht hätten. Aus Sicht der lediglich mit klassisch-physikalischer Genauigkeit operierenden Neurobiologie ist der Patient jedes Mal inmitten einer ganz anderen physikalischen Situation. Auf dieser Erklärungsebene treffen jedes Mal – sagt der Therapeut »Ja« oder »Ich stimme zu« oder nickt er mit dem Kopf – vollkommen unterschiedliche physikalische »Objekte« aufeinander. Und dennoch soll ihre Wirkung nahezu identisch sein? Bedenken wir nur den gewaltigen Unterschied zwischen Luftmolekülen, die das Trommelfell des Ohres zum Vibrieren bringen oder an Wellenzüge des sichtbaren Lichtes, die auf die Netzhaut des Auges treffen. Der Patient, der diese verschiedenen Objekte empfängt, vermag offenbar bei aller Verschiedenheit in oder an ihnen etwas Gleiches zu entdecken. Dieses Gleiche in die Welt naturwissenschaftlicher Erfahrbarkeit einzubeziehen – darauf kommt es gerade an.

# 22

Wo Schlüsse gezogen, Konsequenzen gefordert, Ansprüche formuliert und »Manifest« werden, mit starker Stimme und großer Reichweite sogar, da ist zu fragen, ob die Theorien, die hier so hoch veranschlagt werden, tatsächlich zu diesen Folgerungen zwingen. Gerhard Roth hatte vom »›Sprung‹«[42] und Wolf Singer vom »Phasenübergang«[43] gesprochen. Wir hatten gefragt: Wohin wird »gesprungen« und *was* befindet sich dort? Was ist die »Phase« des Psychischen, in welche die »Phase« des Neuronalen übergeht? Die Untersuchung hatte ergeben, dass in keinem der untersuchten Konzepte die Psyche oder das, wie Kandel sagt, »was wir gewöhnlich Geist nennen«[44], mit autonomen Wirkmöglichkeiten ausgestattet ist, dass folglich den hier vorgestellten psychischen oder geistigen oder mentalen Vorgängen die notwendige Bedingung fehlt, um überhaupt ein Gegenstand naturwissenschaftlicher Erfahrbarkeit werden zu können. Kurzum: Wir haben gezeigt, dass dort, wohin gesprungen oder übergegangen werden soll, nichts vorhanden ist, was naturwissenschaftlich erfahrbar werden kann. Wir haben ferner die Idee des neuronalen Korrelates untersucht, und auch hier, jenseits des auf physische Bewegungsabläufe eingeengten Verhaltens, keinen physikalisch erfahrbaren Korrelationspartner Psyche oder Geist vorgefunden. Die Frage nach der psychophysischen, vor allem der psychoneuronalen Verknüpfung – dem eigentlichen Sprung und Übergang – hatten wir hintangestellt. Wenn wir nun auf diese Frage zurückkommen, dann deshalb, weil neben der Idee des neuronalen Korrelates noch eine weitere, die Idee der neuronalen Realisierung, als erklärendes Konzept vorgeschlagen worden ist. Allerdings scheint die Frage nach der psychoneuronalen Verknüpfung mit einem Widersinn verknüpft, der schwerlich aufzulö-

**42** | Roth G. Worüber dürfen Hirnforscher reden – und in welcher Weise? 2004: 78.

**43** | Singer W. Der Beobachter im Gehirn. 2002: 179.

**44** | Kandel ER. Psychiatrie, Psychoanalyse und die neue Biologie des Geistes. 2008: 82.

sen ist. Wenn die Psyche, zum Beispiel ein Gedanke, in den neurobiologischen Konzepten nicht als eine physikalisch erfahrbare Struktur vorgestellt wird, wie soll dann zwischen einem physikalisch erfahrbaren Vorgang, wie einem neuronalen Prozess, und einem Gedanken überhaupt eine Verbindung auszumachen sein, die einer Darstellung in einem naturwissenschaftlichen Konzept genügt? Womit ist der neuronale Prozess überhaupt verknüpft? Die Frage, wie dieser »Sprung« oder »Phasenübergang vom Materiellen zum Geistigen«[45] naturwissenschaftlich zu erklären ist, setzt folglich ein Konzept, das in den psychischen Vorgängen physikalisch erfahrbare Strukturen zu identifizieren erlaubt, bereits voraus. Ob diese psychischen Vorgänge nun gleichzeitig mit den neuronalen Vorgängen, bereits vor oder lediglich nach diesen vorhanden sind, sei zunächst dahingestellt. Sie bedürfen in jedem Falle der Eigenschaft autonomer Wirkmöglichkeiten, um überhaupt Eingang in naturwissenschaftliche Konzepte finden zu können. Diese Fragen und Zusammenhänge werden unausweichlich den weiteren Gedankengang begleiten und gewissermaßen die Rolle eines ständigen Beobachters übernehmen.

Gerhard Roth und Wolf Singer betonen, dass in ihren naturwissenschaftlichen Konzepten von einer Gleichsetzung von neuronalen und psychischen Prozessen nicht die Rede ist, ja das auch in ihren neurobiologischen Modellen gilt, was wir zu Beginn der Untersuchung unsere erste These genannt hatten: Psychische Prozesse sind keine neuronalen Prozesse. Sie sind etwas anderes. »Die Erkenntnis, dass geistige Prozesse eine neuronale Grundlage haben, ändert natürlich nichts an ihrem Wesen – sie bleiben geistige Prozesse«, schreibt Gerhard Roth.[46] Wolf Singer bemerkt: »Da der Gedanke Folge neuronaler Prozesse ist, unterscheidet er sich natürlich von diesen.«[47] Wie sehen nun aber die Überlegungen zu den psychoneuronalen Verbindungen aus?

Es folgt noch einmal eine kurze Übersicht über das von Wolf Singer und anderen Wissenschaftlern vertretene Modell der »neuronalen Emergenz«. Kausalität: Psychische Vorgänge werden durch neuronale Vorgänge verursacht. Neuronaler Determinismus: Psychische Vorgänge sind durch neuronale Vorgänge vollständig festgelegt. Die neuronalen Vorgänge, welche die psychischen Vorgänge verursachen und determinieren, sind hochgradig vernetzt, komplex, dynamisch, nichtlinear, distributiv organisiert. Was aber sind psychische Vorgänge inmitten der naturwissenschaftlich erfahrbaren Welt? Wir erhalten keine Antwort! Den Ausführungen Wolf Singers ist dagegen zu entnehmen, dass die psychischen Vorgänge keine autonomen, keine nichtneuronalen Wirkmöglichkeiten enthalten und entfalten können. Daraus folgt wiede-

---

**45** | Singer W. Der Beobachter im Gehirn. 2002: 179.

**46** | Roth G, Pauen M. Freiheit, Schuld und Verantwortung. Grundzüge einer naturalistischen Theorie der Willensfreiheit. Frankfurt a.M.: Suhrkamp; 2008: 69-70.

**47** | Singer W. Wer deutet die Welt? Die Zeit. Heft 50; 2000.

rum, dass die zur Psyche gehörenden Strukturen, wie sprachlich formulierte Gedanken in einem menschlichen Bewusstsein, innerhalb dieses neurobiologischen Modells weder als vorhanden noch mit neuronalen Prozessen als irgendwie verbunden gedacht werden können, *nicht* in einer physikalisch, neurobiologisch, das heißt naturwissenschaftlich erfahrbaren Weise. Das Label mit der Aufschrift »Emergenz« ändert daran nichts! Dabei liegt gerade darin der formulierte Anspruch dieser und anderer neurobiologischer Konzeptionen – im Gegensatz zu Vorstellungen, wie sie zum Beispiel von dem Psychiater Thomas Fuchs vertreten werden. Thomas Fuchs vertritt die Auffassung, dass es »niemals eine naturwissenschaftliche Erklärung von Leben oder Bewusstsein geben«[48] wird und dass »Leben und Geist sich der naturwissenschaftlichen Erkenntnisform entziehen«.[49] Neurobiologische Modelle wie das Emergenzkonzept Wolf Singers erheben den Anspruch auf Darstellbarkeit und Erklärung des Psychischen inmitten der naturwissenschaftlich erfahrbaren Welt. Das traditionelle Auseinander, Nebeneinander, Nach- oder Voreinander von Geist und Gehirn soll in einem naturwissenschaftlichen und damit notwendig monistischen Konzept überwunden werden. Diese Überwindung wird vielfach beschworen, doch nicht vollzogen. Sie wird auch dadurch nicht erreicht, dass darauf verwiesen wird, dass die Psyche aus der Innenperspektive subjektiver Erfahrungen gewöhnlich mit anderen Worten angesprochen wird, als die aus einer Außenperspektive gewonnenen Erfahrungen einer das Objektive anstrebenden Wissenschaft. Zum Beispiel halten sich Gedanken und Vorstellungen in anderen »Beschreibungssystemen«[50] auf als Moleküle und Nervenzellen. Der Gegenstand der Untersuchung – die Psyche, das Bewusstsein, der Geist, der Gedanke – wird allerdings *durch diesen Verweis* auf andere Bezeichnungen und sprachliche Zuordnungen nicht vorhandener, wirklicher oder erfahrbarer inmitten der naturwissenschaftlich erfahrbaren Welt. Hier wurzelt gerade die Erklärungsnot.

Julian Nida-Rümelin, Philosoph an der Münchner Universität, argumentiert gegen den neuronalen Determinismus Wolf Singers und stützt sich dabei auf das Argument der neuronalen Realisierung. Nida-Rümelin formuliert: »Das Abwägen von Gründen ist ein mentaler Vorgang, er realisiert sich in neuronaler Aktivität.«[51] Wolf Singer widerspricht: »Nein, neuronale Prozesse

---

**48** | Fuchs T. Das Gehirn – ein Beziehungsorgan. Eine phänomenologisch-ökologische Konzeption. Stuttgart: Kohlhammer; 2013: 298.

**49** | Ebd.

**50** | Singer W. »Wir brauchen Übersetzer«. Ein Gespräch. 2008: 22.

**51** | Singer W, Nida-Rümelin J. »Gehirnforscher sind doch keine Unmenschen« – »Aber vielleicht leiden sie an Schizophrenie?«. Ein Streitgespräch. Frankfurter Rundschau Magazin vom 3.4.2004.

führen zu mentalen Vorgängen.«[52] Es sei zunächst dahingestellt, was es mit der neuronalen Realisierung psychischer Vorgänge auf sich hat. Eines aber scheint unausweichlich: Psychische und neuronale Zustände oder Vorgänge werden im Moment der Realisierung als zugleich vorhanden und *irgendwie* verbunden gedacht. Nida-Rümelin spricht davon, dass mentale Vorgänge »in« den neuronalen Prozessen realisiert werden. Nida-Rümelin scheint demnach von einem Vorhandensein mentaler Vorgänge außerhalb bzw. vor Beginn der neuronalen Realisierung auszugehen, also vor ihrer »Realisierung« in neuronaler Aktivität. Es handelt sich offenbar um eine dualistische Position. Dies wird handfester und durchsichtiger sodann in dem Gespräch von Julian Nida-Rümelin mit Wolf Singer, das zu der Entscheidungsfrage führt, ob denn mentale Vorgänge, wie das Abwägen von Gründen, auch Wirkungen auf das neuronale Geschehen ausüben können. Singer verneint, Nida-Rümelin bejaht diese Frage, was wiederum Singer zu der folgenden Frage führt: »Wo ist denn der Grund, bevor er wirksam wird. Wo ist er denn? Sie müssen doch eine klare Vorstellung davon haben, wie Ihr Grund verursachend auf die Hirnprozesse einwirkt.« Obgleich Nida-Rümelin erwidert, dass nur das Abwägen von Gründen (und nicht die Gründe selbst) als »mentale Vorgänge« aufzufassen sind, trifft Singers Frage den entscheidenden Punkt, nämlich wie denn mentale Vorgänge auf Hirnprozesse wirken sollen. Freilich bedarf es autonomer Wirkmöglichkeiten beider Strukturen, der mentalen und der neuronalen. Nur so können mentale Vorgänge und neuronale Vorgänge überhaupt in eine gemeinsame Beziehung eintreten, die sich auch innerhalb einer naturwissenschaftlichen Konzeption verstehen und erklären lässt.

Was soll und kann es daher bedeuten, wenn mentale Vorgänge sich *in* neuronalen Vorgängen »abbilden, äußern, realisieren«?[53] Wie ist dieses »in« vor dem Hintergrund einer Neurobiologie vorstellbar, die sich ausschließlich auf Gesetze der klassischen Physik zu gründen versucht. Eine andere Naturwissenschaft schlägt auch Nida-Rümelin nicht vor. Betrachten wir die hochkomplexen neuronalen Aktivierungsmuster und fragen: Was macht den Unterschied zwischen hochkomplexen neuronalen Aktivierungsmustern, in denen mentale Vorgänge realisiert sein sollen und hochkomplexen neuronalen Aktivierungsmustern, in denen keine mentalen Vorgänge realisiert sind. Besteht hier ein

---

**52** | Singer W, Nida-Rümelin J. »Gehirnforscher sind doch keine Unmenschen« – »Aber vielleicht leiden sie an Schizophrenie?«. Ein Streitgespräch. Frankfurter Rundschau Magazin vom 3.4.2004.

**53** | Julian Nida-Rümelin: »Dass meine Argumente sich in Hirnprozessen abbilden, ist doch keine große Überraschung.« Und: »Selbstverständlich äußert sich das Abwägen in neuronalen Prozessen.« Beide Zitate Nida-Rümelins stammen aus dem Gespräch mit dem Hirnforscher Wolf Singer. Singer W, Nida-Rümelin J. »Gehirnforscher sind doch keine Unmenschen« Frankfurter Rundschau Magazin vom 3.4.2004.

Unterschied, der dem zwischen einer Tasse Kaffee *mit* oder *ohne* Koffein ganz ähnlich ist? Neuronale Aktivität *mit* oder *ohne* Psyche? Der Pferdefuß auch dieses metaphorisch aufgeladenen Vergleichs liegt wiederum darin, dass Koffein im Gegensatz zu den hier dargestellten mentalen Vorgängen eine physikalisch erfahrbare Struktur darstellt, sogar als materielles Objekt isoliert und als Molekül vorgeführt werden kann. Alle bisherigen neurobiologischen Darstellungen wiesen jedoch eine autonome Wirkmöglichkeit des Psychischen zurück und behaupten im Grunde nur, dass es sich bei den neuronalen Aktivitäten *mit* Psyche lediglich um *andere* neuronale Aktivierungsmuster handelt, die eben andere Hirnregionen mit einbeziehen und womöglich noch komplexer und dynamischer interagieren, aber prinzipiell gemäß denselben deterministischen klassisch-physikalischen Wechselwirkungen ablaufen, wie alle anderen neuronalen Aktivierungen *ohne* Psyche auch. Was ist hier Psyche? Was sind mentale Vorgänge, wenn sie in der Lage sind, neuronale Prozesse zu beeinflussen, also Wirkungen auf diese auszuüben? Die Feststellung und Zuschreibung unterschiedlicher neuronaler Aktivierungsmuster enthält keine erklärende Theorie, die auf eine naturwissenschaftliche Erfahrbarkeit mentaler Vorgänge zielt, ob diese nun *in* neuronalen Vorgängen realisiert sind oder nicht.

Auch Gerhard Roth greift die Idee der neuronalen Realisierung auf. Gemeinsam mit Michael Pauen, Philosoph an der Berliner Humboldt-Universität, sieht Gerhard Roth die psychoneuronale Verbindung in Form einer Realisierung geistiger Prozesse »durch neuronale Prozesse in unserem Gehirn«[54] gegeben. Roth und Pauen schreiben: »Geistige Prozesse sind geistige Prozesse, doch sie sind, nach allem was wir wissen, neuronal realisiert.«[55] Und: »Die konkreten Überzeugungszustände selbst können dabei ebenso wie die Überlegungen neuronal realisiert sein.«[56] Roth und Pauen schreiben – anders als Nida-Rümelin – dass geistige Prozesse »durch« neuronale und nicht »in« diesen realisiert werden. Offenbar verfolgen Gerhard Roth und Michael Pauen die Idee einer monistischen neuronalen Realisierung. Was aber geschieht in dem Moment der neuronalen Realisierung? Gerhard Roth und Michael Pauen schreiben in ihrem gemeinsam verfassten Buch »Freiheit, Schuld und Verantwortung«: »Wenn wir nicht von der Existenz eines immateriellen Geistes ausgehen, dann müssen unsere Wünsche und Überzeugungen durch neuronale Prozesse in unserem Gehirn realisiert sein«[57,58] Aus naturwissenschaftlicher Sicht ist hier zu fragen: Was verbirgt sich hinter dem Ausdruck »neuronale

---

**54** | Roth G, Pauen M. Freiheit, Schuld und Verantwortung. 2008: 168.

**55** | Ebd.

**56** | Ebd., S. 122.

**57** | Ebd., S. 168.

**58** | In dem Buch »Wie das Gehirn die Seele macht« scheinen Gerhard Roth und Nicole Strüber von einem immateriellen Zustand »Geist« auszugehen. Hier heißt es: »Wir

Realisierung«, um was für einen Vorgang handelt es sich dabei? Es finden sich keine Antworten, doch verwickelte Erwägungen, wie sie zum Beispiel in der folgenden Formulierung zum Ausdruck kommen. Roth und Pauen schreiben: »Selbst wenn wir als Philosophen oder Wissenschaftler davon überzeugt sind, dass geistige Prozesse faktisch physische Prozesse sind: Wirklich vorstellen können wir uns bis heute nicht, was diese Behauptung eigentlich bedeutet.«[59] Daraus ergeben sich zwei alternative Folgerungen: Erstens: Geistige Prozesse werden mit neuronalen Prozessen gleichgesetzt. Womöglich werden geistige Prozesse als eine besondere Teilmenge neuronaler Prozesse aufgefasst. Zweitens: Geistige Prozesse werden mit anderen physischen Prozessen gleichgesetzt, die sich wiederum – was auch immer das heißen mag – durch neuronale Prozesse »realisieren« lassen. Hier setzen die nächsten Fragen an: Was sind das für physische Prozesse und welchen physikalischen Gesetzen genügen sie? Kaum durchsichtiger erscheint eine andere Formulierung: »Die theoretischen Überlegungen führten einerseits zu der Erkenntnis, dass es nicht die Gründe selbst sind, die man mit den Ursachen, d.h. kausal relevanten neuronalen Prozessen identifizieren muss, sondern die Überzeugungen, genauer: die einzelnen Überzeugungszustände einer Person, die die Gründe zu ihrem Inhalt haben.«[60] Wir versuchen eine Übersetzung: Geistige Prozesse (»Überzeugungszustände«) müssen mit neuronalen Prozessen (den »kausal relevanten«) identifiziert werden. In dem Buch »Wie das Gehirn die Seele macht« von Gerhard Roth und Nicole Strüber heißt es wiederum, dass es »logisch und erkenntnistheoretisch zwingend« sei, »Bewusstsein nicht als identisch mit neuronalen Zuständen des Gehirns oder elektromagnetischen Wellenmustern anzusehen.«[61] Wie reimt sich das? Antwort: Es reimt sich nicht. Es ist nicht mehr erkennbar, ob von Gerhard Roth geistige Prozesse als etwas anderes als neuronale Prozesse aufgefasst werden. Zwei Fragen sind daher am Platze: Besteht ein naturwissenschaftlich beschreibbarer Unterschied zwischen geistigen und neuronalen Prozessen? Wenn ja, wie sieht diese naturwissenschaftliche Beschreibung aus?

Gerhard Roth und Michael Pauen versuchen ihre Auffassung, dass geistige Prozesse durch neuronale Prozesse realisiert werden, durch Computeranalogien zu stützen, indem sie auf Ähnlichkeiten von gespeicherten Texten mit rationalen Überlegungen und von einer Computerfestplatte mit neuronalen Vorgängen des Gehirns verweisen.[62] Tatsächlich werden in der digitalen

können entsprechend Geist und Bewusstsein als immaterielle physikalische Zustände ansehen«. Roth G, Strüber N. Wie das Gehirn die Seele macht. 2014: 236.

**59** | Roth G, Pauen M. Freiheit, Schuld und Verantwortung. 2008: 62.

**60** | Ebd., S. 170.

**61** | Roth G, Strüber N. Wie das Gehirn die Seele macht. 2014: 241.

**62** | Roth G, Pauen M. Freiheit, Schuld und Verantwortung. 2008: 125.

Welt unserer Gegenwart klassische Null-Eins-Bits materiell realisiert. Wer allerdings diese materielle Null-Eins-Bit-Realisierung erzeugt hat, alle Kodierungen und Algorithmen eingeschlossen, war der Mensch mit seiner Psyche, seinem Bewusstsein, seinen Gedanken. Am Anfang waren das Bewusstsein des Menschen und seine Gedanken, die es zu erklären gilt. Alle Automaten unserer heutigen digitalen Welt, auch jene, die durch Automatisierungsvorgänge scheinbar in Abwesenheit von Menschen hergestellt werden, lassen sich zuletzt auf die Psyche, das Bewusstsein, auf die Gedanken von Erfindern, Soft- und Hardwarespezialisten zurückführen; auch auf die Gedanken von Quantenphysikern, denn der größte Teil aller heutigen Hightech-Realisierungen basiert direkt oder indirekt auf Anwendungen der Quantentheorie.

Obgleich von Gerhard Roth und Michael Pauen nicht als Information angesprochen, wird inmitten der Computeranalogie die Information, wenn auch allein in Form klassischer Null-Eins-Computerbits, bereits in die Betrachtungen hineingezogen. Das weite Feld der Kodierungen, Dekodierungen sowie das Verhältnis von Information und Träger und vor allem die Tatsache, dass Information den Träger wechseln kann und dennoch übrig bleibt, wenn alle Träger weggedacht werden, könnten bereits mitgedacht und mitbedacht werden. Schon an dieser Stelle wird deutlich, dass die ausschließlich klassische Verarbeitung von Information zur Erklärung des Bewusstseins nicht genügen kann. Die Ähnlichkeiten sind schon aufgrund der klassischen Null-Eins-Bit-Konstitution der heute gebräuchlichen Computer und ihrer strengen Hard- und Software-Scheidung aufs Engste begrenzt. Leben ist anders! Zudem bedarf das Auftauchen von Information immer einer naturwissenschaftlichen Gesamtkonzeption, darin das Woher und Wozu der Information, die Entstehung von Bedeutung sowie die Möglichkeiten autonomer Wirkungen beschrieben und mit den etablierten Naturwissenschaften verbunden werden. Bekenntnisse zu einem Vorhandensein der Psyche, des Bewusstseins, der Gedanken ersetzen innerhalb einer naturwissenschaftlichen Konzeption nicht die erklärende Theorie, zumal wenn sich daran weitreichende Folgerungen knüpfen. Dazu die Stichworte: Determinismus, Willensunfreiheit, Ich-Illusion, Strafrechtsänderungen.

Die alten Fragen bestehen unvermindert fort. Was ist das nichtneuronale Psychische, das zwar eine neuronale Basis oder Grundlage besitzt, aber etwas anderes als diese Grundlage oder Basis ist? Von welcher physikalisch erfahrbaren Struktur ist auszugehen, wenn vom Psychischen die Rede ist? Was sind psychische Vorgänge inmitten einer physikalisch, neurobiologisch, also naturwissenschaftlich erfahrbaren Welt? In den bisherigen neurobiologischen Konzepten ist das Vorhandensein der Psyche nicht realisiert. Vielmehr werden wir wieder an die Behauptung erinnert, dass die Menschen von der Geburt bis zum Tod unsichtbare Hüte tragen, die weder wärmen noch vor Sonne oder Regen schützen und nicht einmal der Möglichkeit nach irgendeine Wirkung ausüben oder empfangen können. Sie sind nicht und durch nichts zu identifizieren.

# Täuschungen

## 23

Auf den bisherigen Wegen wurde das Ziel der Untersuchung nicht erreicht. Wir kehren deshalb an den Anfang unserer Überlegungen zurück und fragen, ob nicht ein anderer Weg auch gangbar ist, ob nicht die alten Ausgangspunkte überdacht, womöglich andere gesucht und neue gewählt werden müssen. Wenn wir aber nach den Ausgangspunkten fragen, dann darf der Hinweis auf die Ausgangslage nicht fehlen, von der wir bereits ausgegangen sind. Diese Ausgangslage wird durch das Vorhandensein eigener Gedanken begründet. Wenn wir von Wissen reden: Was davon ist uns gewiss? Wenn sprachlich formulierte Gedanken im Bewusstsein einer Person vorhanden sind, dann täuscht die Person sich über das Vorliegen dieser Gedanken nicht. Sie kann andere an diesen Gedanken freilich nicht unmittelbar teilhaben lassen und was sie später, über diese nun »hinter ihr liegenden« Gedanken und ihr vormaliges Vorhandensein denkt, ist vielleicht falsch; auch über die Inhalte der Gedanken sind beliebige Täuschungen möglich. Es können sogar wahnhafte Inhalte darin enthalten sein oder die Person kann überzeugt sein, dass diese Gedanken ihr selbst gar nicht angehören oder ihr von anderen Personen oder Mächten eingegeben worden sind. Doch das bewusste Erleben dieses sprachlich formulierten Etwas, das in unserer Terminologie Gedanke heißt, ist der Person in dem Moment des Gedankenhabens – wenn ihr der Gedanke »durch den Kopf geht« – ein Vorhandenes. Wenn wir die Idee absoluter Gewissheit vermeiden wollen, dürfen wir doch eine Graduierung annehmen. Gewisser als das Bewusstsein eigener Gedanken kann Wissen nicht sein. Descartes Idee von der Gewissheit des Zweifelns zeigt sich hier: dass der Mensch zwar an allem zweifeln könne, nur nicht daran, dass er dann zweifle. Wolfgang Metzger hat diese Ausgangslage aus Sicht der Gestaltpsychologie skizziert:

»Denn im Gegensatz zu der Verborgenheit der zentralnervösen Vorgänge sind die anschaulichen Eigenschaften unserer Wahrnehmungen und Erlebnisse *die einzigen Tatbestände der Welt, die völlig offen vor und in uns liegen;* das Einzige, was unserer *unmit-*

*telbaren* Kenntnis überhaupt zugänglich und verfügbar ist; derjenige Bereich des Seins, dem wir außerdem alles entnehmen müssen und entnommen haben, was wir für das Verständnis der Welt im ganzen an Gesichtspunkten besitzen.«[1]

Unter Einbeziehung einiger psychopathologischer Merkmale soll der Blick auf die Gewissheit geschärft werden. In einer Halluzination wird die Existenz von etwas behauptet, das nicht existiert. Das Stimmenhören zum Beispiel ist eine akustische Halluzination und ein häufiges Symptom der paranoiden Schizophrenie. Es ist dadurch charakterisiert, dass eine Person die Stimmen von einer oder mehreren Personen hört, ohne dass tatsächlich jemand spricht. Ein Patient berichtet seinem Arzt: »Ich habe gehört, dass die Leute in meiner Nachbarwohnung gestern Abend über mich gesprochen haben.« Tatsache ist, in der Nachbarwohnung haben gestern keine Leute über die Person gesprochen. Der Gedanke drückt in diesem Falle den Inhalt einer möglichen Sinneswahrnehmung aus. Wir können nun nach der Wahrheit des Inhaltes fragen, der in dem Gedanken behauptet wird. Haben die Leute in der Nachbarwohnung am Abend über die Person gesprochen? War es so: ja oder nein? Gewissheit oder Sicherheit über die Wahrheit der Behauptung kann es freilich nicht geben, nicht in einer Weise, wie das Vorhandensein eines Gedankens im eigenen Bewusstsein gewiss oder sicher sein kann. Hier ist an Karl Popper zu erinnern, der die Unsicherheit des menschlichen Wissens, gerade in der Wissenschaft, immer wieder hervorgehoben hat. Wissenschaft sucht nicht Sicherheit, sondern Wahrheit, ebenso wenig wie sie Korrelate, sondern Erklärungen sucht. Karl Popper: »Die Wahrheit ist objektiv und absolut: Das ist die Idee, die Alfred Tarski gegen den Relativismus verteidigt hat. Aber wir können niemals ganz sicher sein, dass wir die Wahrheit, die wir suchen, gefunden haben. *Wir dürfen Wahrheit nicht mit Sicherheit, mit ihrem sicheren Besitz verwechseln.*«[2]

Davon getrennt zu behandeln ist die Frage nach dem Vorhandensein des Gedankens im Bewusstsein der ihn denkenden Person. Für diese Frage ist der Inhalt des Gedankens oder der Vorgang, auf den der Inhalt des Gedankens sich bezieht, nicht entscheidend. Der Gedanke würde im Bewusstsein der ihn denkenden Person nicht etwa dadurch »vorhandener«, »realer« oder »wirklicher«, weil die Leute in der Nachbarwohnung tatsächlich über die Person gesprochen haben. Kurzum: Der Mensch, der einen sprachlich formulierten Gedanken im eigenen Bewusstsein denkt, hat Gewissheit über das Vorhandensein dieses Gedankens. Gewisser und irrtumsfreier kann menschliches Wissen nicht

---

1 | Metzger W. Zum gegenwärtigen Stand der Psychophysik. In: Metzger W. (Hg. Stadler M, Crabus H). Gestalt-Psychologie. Frankfurt a.M.: Waldemar Kramer; 1986: 232.
2 | Popper, K. Objektive Erkenntnis. Ein evolutionärer Entwurf. Hamburg: Hoffmann und Campe; 1984: VII.

sein. Über die Inhalte des Gedankens können allerhand Ungewissheiten und Ungereimtheiten bestehen.

An dieser Stelle ließe sich womöglich einwenden, dass das seitens der Psychopathologie als Depersonalisation bezeichnete Entfremdungs- oder Unwirklichkeitserleben, das bei Personen mit verschiedenen psychischen Veränderungen auftreten kann, auch die Gewissheit über das Vorhandensein eigener Gedanken durchaus infrage stellen kann. Wir wollen das dahingestellt sein lassen, da auch diese Personen sich zumindest des Vorhandenseins jener Gedanken gewiss und sicher sind, auf denen die Äußerungen ihrer Zweifel beruhen. Zum Beispiel wenn ein Patient seinem Arzt berichtet, dass er sich die Frage stellt: »Bin ich es selbst, der diesen Gedanken denkt, oder ist es ein anderer?«

Betrachten wir ein weiteres Beispiel. Im Bewusstsein einer Person befindet sich der sprachlich formulierte Gedanke: »Dort drüben steht Max.« Der Gedanke bezieht sich in diesem Falle auf eine mögliche Beobachtung und sein Inhalt drückt das Ergebnis einer Sinneswahrnehmung aus. Eine Möglichkeit besteht natürlich darin, dass Max tatsächlich dort drüben steht. Ist dies der Fall, dann stimmt der Inhalt des Gedankens mit der Wirklichkeit überein. Die Sinneswahrnehmung ist korrekt, der Gedanke gibt dies wieder. Ein Arzt könnte notieren: kein pathologischer Befund. Wenn wir alle Irrtümer und Irreführungen beiseitelassen, ergeben sich noch psychopathologische Möglichkeiten, von denen wir zwei die Sinne betreffende erwähnen wollen: Halluzination und Illusion. Wie bereits formuliert: In einer Halluzination wird die Existenz von etwas behauptet, das nicht existiert. Ähnlich wie eine Person Stimmen hören kann, obgleich niemand spricht, kann eine Person auch Dinge oder Personen sehen, obgleich keine vorhanden sind. Max steht nicht dort und dennoch nimmt die Person einen dort drüben stehenden Max wahr. Eine zweite Möglichkeit besteht darin, dass sich dort drüben »irgendetwas« befindet, zum Beispiel ein auf einem Pfeiler liegender Ball oder ein verwachsener Baum, die aber von der Person womöglich als das Gesicht oder der Körper von Max *verkannt*, in der Sprache der Psychopathologie, »illusionär verkannt« werden. Der Unterschied zur Halluzination ist kein geringer. Bei der Illusion existiert etwas, das nicht erkannt, sondern als etwas anderes verkannt wird. Bei der Halluzination existiert kein Objekt, wenn wir von der spitzfindigen Absurdität absehen, dass natürlich die Luft als physikalische Realität durchaus existiert und die Person eben genau den Personenausschnitt der vorhandenen Luft als Max (v)erkannt hat.

Innerhalb der Neurowissenschaften und akademischen Philosophie sind Thesen aufgetaucht, darin das Ich als Illusion oder als nicht existent betrachtet werden. Zunächst die Frage: Was heißt hier »Ich«? Die Antwort: Wer diese Frage stellt und sie versteht, der weiß die Antwort schon. Wir wollen dennoch theoretische Abgrenzungen benennen und folgen dabei den Bestimmungen, die vom Arbeitskreis der Operationalisierten Psychodynamischen Diagnostik (OPD) gegeben worden sind: Hier wird das Ich als der »zentrale Organisator des Psychischen« benannt und das Selbst als »die reflexive psychische Struktur«.[3] Das Ich, das *sich selbst* Objekt der Wahrnehmung ist, wird dadurch zum Selbst.[4]

Das Ich als Illusion? Zunächst scheint der Rückgriff auf den Ausdruck Illusion, als ein die veränderte Wahrnehmung charakterisierendes Phänomen, nicht sogleich abwegig, auch wenn dieser in der Psychopathologie eher für die veränderten Sinneswahrnehmungen reserviert ist. Gleichwohl sprechen wir ja auch von innerer Wahrnehmung, Selbstwahrnehmung oder auch von Interozeption. Wir können freilich auch annehmen, dass die Autoren, die das Ich als Illusion bezeichnen, womöglich gar keine Psychopathologie im Auge hatten und nur eine andere Ausdrucksweise für die Formulierung »das Ich existiert nicht und wer das denkt, der unterliegt der Täuschung«, wählen wollten. Wenn aber das Ich tatsächlich als Illusion in dem geschilderten psychopathologischen Sinne aufgefasst wird, dann sind in dieser Auffassung bereits zwei Annahmen enthalten und vorausgesetzt. Erstens, dass ein *Etwas* als real, als vorhanden angenommen wird. Zweitens, dass dieses *Etwas* auch »richtig« erkannt und nicht nur als Ich verkannt werden kann. Dann bleibt die Frage zu beantworten, was dieses *Etwas*, wenn es denn erkannt und nicht verkannt wird, eigentlich ist. Illusion setzt immer eine »originale Vorlage« voraus, die auch »richtig« erkannt und nicht nur illusionär verkannt werden kann. In dem oben erwähnten Beispiel waren der Ball auf dem Pfeiler oder der verwachsene Baum die originalen Objekte, die aber von der sinnesgetäuschten Person als Max illusionär verkannt worden sind. Was für Denkfiguren werden mit der Auffassung des Ichs als Illusion möglicherweise verbunden sein? Etwa die Vorstellung, dass die neuronalen Prozesse die eigentlichen, die »richtigen« Objekte *sind*, die aber als Ich illusionär verkannt werden. Doch wie soll eine richtige innere Wahrnehmung neuronaler Prozesse aussehen? Das scheint absurd! Oder die Vorstellung, dass neuronale Prozesse ein *Etwas* erzeugen, welches dann als Ich illusionär verkannt wird. Abgesehen von der beharrlichen Frage, der wir auch diesmal nicht entgehen, was dieses *Etwas* denn ist, wenn es erkannt und nicht verkannt wird, führt diese Vorstellung zu der schon mehrfach kritisierten Produktvorstellung, die unausweichlich mit der Frage nach autonomen nichtneuronalen Wirkmöglichkeiten dieses verkannten *Etwas* verknüpft ist. Was ist dieses nichtneuronale *Etwas* inmitten der naturwissenschaftlich erfahrbaren Welt?

---

**3** | Arbeitskreis OPD (Hg.). Operationalisierte Psychodynamische Diagnostik. Grundlagen und Manual. Bern, Göttingen, Toronto, Seattle: Verlag Hans Huber; 2001: 71.
**4** | Ebd.

Innerhalb dieses Vorstellungsbezirks scheint alles auf die Behauptung einer Nichtexistenz des Ichs hinauszulaufen. Daraus folgt wiederum, dass dann nicht nur kein wahrnehmendes Ich, sondern auch kein wahrnehmbares Selbst mehr existiert. Es müsste endlich auch das Selbst als Halluzination bezeichnet werden; denn in einer Halluzination und nicht in einer Illusion wird die Existenz von etwas behauptet, das nicht existiert. Das müsste dann allerdings mit der Konsequenz geschehen, dass die innerhalb der bisherigen Psychopathologie als Halluzination bezeichneten Sinnestäuschungen nun als eine Art Halluzination zweiter Ordnung zu bezeichnen sind. – Wenn das Ich nicht existiert, dann kann es auch nichts wahrnehmen. Kurzum: In dieser Vorstellungswelt bleiben allein das Gehirn und seine neuronalen Prozesse zurück. Vermutlich meint das auch Wolf Singer, wenn er sagt: »[...] ich sage jetzt einmal ›ich‹, stellvertretend für mein Gehirn«.[5] Dazu ist freilich anzumerken: Wo kein Ich vorhanden ist, da gibt es auch nicht »*mein*« Gehirn.

## 24

Wozu diese Betrachtungen, Einfügungen, Exkurse? Sie dienen dazu, einige Konsequenzen des Versuchs einer neurowissenschaftlichen Beseitigung des Ichs deutlich zu machen. Der Wissenschaftler, der empirische Wissenschaft betreibt, auch der Hirnforscher, knüpft das Vorhandensein seines Ichs, das sprachlich formulierte Gedanken im eigenen Bewusstsein denkt, als notwendige Vorbedingung an sein Tun. Wer einen Gedanken sprachlich formuliert, auch den Gedanken, dass das menschliche Ich eine Illusion sei, hat, während er diesen Gedanken denkt, ein Ich-Bewusstsein des Gedankens. Dennoch – wir hatten es bereits erwähnt – haben innerhalb der Hirnforschung und akademischen Philosophie zunehmend Thesen Verbreitung und Zustimmung gefunden, in denen das Ich als nicht vorhanden und als Illusion bezeichnet wird. Der Versuch einer neurowissenschaftlichen Beseitigung des Ichs zeigt eine enge Verwandtschaft zu anderen naturwissenschaftlichen Konzeptionen, zum Beispiel auch seitens der Physik. Hier betrifft es nicht das Ich, sondern die Zeit, deren Vorhandensein geleugnet und die ebenfalls als Illusion bezeichnet wird. Von Zeit zu Zeit werden alte und neue physikalische Theorien und Konzeptionen herausgereicht, die sich einerseits als fundamentale Beschreibungen empirischer Naturwissenschaft verstehen, andererseits die Existenz der Zeit mit ihrem Unterschied von Vergangenheit, Gegenwart und Zukunft

---

**5** | Singer W, Nida-Rümelin J. »Gehirnforscher sind doch keine Unmenschen« Frankfurter Rundschau Magazin vom 3.4.2004.

ausschließen. Hier heißt es dann: Die Zeit ist eine Illusion.[6] Erfahrung setzt die Zeitstruktur bereits voraus. Werden hier also Theorien vorgeschlagen, die zwar in der Erfahrung gelten sollen, doch mit Erfahrung unvereinbar sind? Wir wollen das näher betrachten: Was heißt Erfahrung? Bei Oscar Wilde ist Erfahrung der Name, den wir unseren Fehlern geben. Wilde schreibt:»Experience is the name everyone gives to their mistakes. That is all.«[7,8] Karl Popper hat in dieser Bemerkung eine verwandte Einschätzung seiner eigenen erkenntnistheoretischen Auffassungen gesehen und Oscar Wilde mehrfach in diesem Zusammenhang zitiert.[9,10] Popper erwähnt Wilde beispielsweise im Rahmen eines in deutscher Sprache gehaltenen Vortrages, wobei in der Übersetzung die Struktur der Zeit besonders deutlich hervortritt:»Erfahrung: das ist der Name, den wir den Fehlern geben, die wir gemacht haben.«[11] Wenn wir unseren Fehlern einen Namen geben, dann haben wir sie bereits gemacht und auch als Fehler schon entdeckt. Beides ist geschehen, liegt zurück, ist also Vergangenheit. Was in Wildes Bestimmung also auch zum Ausdruck kommt, ist, dass der Mensch, der Erfahrungen macht, und damit auch der Wissenschaftler, der empirische Wissenschaft betreibt, um den Unterschied von früher und später, vorher und nachher bereits weiß, also dass er die Zeit als Vorbedingung seines Tuns implizit anerkennt. Ein Beispiel: Gerade habe ich einen Fehler in einem Text entdeckt, den ich vorhin geschrieben habe. Ich werde versuchen, ähnliche Fehler in Zukunft zu vermeiden. Wenn dies glückt, habe ich etwas aus der Vergangenheit für die Zukunft gelernt. Das ist es auch, was Carl Fried-

---

6 | Die Kennzeichnung der Zeit als Illusion geschieht oft unter Anrufung Albert Einsteins als wohl berühmtesten Zeugen dieser Überlegung. Einstein hat am 21. März 1955, drei Wochen vor seinem eigenen Tod, in einem Kondolenzschreiben an Vero und Bice Besso, den Hinterbliebenen seines am 15. März 1955 verstorbenen Freundes Michele Besso, seine Anteilnahme ausgedrückt. Aus *diesem* Brief stammt das folgende Zitat:»Nun ist er mir auch mit dem Abschied von dieser sonderbaren Welt ein wenig vorausgegangen. Dies bedeutet nichts. Für uns gläubige Physiker hat die Scheidung zwischen Vergangenheit, Gegenwart und Zukunft nur die Bedeutung einer wenn auch hartnäckigen Illusion.« Fölsing A. Albert Einstein. Eine Biographie. Frankfurt: Suhrkamp; 1993: 828.

7 | Wilde O. Lady Windermere's Fan. Stuttgart: Phillip Reclam jun.; 2000: 70.

8 | An anderer Stelle heißt es bei Wilde:»Experience is of no ethical value. It was merely the name men gave to their mistakes.« Wilde O. The Picture of Dorian Gray. London: Collector's Library; 2003: 78.

9 | Popper KR. Realismus und das Ziel der Wissenschaft. Aus dem Postskript zur Logik der Forschung I. Gesammelte Werke Band 7. Tübingen: Mohr Siebeck; 2002: 52.

10 | Popper KR. Die offene Gesellschaft und ihre Feinde II. Tübingen: Mohr Siebeck; 1992: 483.

11 | Popper KR. Auf der Suche nach einer besseren Welt. München, Zürich: Piper; 1995: 260.

rich v. Weizsäcker Erfahrung nennt: »Lernen aus der Vergangenheit für die Zukunft«[12].

Daraus lassen sich Schlüsse ziehen: Der Wissenschaftler, der empirische Wissenschaft betreibt, auch der Physiker, knüpft das Vorhandensein der Zeit mit ihrem Unterschied von Vergangenheit, Gegenwart und Zukunft, als notwendige Vorbedingung an sein Tun: Ohne Zeit keine Erfahrung. Ohne Erfahrung keine empirische Wissenschaft. Mit Carl Friedrich v. Weizsäcker fügen wir hinzu: »Wir behaupten nicht, diese Zeitstruktur sei eine letzte Wahrheit. Aber wir behaupten, dass sie aller Erfahrung und darum aller Erfahrungswissenschaft zugrunde liegt.«[13] Carl Friedrich v. Weizsäcker hat wohl als erster Wissenschaftler den Unterschied von Vergangenheit, Gegenwart und Zukunft als Vorbedingung empirischer Wissenschaft nicht nur erkannt, sondern daraus die Folgerung gezogen, dass diese Zeitstruktur als Ausgangspunkt einer fundamentalen naturwissenschaftlichen Konzeption gelten muss. Theorien, die in der Erfahrung gelten sollen, dürfen die Bedingungen der Möglichkeit von Erfahrung nicht ausschließen. Diese Erkenntnis mag einleuchten, doch ist sie nicht die Grundlage der im Hauptstrom verbreiteten Physik. Von einigen Forschern wird sogar die Fähigkeit, das Empirie-Problem zu ignorieren, als »pragmatische« Methode favorisiert, wobei darauf hinzuweisen ist, dass »pragmatisch« eine mit Aufwertung verbundene positive Charakterisierung wissenschaftlichen Arbeitens bezeichnen soll. Pragmatisch heißt hier so viel wie: Es kann etwas ausgerechnet werden; alles andere ist Geschwätz. Ein »Weiterfragen« hingegen, das auf einer Lösung des Problems, die mit der Erfahrungswissenschaft Physik vereinbar ist, beharrt, wird mitunter als »philosophisch« bezeichnet, was offenbar das Folgende bedeuten soll: Es kann nichts ausgerechnet werden; es ist also Geschwätz. Und doch verschwindet das Problem der Zeitstruktur am Grunde aller Empirie nicht dadurch, dass man seine Reflexion vermeidet oder es von Zeit zu Zeit als interessantes Phänomen artikuliert, vielleicht ironisch illustriert und ihre »Weiterfrager« ignoriert, im Übrigen aber so weiter arbeitet, als würde das Problem nicht existieren. Es bleibt auch dann bestehen, wenn das Vorhandensein der Zeit als Selbsttäuschung, Einbildung oder – wie von einigen Neurowissenschaftlern das Ich – als Illusion bezeichnet wird. Aus unserer Sicht kann eine naturwissenschaftliche Theorie, die die notwendigen Bedingungen ihrer eigenen Herkunft ausschließt, wie das Ich oder die Struktur der Zeit, nicht als fundamentale Erklärung inmitten einer empirischen Wissenschaft betrachtet werden. Eine solche »Lösung« wäre etwa mit der Behauptung vergleichbar, dass der Satz »mit diesem Stift

---

12 | Weizsäcker CFv. Die philosophische Interpretation der modernen Physik. Nova Acta Leopoldina. Nummer 207, Band 37/2. Halle (Saale): Deutsche Akademie der Naturforscher; 1986: 16.
13 | Weizsäcker CFv. Aufbau der Physik. 1985: 556.

kann ich nicht schreiben« auch dann die Wirklichkeit zutreffend beschreibt, wenn ich ihn mit eben diesem Stift gerade niederschreibe.

Auch wir behaupten nicht, dass hier von letzten Wahrheiten die Rede ist. Doch behaupten wir – der Bemerkung v. Weizsäckers folgend – dass das Ich und die Zeitstruktur aller menschlichen Erfahrung und damit aller Erfahrungswissenschaft zugrunde liegen.[14] Es stellt sich uns noch einmal die Frage: »Was ist eine Illusion?« Lassen wir nun alle psychopathologischen Bestimmungen und Spitzfindigkeiten beiseite und betrachten das, was womöglich unter einer Illusion verstanden wird, allgemeiner und allgemeinverständlicher, vielleicht als Selbsttäuschung, Einbildung, naive Tagträumerei oder als irgendwie verfälschte oder falsche Vorstellung. Wie wir es auch immer drehen, wenden und benennen mögen, übrig bleibt ein psychisches Geschehen, irgendetwas Psychisches, ein psychisches Konstrukt. Wieder verschiebt sich die Frage und wir kehren zum Ausgang unserer Untersuchung zurück. Was ist die Psyche, was der Gedanke, inmitten der naturwissenschaftlich erfahrbaren Welt?

# 25

Dieser Abschnitt stellt eine weitere Zwischenstufe inmitten der laufenden Gedankenfolge dar, die unbesehen ausgelassen und übersprungen werden kann.

## Botaniker des Geistes

Der Mensch, der einen Gedanken fasst, ist sich des Vorhandenseins des Gedankens gewiss. Dass er Nervenzellen und ein Gehirn besitzt, glaubt er den Leuten vom Fach. Warum, so fragt er sich, soll etwas gewisser vorhanden sein, weil viele Finger von außen darauf zeigen können, indes der eigene Gedanke sich nur dem Finger des eigenen Erlebens zeigt? Die Wirklichkeit eines Gedankens deshalb zu bestreiten, weil sich der Gedanke klassischer Objektivierbarkeit entzieht, erinnert an den Botaniker, der, nachdem er eine ihm unbekannte Pflanze aufgelesen hat, diese zu benennen und in sein Herbarium einzuordnen sucht, doch in sämtlichen Büchern und Hightech-Archiven keinen passenden Namen erhält. Zuletzt zweifelt er, dass die vor ihm liegende Pflanze überhaupt existiert. Nicht weit davon entfernt erscheint jener »Botaniker des Geistes«, der der Psyche des Menschen – besonders den Gedanken – mit ähnlich skeptischen Gedanken gegenübersteht. Er bezweifelt die Wirklichkeit sprachlich formulierter Gedanken sogar im eigenen Bewusstsein, weil er in den Hauptstromarchiven der Wissenschaft keine Anleitung erhält, wie

---

**14** | Weizsäcker CFv. Aufbau der Physik. 1985: 556.

der Gedanke an sich, als nur ihm gehörender privater, innerer Besitz, endlich auch von außen, objektiv zu fassen ist.

Ist der Gedanke ein Angehöriger der naturwissenschaftlich erfahrbaren Welt? Wenn nicht, korrelieren dann die neuronalen Aktivierungsmuster mit dem Nichts? Handelt es sich um korrelative Magie oder um magische Korrelationen?

# Ein neuer Ansatz

## 26

Carl Friedrich v. Weizsäcker bestimmt Philosophie als »Weiterfragen«[1] und – mit Blick auf Sokrates – als einen Versuch zu verstehen, was wir reden, zu verstehen, was wir tun.[2] Fragen wir, fragen wir *weiter*: Was fordern wir von einer Psyche oder Geist genannten Struktur, die in konsistenter Weise mit den etablierten Naturwissenschaftlichen verbunden werden kann?

1. Autonome Wirkmöglichkeit
2. Einen naturwissenschaftlich fundierten Monismus
3. Eine mathematisch-physikalische Darstellung dieser Struktur mit Anschluss an die etablierten Naturwissenschaften, insbesondere an die fundamentale Physik

Über autonome Wirkmöglichkeit als Voraussetzung der physikalischen bzw. naturwissenschaftlichen Identifizierbarkeit wurde bereits gesprochen. Auch die zweite Forderung nach einem naturwissenschaftlich fundierten Monismus wurde erwähnt. Monismus bedeutet, dass sich alle in unserem Gedankenexperiment geschilderten Zustände – psychische und neuronale – auf *ein* Zugrundeliegendes, auf *eine* Substanz zurückführen lassen. Der auf Aristoteles zurückgehende traditionelle Substanzbegriff lehrt, dass Substanz etwas sei, wovon etwas ausgesagt werden kann, ohne dass es selbst von etwas anderem ausgesagt werden kann. Mit anderen Worten: Einer Substanz können Eigenschaften zugesprochen werden. Sie selbst aber – als *das* Zugrundeliegende – kann nicht Eigenschaft von etwas anderem, noch Grundlegenderem sein. Substanz ist der Grund, ist fundamental und entzieht sich damit auch jeder erschöpfenden Definition, die eine unmögliche Zurückführung auf noch fundamentalere »Untergrundbegriffe« verlangen würde. Wir suchen nach einer naturwissenschaftlichen Fundierung der *einen* Substanz. Newton ging

1 | Weizsäcker CFv. Die Einheit der Natur. 1982: 37.

2 | Weizsäcker CFv. Philosophie eines Physikers. Vortrag vom 22.6.1992 an der Universität Bamberg. TV-Sendung. Produktion des SWR. 1992.

in seiner Mechanik noch von zwei Arten von Substanzen aus, dem absoluten Raum und den materiellen Korpuskeln. Der absolute Raum wurde dabei als immateriell und alle materiellen Körper durchdringend vorgestellt. Den materiellen Korpuskeln wurden die Eigenschaften Ausdehnung, Bewegung, Gestalt, Trägheit und Undurchdringlichkeit zugeordnet. In dem hier geforderten Monismus sollen sowohl psychische als auch neuronale Prozesse auf eine einzige Substanz zurückgeführt werden. Die naturwissenschaftliche Fundierung geschieht mithilfe einer Theorie, darin das physikalisch Zugrundeliegende mathematisch erfasst und in konsistenter Weise mit den etablierten Naturwissenschaften, vor allem mit der Physik verbunden werden kann. Über die Eigenschaften einer solchen Substanz werden allerdings keine materiellen Vorentscheidungen getroffen, etwa in dem Sinne, dass es sich um »kleine Bausteine« oder um eine andere *irgendwie* dingliche oder körperliche oder »feinstoffliche« Substanz handeln müsse, denen die von Newton formulierten Eigenschaften materieller Korpuskel zugesprochen werden können. Gesucht wird vielmehr die *eine* primäre Substanz, die sowohl den materiellen Korpuskeln, den Nervenzellen und neuronalen Prozessen als auch den psychischen oder geistigen Strukturen, wie den bewussten Gedanken des Bewusstseins gemeinsam *zugrunde liegt*.

Die dritte Forderung nach einer erklärenden mathematisch-physikalischen Theorie mit Anschluss an die etablierte Naturwissenschaft, insbesondere an die fundamentale Physik, wird den Ausschlag geben, ob die Suche als erfolgreich betrachtet werden kann. Dieser Aufgabe wollen wir uns in den nächsten Abschnitten zuwenden.

# 27

Alle bisher vorgestellten neurobiologischen Konzepte nehmen ihren Ausgang von zwei Punkten, von einem der den Inhalt und von einem der die Methode bestimmt. Inhaltlicher Ausgangspunkt ist das Gehirn mit seinen neuronalen Prozessen. Methodischer Ausgangspunkt ist die sich allein an den Theorien der klassischen Physik orientierende Hirnforschung und Neurobiologie.[3] Der dabei getroffene Verzicht auf die Grundlagen der Physik, auf die Quanten-

---

3 | Der Hirnforscher Eric Kandel hat bereits im Jahre 1979 die »zugegeben stark vereinfachte, aber möglicherweise nützliche Vorstellung« in Betracht gezogen, dass »die letzte Auflösungsebene für ein Verständnis dessen, wie die psychotherapeutische Intervention funktioniert, identisch ist mit jener Ebene, auf der wir gegenwärtig zu verstehen versuchen, wie die psychopharmakologische Intervention funktioniert – die Ebene einzelner Nervenzellen und ihrer synaptischen Verbindungen.« Kandel ER. Psychiatrie, Psychoanalyse und die neue Biologie des Geistes. 2008: 39.

physik, geschieht jedoch immer und allen Bekundungen zum Trotz mit zwei prinzipiellen Einschränkungen. Die erste Einschränkung besteht in der Naturwissenschaft selbst, die bereits zu Beginn des zwanzigsten Jahrhunderts gezeigt hat, dass ohne Quantenphysik die klassische Physik nicht verstanden werden kann. Atome – und damit auch die Atome der Nervenzellen und Botenstoffe im Gehirn – dürften bei alleiniger Geltung der klassischen Physik nicht existieren. Die zweite Einschränkung ergibt sich aus den in der Hirnforschung angewandten Untersuchungsmethoden wie der Positronen-Emissions-Tomographie (PET) und der funktionellen Magnetresonanztomographie (fMRT), die beide technische Anwendungen der Quantenphysik sind. Kurzum: Ohne Quantenphysik keine Hirnforschung!

## 28

In den bisherigen Abschnitten wurde gezeigt, dass sprachlich formulierte bewusste Gedanken des menschlichen Bewusstseins nicht als Folge von Wechselwirkungen aktivierter Nervenzellen aus dem neuronalen Geschehen herausströmen, auftauchen, emergieren können. Es wurde ferner gezeigt, warum jeglichem psychischem Geschehen, auch einem Gedanken, nur dann die Bezeichnung »physikalisch« zukommen kann, wenn ihm nichtneuronale autonome Wirkmöglichkeiten innewohnen. Alles deutet darauf hin, dass die Auflösungsebene »unterhalb« der materiellen Beschaffenheit neuronaler Prozesse gesucht werden muss, wenn wir die Psyche naturwissenschaftlich erfassen wollen. Warum dann nicht dort, wo das Regelhafte, Gesetzmäßige, Naturgesetzliche seinen Ausgang nimmt, also dort, wo wir nicht weiter zurückfragen können, ohne den Boden der Naturwissenschaft verlassen zu müssen; wo einfacher und grundlegender gar nicht gefragt und gedacht werden kann, wenn wir noch eine Antwort inmitten naturwissenschaftlicher Erfahrbarkeit erhoffen?

Wir wollen uns nun einer Theorie zuwenden, die genau an diesem Ort ihren Ausgang nimmt. Dabei werden der inhaltliche und der methodische Ausgangspunkt zunächst nur genannt, da eine erschöpfende Erklärung eines breiten Raumes und einer ausführlichen Darstellung bedarf. Diese wird anschließend und schrittweise erfolgen, wobei wir einen topographischen Überblick an den Anfang stellen. Inhaltlicher Ausgangspunkt ist eine abstrakte bedeutungsfreie Quanteninformation. Methodischer Ausgangspunkt ist die als dynamische Schichtenstruktur bezeichnete Grundlage von quantenphysikalischer und klassisch-physikalischer Naturbeschreibung.

Wenn wir auch auf den ersten Blick die volle Tragweite dessen, was unter Quanteninformation und Schichtenstruktur aufzufassen ist, noch nicht überblicken; eines daran ist augenfällig. Die hier vorgestellte Theorie einer abstrakten, bedeutungsfreien Quanteninformation setzt anders, grundsätzlicher, tiefer an. Die »kleinste Auflösungsebene«, die Kandel und andere Forscher in den neuronalen Prozessen sehen, ist hier »nach unten« verschoben, fundamentaler angelegt. Die Theorie, von der hier die Rede ist, wurde von ihren Begründern Thomas und Brigitte Görnitz unter der Überschrift »Protyposiskonzept der Quanteninformation« eingeführt. Dabei ist Protyposis ein anderer Name für absolute, bedeutungsfreie Quanteninformation. Das Wort ist griechischen Ursprungs und dem Wortstamm τυπόω verwandt, was unter anderem »prägen, formen, gestalten« bedeutet. Das altgriechische προ-τύπωσις wird als »vorbilden« übersetzt. Die Autoren haben ihre Wortwahl damit begründet, dass mithilfe einer neuen und unvertrauten Bezeichnung – Protyposis – ungeeignete und unzutreffende Vorstellungen möglichst vermieden werden sollen, vor allem die gedankliche Verknüpfung von Information und Bedeutung, zu welcher der Begriff Quanteninformation den Anlass bieten kann. Wenn deshalb beim Auffassen des Wortes Protyposis vertraute Vorstellungen ausbleiben und gedankliche Verknüpfungen zu bekannten Inhalten misslingen, dann ist dies ein Vorteil, der als solcher begriffen werden sollte. Die abstrakte Quanteninformation – die Qubits oder Quantenbits der Protyposis – werden als noch ungesonderter Grund- oder Urstoff aufgefasst, der sich erst im Laufe der kosmischen Entwicklung zu dem ausformt oder gestaltet, was in unserem Alltagsverständnis mit den Worten Materie, Energie und auch als bedeutungsvolle Information bezeichnet wird. Die Begriffe Grund- oder Urstoff können allerdings ebenso in die Irre führen, wenn sie als Art »feinen Staubes« vorgestellt werden; denn jede atomistische Vorstellung ist verfehlt, die Protyposis im räumlich »Kleinsten und Körnigen« lokalisiert und Information notwendig mit Bedeutung und Wissen verknüpft. Zuletzt lässt die erforderliche Abstraktheit zunächst noch gar keine Zuschreibung von Eigenschaften zu. Auch die Begriffe Grund- oder Urstoff, Struktur und auch Information zielen notwendig vorbei; sie enthalten schon *zu viel*. Nur die Darstellung als »zweidimensionaler komplexwertiger Raum« wird als mathematische Abbildung dieser »Quanten-Vorstruktur« eigentlich gerecht. Freilich bedarf es eines Kontextes, damit diese mathematische Abbildung einen physikalischen Sinn erhält und in ihren Zusammenhängen überhaupt verstehbar werden kann. Wenn wir diese Zusammenhänge beachten, kann der Begriff Quanteninformation sinnvoll beibehalten werden, auch aus Gründen der praktischen Kommunikation. Ebenfalls aus Gründen der praktischen Kommunikation, beschränken wir uns oft auf das Wort Information, wenn wir auch gemeinhin die Quanteninformation im Auge haben. Ist hingegen ausschließlich von der aus der heutigen Computerwelt vertrauten »klassischen« Null-Eins- oder Ja-Nein-Bit-Information die Rede, fügen wir dies hinzu.

Mit dem Protyposiskonzept der Quanteninformation haben Thomas und Brigitte Görnitz eine Erweiterung der auf Carl Friedrich v. Weizsäcker zurückgehenden Ur-Theorie, einer abstrakten Quantentheorie der Uralternativen vorgeschlagen, die es ermöglichen soll, auch die Psyche des Menschen in naturgesetzliche Erklärungsmodelle einzubinden. Ein zentraler Gedanke des Protyposiskonzeptes besteht in der Identifikation psychischer Strukturen als Quanteninfomation: Gedanken sind Quanteninformation. Das menschliche Bewusstsein ist Quanteninformation, die sich selbst erlebt und selbst kennen kann.[4,5] Diese erste Übersicht lässt sich bereits mit einer Aussicht verbinden: Wenn die Psyche des Menschen mithilfe der Quantentheorie der Information naturgesetzlich erfasst werden kann, dann gilt dies auch für die Veränderungen, die im Rahmen der Psychiatrie und Psychosomatik als pathologisch bezeichnet werden. Damit dürfte die Bedeutung für die Medizin, besonders für Psychosomatik und Psychiatrie bereits angedeutet sein. Hier ist sogleich anzumerken, dass wir der Quantentheorie damit eine Rolle zuschreiben, die sie in der heutigen Medizin nicht innehat. Das gegenwärtige medizinische Denken orientiert sich ganz überwiegend an der durch die klassische Physik geprägten Naturwissenschaft. Wenn überhaupt quantentheoretische Überlegungen die medizinische Praxis und Forschung beeinflussen, dann meist über einen einzigen Weg: Die Quantentheorie wird allein an den empirisch zugänglichen Gehirnprozessen geprüft. So werden Quantenprozesse heute bei allen technischen Untersuchungen am lebenden Gehirn angewendet: Die Positronen-Emissions-Tomographie beruht auf der Positronenfreisetzung eines radioaktiv markierten Zuckers, die Magnet-Resonanz-Tomographie misst die unterschiedliche Magnetisierung von Protonen in verschiedenen Gewebesituationen. Dabei werden die quantischen Prozesse auf klassische Messresultate beschränkt; die Bedeutung quantenphysikalischer Zusammenhänge bleibt meist unbeachtet.

## 29

Carl Friedrich v. Weizsäcker hatte bereits in der Mitte des zwanzigsten Jahrhunderts die Bedeutung der Quanteninformation für ein Verständnis fundamentaler physikalischer Zusammenhänge erkannt. Er entwickelte die Vorstellung des Aufbaus der Materie aus quantisierten binären Alternativen und begründete dies in seinem Konzept der Ur-Theorie. Es mag merkwürdig erscheinen, dass die Frage nach der Realität des Psychischen zunächst wieder zur Materie und zur Frage nach ihrer Beschaffenheit führt. Die weiteren Aus-

---

**4** | Görnitz T, Görnitz B. Die Evolution des Geistigen. 2008: 205.

**5** | Der Sinn der kategorialen Vermischung von Erleben und Kennen auf der einen und von Quanteninformation auf der anderen Seite erschließt sich im Kontext dieser Konzeption.

führungen werden zeigen, wie dieser Weg zur Ausgangsfrage zurück und endlich auch zu einer Antwort führt.

»Was ist Materie?«, lautet eine der Grundfragen der Physik. Die Antworten, die durch das »Prinzip der Zerlegung« traditioneller Forschung gefunden wurden, veränderten zugleich die Fragestellung. Die Frage: »Was ist Materie?«, lautete nun: »Woraus besteht Materie?« Bildhafte Vorstellungen materieller Beschaffenheit gehen meist von Alltagsgegenständen aus und orientieren sich an einer durch fortgesetzte Teilung gewonnenen Abfolge immer kleiner werdender Teile, zuletzt etwa Sand- oder Staubkörnern vergleichbar. Bei immer weiterer Zerkleinerung erhalten wir schließlich das kleinste materielle »Körnchen«, das in der Vorstellung als eben noch sehr viel kleiner und noch weiter teilbar gedacht wird. Die physikalische Forschung führte in durchaus vergleichbarer Weise ins räumlich Kleine und ließ immer kleinere Teile der Materie, fortgesetzte Teilbarkeit und dazwischen wirkende Kräfte erkennen. Ein Stück Holz besteht aus Molekülen, aus Cellulose und Lignin. Die Moleküle wiederum bestehen aus Atomen und diese werden aus einem Kern und einer Hülle aufgebaut. Die Hülle besteht aus Elektronen, der Kern aus Protonen und Neutronen. Und so geht es weiter: Materielle Objekte bestehen aus kleineren materiellen Objekten. Die bei jeder Zerlegung entstehenden Teile und die zwischen ihnen wirkenden Kräfte konnten durch die Physik in einer Weise erklärt werden, dass die Vorstellung vom »Bausteincharakter« der Wirklichkeit über weite Strecken erhalten blieb. Doch nur auf den ersten Blick. Beim Versuch, die Atome und ihre Beschaffenheit zu erklären, wurde erstmals deutlich, dass die bis dahin bekannte und später als »klassisch« bezeichnete Physik an ihre Grenzen gelangt war, dass mit ihren Theorien die physikalisch erfahrbare Wirklichkeit in ihrer Fülle nicht erfasst werden kann. Die Welt hatte sich als reicher, reichhaltiger, umfassender erwiesen, als mittels der klassischen Physik von ihr erfahren werden kann. Die Quantenmechanik wurde entdeckt. Mit ihr nahm eine andere, eine neue Entwicklung ihren Lauf. Carl Friedrich v. Weizsäcker hat diese Entwicklung bereits in jungen Jahren miterlebt. Werner Heisenberg, der im Jahre 1925 die Quantenmechanik gefunden hatte, war dabei Freund und Lehrer v. Weizsäckers.[6] In seinem Buch »Wahrnehmung der Neuzeit« erinnert sich v. Weizsäcker, wie ihm als Fünfzehnjährigem von Werner Heisenberg die noch unveröffentlichte Unbestimmtheitsrelation während einer gemeinsamen Taxifahrt in Berlin erzählt wurde.[7] Carl Friedrich v. Weizsäcker begann später selbst nach den elementaren »Objekten« zu fragen, »aus« denen die elementaren Teilchen

---

6 | Werner Heisenberg gibt in seinem Buch »Der Teil und das Ganze« Einblicke in die damalige Kultur der Forschung, vor allem der des Gesprächs. Heisenberg W. Der Teil und das Ganze. Gespräche im Umkreis der Atomphysik. München: Piper; 1969.

7 | Weizsäcker CFv. Wahrnehmung der Neuzeit. München: Hanser; 1984: 136.

»bestehen«. Die Worte »Objekt« und »bestehen aus« werden hier in An- und Abführungszeichen gesetzt, da Vorstellungen von Objekten, die aus etwas bestehen, womöglich wieder entlang von Teilchenvorstellungen entwickelt und mit diesen verbunden werden. Das soll vermieden werden. Gerade die materiellen, die »dinglichen« Objekte sollen ja erklärt, das heißt auf die ihnen zugrunde liegenden »nichtdinglichen« Objekte, auf Strukturen, die keine Teile sind, zurückgeführt werden. Carl Friedrich v. Weizsäckers Überlegungen setzen hier an: »Was ist ein elementares Objekt? Wir möchten doch gerne Objekte haben, die, sagen wir einmal vorsichtig, so elementar wie möglich sind, bei denen man Grund hat zu vermuten, dass sie noch weiter unterteilt gar nicht werden können.«[8] Weizsäcker kommt zu dem Ergebnis: »Alle Objekte bestehen aus letzten Objekten [...] Ich nenne diese letzten Objekte Urobjekte und ihre Alternativen Uralternativen.«[9] Davon abgeleitet entwickelte sich die Bezeichnung »Ur« und Ur-Theorie. Die Ur-Theorie ist notwendig abstrakt: Sie geht von wenigen Voraussetzungen aus, da sie möglichst viel zu erklären versucht. Die Ur-Theorie setzt weder die Existenz von Teilchen und Feldern, noch die des Raumes, sondern neben dem Unterschied von Vergangenheit und Zukunft und gewissen mathematisch formulierbaren Symmetrieforderungen nur die empirische Entscheidbarkeit von Alternativen voraus.[10] Was aber ist eine Alternative? Eine Alternative fragt nach Information, gleichgültig, ob der Gegenstand der Information materiell oder psychisch ist. Eine einfache oder binäre Alternative entspricht einer Frage, auf die genau zwei Antworten möglich sind: Eine Münze liegt auf dem Tisch. Welche Seite zeigt nach oben, Wappen oder Zahl? Die Antwort liefert ein Bit an Information. Das Beispiel zeigt, Information beginnt erst dann, wenn mindestens zwei mögliche Werte oder Ereignisse zur Wahl gestellt sind: Wappen oder Wappen? Zahl oder Zahl? Ja oder Ja? Dies sind keine Alternativen; sie liefern keine Information. Mehrfache oder n-fache Alternativen – zum Beispiel tausendfache oder auch eine sechsfache Alternative wie bei einem gewöhnlichen Würfel – lassen mehr als zwei Antworten zu, doch können sie durch nacheinander gestellte Ja-oder-Nein-Fragen – Fragen, die nur die Antworten Ja oder Nein zulassen – in einfache Ja-oder-Nein-Alternativen zerlegt werden. Die Information eines Objektes oder Ereignisses umfasst dann die Menge von Ja-oder-Nein-Fragen, die an ihm entschieden werden können. Durch Zählen der erforderlichen Ja-oder-Nein-Entscheidungen kann diese Menge bestimmt werden. Diese Zerlegung in »klassische« Ja-Nein-Bits oder auch Null-Eins-Bits ist ein heute vertrautes Prinzip, das die Grundlage der klassischen Informationstheorie

---

**8** | Weizsäcker CFv. Quantentheorie elementarer Objekte. Nova Acta Leopoldina. Nummer 230, Band 49. Halle (Saale): Deutsche Akademie der Naturforscher; 1978: 13.

**9** | Weizsäcker CFv. Die Einheit der Natur. 1982: 270.

**10** | Weizsäcker CFv. Zeit und Wissen. München: Hanser; 1992: 554-557.

und der damit verbundenen Informationstechnologie bildet. Carl Friedrich v. Weizsäcker verknüpft diese informationstheoretischen Überlegungen mit der Quantentheorie. Er sagt: »Was ich versuche, ist, die Quantentheorie gemäß diesem informationstheoretischen Verständnis aufzubauen oder umgekehrt, die Informationstheorie konsequent quantentheoretisch zu behandeln.«[11] Daraus folgt Grundlegendes: Nicht Ja-Nein-Bits, sondern Quantenbits, nicht einfache Alternativen, sondern quantisierte binäre Alternativen, nicht klassische Information, sondern Quanteninformation bilden die Grundlage der naturwissenschaftlich erfahrbaren Wirklichkeit. So entstand, vor mehr als einem halben Jahrhundert, aus einer für viele Physiker auch heute noch fantastisch anmutenden Idee – nämlich die physikalische Wirklichkeit aus einer Theorie von quantisierten binären Alternativen, aus Uralternativen herzuleiten – ein umfangreiches und anspruchsvolles mathematisch-physikalisches Forschungsprogramm. Es geht um nichts weniger als um den Entwurf einer mathematisch-physikalischen Hinter- oder besser »Untergrundtheorie«, aus der die etablierte Physik, einschließlich ihrer Einbettung in evolutionäre und kosmologische Zusammenhänge, in konsistenter Weise hergeleitet werden kann. Mitte der fünfziger Jahre des vorigen Jahrhunderts hat Carl Friedrich v. Weizsäcker gemeinsam mit seinen Mitarbeitern die ersten Entwürfe dazu publiziert. In den siebziger Jahren legte er in dem Buch »Die Einheit der Natur« eine Art Zwischenbericht vor. Den ausführlichen Stand der bis zu diesem Zeitpunkt mathematisch ausformulierten »Dinge« fasste v. Weizsäcker Mitte der achtziger Jahre in einem Buch mit dem Titel »Aufbau der Physik« zusammen. Ergänzungen und weitere Ausführungen folgten in seinem Buch »Zeit und Wissen« im Jahre 1992. Carl Friedrich v. Weizsäcker hat die Ur-Theorie als seine wichtigste wissenschaftliche Arbeit angesehen. Er musste allerdings erkennen, dass das Interesse an der Ur-Theorie zeit seines Lebens eher gering blieb. Bei den Hegeltagen in Bamberg im Jahre 1992 bekannte v. Weizsäcker, dass er die Zustimmung seitens der »Zunft der Physiker bisher nur partiell in Anspruch nehmen darf.«[12]

Zum Abschluss unserer einführenden Übersicht soll – trotz einiger fachspezifischer Begriffe – v. Weizsäcker noch einmal im Original wiedergeben werden. Es handelt sich um Passagen eines Vortrages aus dem Jahre 1977, darin v. Weizsäcker einen Überblick über die Ur-Theorie, die »Quantentheorie elementarer Objekte« formuliert.[13]

---

**11** | Weizsäcker CFv. Gespräch mit Manfred Eigen. Gesprächsleitung: M. R. Schroeder im 3. Physikalischen Institut Göttingen. Filmaufnahme. Produktion des IWF, Institut für den Wissenschaftlichen Film; 1986.

**12** | Weizsäcker CFv. Philosophie eines Physikers. 1992.

**13** | Weizsäcker CFv. Quantentheorie elementarer Objekte. 1978: 13.

»Wenn man nun fragt, was könnte, quantentheoretisch gesprochen, ein nicht weiter teilbares Objekt sein, so sehe ich keine andere Antwort auf diese Frage als: Ein nicht weiter teilbares Objekt wäre eines, das einen zweidimensionalen Zustandsraum hat. Das bedeutet quantentheoretisch gesprochen (und ich lasse jetzt die Rücksicht auf die Nichtphysiker in immer wachsendem Maß fallen, weil ich mich sonst nicht mehr ausdrücken könnte), dass dieser Zustandsraum, ich will ihn einen endlichdimensionalen Hilbert-Raum nennen, wenn man das so ausdrücken darf, dass dieser Zustandsraum nur Observable zulässt, welche nur zweier möglicher Werte fähig sind, also nur lineare Operatoren mit genau zwei Eigenwerten. Jeder derartige Operator formalisiert dann den Begriff der simplen Alternative, der binären oder man darf vielleicht sagen einfachen oder schlichten Alternative, einer JaNein-Entscheidung, also dessen, was man informationstheoretisch dann ein Bit nennen würde. Dass man eine noch elementarere Entscheidung treffen kann als eine einfache Ja-Nein-Entscheidung, kann ich mir logisch nicht vorstellen. Ich gehe also zurück auf Quantenobjekte mit zweidimensionalen Zustandsräumen. Um es formal zu sagen, ein eindimensionaler Zustandsraum ließe nur Operatoren zu, die überhaupt nicht eine Wahl von zwei möglichen Werten haben. Also eine Entscheidung darüber wäre keine Information. Information beginnt erst dort, wo wenigstens zwei Werte zur Wahl gestellt sind.«[14]

Weizsäcker setzt fort:

»Ich denke mir, dass alle physikalischen Objekte aufgebaut werden können durch quantentheoretische Komposition aus solchen Objekten, die einer einfachen Alternative entsprechen. [...] wenn man damit beginnt, müsste man das Bild von Raum und Zeit, das wir in der normalen Physik voraussetzen, herleiten können oder genähert herleiten können und in diesem Bilde nachher zeigen, dass ihm in der Tat die Entscheidung solcher einfacher Alternativen auch folgt. Das nenne ich die semantische Konsistenz einer Theorie. Sie muss zum Schluss zeigen, dass das nach ihr selbst folgt, was in ihrer Einführung zum Verständnis ihrer Einführung vorausgesetzt war. Und anders kann man, glaube ich, Physik überhaupt nicht aufbauen, mitten in der Erfahrung, mitten im Leben.«[15]

# 30

Das von Thomas und Brigitte Görnitz vorgeschlagene Konzept greift Carl Friedrich v. Weizsäckers Theorie der Uralternativen auf, unterscheidet sich aber in einem wichtigen Punkt. Im Protyposis-Konzept wird Quanteninformation zu einer physikalischen Realität wie Atome und Moleküle und zu einer absoluten Größe der Physik wie Masse und Energie, indem nicht nur Sender und

---

14 | Weizsäcker CFv. Quantentheorie elementarer Objekte. 1978: 13.
15 | Ebd.

Empfänger, sondern auch Bedeutung und Wissen von Information abstrahiert werden. Bei v. Weizsäcker bleibt Information mit Verstehen und Wissen, das heißt immer mit Bedeutung verknüpft. Weizsäcker schreibt: »Information ist nur, was verstanden wird«[16] und »Eine ›absoluter‹ Begriff der Information hat keinen Sinn.«[17] Im Rahmen der Ur-Theorie heißt es aber auch: »Masse ist Information« und »Energie ist Information«.[18] Weizsäcker führt aus: »Nach dem einfachsten Modell eines massiven Teilchens ist dessen Ruhmasse die Anzahl der zum Aufbau des ruhenden Teilchens notwendigen Uralternativen, also exakt die im Teilchen investierte Information. [...] Die relativistische Gleichsetzung von Masse und Energie gestattet, alles über die Masse Gesagte auf die Energie zu übertragen.«[19] Worin besteht die Schwierigkeit? Naturwissenschaft ist vom Menschen gemacht und in diesem Sinne auch immer auf Subjekte bezogen. Das gilt von allen Begriffen und Theorien, mit denen Wissenschaft betrieben wird, also auch für Masse und Energie. Gebe es kein Leben, dann gebe es keine Menschen und auch keine Naturwissenschaft. Auch würde niemand von der Ruhmasse eines Steines sprechen und dazu Gleichungen formulieren. Aber es gebe dennoch den Stein. Zumindest zählt es zu den Grundannahmen jeder Naturwissenschaft, die sich inmitten einer evolutionären Entwicklung versteht, dass vor dem Menschen und vor dem Leben eine Welt vorhanden war, aus der das Leben und der Mensch schließlich hervorgegangen sind. »Die Natur ist älter als der Mensch, aber der Mensch ist älter als die Naturwissenschaft«, schreibt Carl Friedrich v. Weizsäcker.[20]

Wie aber steht es mit der Information? Wissen und Bedeutung setzen das Vorhandensein von Leben, von wissenden und verstehenden Subjekten voraus. Wenn aber Information nur mit Wissen und Bedeutung verknüpft überhaupt erst als Information begriffen wird, dann gibt es Information nur für Subjekte. Das heißt: Ohne Subjekte keine Bedeutung und ohne Bedeutung keine Information. Das hieße aber auch: Ohne Subjekte keine Uralternativen. In letzter Konsequenz gebe es »die Anzahl der zum Aufbau eines ruhenden Teilchens notwendigen Uralternativen, die dessen Ruhmasse ist« nur dann, wenn es auch wissende Subjekte gibt. Während also aus naturwissenschaftlicher Sicht die physikalische Realität eines Steines auch ohne Lebewesen angenommen wird, kann dies für eine an Bedeutung und Wissen notwendig gebundene Information nicht in gleicher Weise angenommen werden. Weizsäckers Formulierungen, »Masse und Energie sind Information« und »Ein ›absoluter‹ Begriff der Information hat keinen Sinn«, geraten in Konflikt, sobald versucht wird, eine

16 | Weizsäcker CFv. Die Einheit der Natur. 1982: 351.

17 | Weizsäcker CFv. Aufbau der Physik. 1985: 170-173.

18 | Weizsäcker CFv. Die Einheit der Natur. 1982: 363.

19 | Ebd.

20 | Weizsäcker CFv. Das Weltbild der Physik. Stuttgart: Hirzel; 1990: 369.

Äquivalenz bzw. Gleichwertigkeit von Information zu den absoluten physikalischen Größen Masse (Ruhmasse) und Energie tatsächlich aufzuzeigen. Mit der Protyposis – einer abstrakten bedeutungsfreien Quanteninformation – wird eine Lösung dieses Problems vorgeschlagen. Dazu war es notwendig, so Brigitte und Thomas Görnitz über die an Wissen und Bedeutung geknüpfte, »>verstandene Information‹ hinauszugehen.«[21] Im Protyposiskonzept werden Information und Bedeutung als primär unverbunden aufgefasst. Information ist zwar Voraussetzung und notwendige Bedingung von Bedeutung, doch nicht mit ihr gleichzusetzen. Die Qubits der Protyposis werden »so abstrakt eingeführt, dass anfangs von Sender, Empfänger und auch von Bedeutung abgesehen wird.«[22] Qubits können freilich zum Träger von Bedeutung werden, sobald lebende Systeme entstehen. Auch für diese abstrakte und absolute Größe bleibt gültig, dass »Lebewesen dieser Information Bedeutung zuordnen können.«[23]

Im Protyposiskonzept wird Bedeutung als ein Aspekt der Information aufgefasst, der erst mit dem Leben in den Kosmos gelangt ist. Erst mit dem Leben erhält Information die Fähigkeit, Bedeutung tragen zu können. Die Bedeutung entsteht in einem Prozess, in dem Information, die auf ein Lebewesen trifft, sich mit der im Lebewesen schon vorhandenen Information verbindet. Als der Kosmos noch kein Leben enthielt, konnte Information auch nicht als Träger von Bedeutung wirksam werden. Information hatte aber offenbar das Potential, das Vermögen unter geeigneten Bedingungen Bedeutung tragen zu können. Dies ist freilich ein interpretierender Rückblick aus einer Welt, in der Verstehen, Bedeutung und wissende Subjekte bereits existieren. Offenbar fällt die Frage, wie die Bedeutung in den Kosmos gelangt ist, mit der Frage, wie das Leben entstanden ist, zusammen. Daraus ergeben sich weitere Fragen, ob es beispielsweise auf dem Wege der Entwicklung von der Information ohne Bedeutung zu einer Information, die Bedeutung trägt, womöglich Übergangsformen oder Zwischenstufen gibt oder gegeben hat.

Nach Thomas Görnitz kann die physikalische Realität der Quanteninformation als absolute Größe der Physik durch eine mathematisch konsistente Anbindung an Jakob Bekensteins und Stephen Hawkings Theorie zur Entropie Schwarzer Löcher begründet werden.[24,25] Diese kosmologischen und physika-

**21** | Görnitz T, Görnitz B. Der Kreative Kosmos. 2008: 154.

**22** | Görnitz T, Görnitz B. Die Evolution des Geistigen. 2008: 142.

**23** | Görnitz T, Görnitz B. Der Kreative Kosmos. 2008: 154.

**24** | Görnitz T. Abstract quantum theory and space-time-structure, Part I: Ur-theory, space-time-continuum and Bekenstein-Hawking-entropy. Intern. Journ. Theoret. Phys. 27; 1988: 527-542.

**25** | Görnitz T. On connections between abstract quantum theory and space-time-structure, Part II: A model of cosmological evolution. Intern. Journ. Theoret. Phys. 27; 1988: 659-666.

lischen Zusammenhänge werden im Folgenden mit breitem Pinsel skizziert; im Übrigen wird auf die Literatur verwiesen. In der Physik kann die Menge der Information nur dann ermittelt werden, wenn sie unbekannt bzw. unzugänglich ist. Diese berechenbare, aber in ihrer möglichen Bedeutung unbekannte Information wird Entropie genannt. Dabei ist es wichtig zu sehen, dass dies nur ein relatives Maß ist. Man definiert zunächst den Makrozustand eines Systems und dann einen zugehörigen und dem Problem angepassten Mikrozustand. Dieser Mikrozustand könnte theoretisch auch verändert, noch weiter verfeinert werden. Wenn allerdings diese hypothetische Verfeinerung bei einer Veränderung des Systems ungeändert bliebe, dann würden sich die gemessenen Entropieänderungen nicht unterscheiden. Dies ist ähnlich wie bei einem Thermometer, bei dem »fünf Grad wärmer« wohldefiniert sind, gleichgültig ob in Kelvin oder Celsius gemessen. Da bei den thermodynamischen Veränderungen nur die relativen Änderungen von Interesse sind, war ein absoluter Wert der Entropie bisher kein Gegenstand der Untersuchungen. Dies änderte sich mit den Schwarzen Löchern. Innerhalb eines Schwarzen Loches ist eine solche Situation der Unzugänglichkeit und prinzipiellen Unkenntnis gegeben. Mit einem entsprechenden Gedankenexperiment lässt sich ein Absolutwert der Entropie und damit der Information bestimmen. Hierzu kann die Temperatur ebenfalls als Beispiel dienen. Nur an der absoluten, der Kelvin-Skala wird erkennbar, dass Temperatur als »innere Bewegung« verstanden werden kann. Null Grad Kelvin heißt »keine innere Bewegung«; für null Grad Celsius gilt dies nicht.

Das Gedankenexperiment lautet wie folgt: In ein maximal großes Schwarzes Loch, also in ein Schwarzes Loch von der Größe des Kosmos, falle zusätzlich noch ein letztes Elementarteilchen, zum Beispiel ein Proton hinein. Die Gesamtmasse des Kosmos erhöht sich damit um die Masse des einen Protons. Damit wiederum wächst die als Entropie bezeichnete Information innerhalb des Schwarzen Loches und kann ermittelt werden. Dieser Entropiezuwachs entspricht der Menge an sämtlicher Information, die dem Außenraum mit dem Proton verloren gegangen ist. Mit anderen Worten: Wenn das Proton den Ereignishorizont des Schwarzen Loches überschreitet, wird sämtliche Information über das Proton unzugänglich und erscheint als Informationszuwachs dieses maximalen Schwarzen Loches. Diese Information kann ermittelt werden und beträgt für ein Proton etwa $10^{42}$ Bits. Damit war allerdings erst eine Hälfte des Weges zurückgelegt, von den Elementarteilchen zur Quanteninformation. Nun musste noch die zweite Hälfte, von der Quanteninformation zu den Elementarteilchen durchlaufen werden; denn um die These der Äquivalenz von Information zu Materie und Energie auch mathematisch belegen zu können, musste gezeigt werden, »wie aus Qubits die Elementarteilchen entstehen können«[26]

---

26 | Görnitz T, Görnitz B. Der Kreative Kosmos. 2008: 356.

Es mussten also die mathematischen Strukturen herausgearbeitet werden, die zeigen, wie die Quantenbits der Protyposis sich tatsächlich zu Elementarteilchen formen können. Mit den dazu vorgelegten Arbeiten hatte sich der Kreis – von der Materie zur Information und von der Information zur Materie – erstmals geschlossen.[27,28] Die philosophisch begründete Vorstellung v. Weizsäckers, »Materie ist Information«, hatte damit eine Entsprechung in der empirischen Naturwissenschaft, in der mathematischen Physik gefunden.

Fügen wir das Bisherige zusammen: Nach Thomas Görnitz liegt mit dem Protyposiskonzept der Quanteninformation eine mathematisch ausgearbeitete Theorie vor, nach der Quanteninformation als eine absolute Größe der Physik hergeleitet und als fundamentale Entität, als kosmologisch begründeter »Ur- oder Grundstoff« aufgefasst werden kann. Dabei sind die Quantenbits der Protyposis primär bedeutungsfrei und zugleich die einfachsten mathematischen Strukturen innerhalb der physikalisch erfahrbaren Welt.[29]

# 31

Buchtitel streifen oft nur den Inhalt einer Schrift, mitunter aber treffen sie den Kern. Einen solchen Kern trifft auch der Titel eines Buches von Brigitte und Thomas Görnitz, in dem der Entwicklungsgedanke im Zentrum steht: »Die Evolution des Geistigen«. Ausgangspunkt sind die Quantenbits der Protyposis, die abstrakte bedeutungsfreie Quanteninformation. Von hier aus wird ausgeführt, begründet, diskutiert, wie sämtliche Vorgänge und Erscheinungen in der Natur als allmähliche Herausformung von einfachen zu immer komplexer werdenden Strukturen im Lichte einer kosmischen Evolution verstanden werden können. Die Evolution des Lebens erscheint dabei als in diese Entwicklung eingebettet und »nur« als eine weitere Stufe der kosmischen Evolution. Schritt für Schritt werden der Weg und die vielschichtigen Zusammenhänge dieser sukzessiven Formungsprozesse aufgezeigt, von einer gestalt-, form-, strukturlosen, also abstrakten Quanteninformation, zu immer komplexer werdenden Gebilden. Ausgehend vom Urknall wird dargestellt, wie über die Entstehung Schwarzer Löcher, der ersten Elemente, Sterne, Planeten, ein- und mehrzelligen Lebens, Quanteninformation sich in immer neuen Strukturen entfaltet. Alle sich in der kosmischen Evolution herausbildenden Strukturen werden als

**27** | Görnitz T, Graudenz D, Weizsäcker CFv. Quantum Field Theory of Binary Alternatives. Intern. Journ. Theoret. Phys. 31; 1992: 1929-1959.

**28** | Görnitz T, Schomäcker U. Quantum Particles from Quantum Information. Journal of Physics: Conference Series 380; 2012: 012025 doi:10.1088/1742-6596/380/1/012025.

**29** | Die mathematische Struktur eines Quantenbits ist ein zweidimensionaler komplexwertiger Zustandsraum.

spezielle Formen dieser abstrakten Quanteninformation vorgestellt. Mit dem Leben wird schließlich jene Eigenschaft der Quanteninformation verwirklicht, die sie zum Träger von Bedeutung werden lässt. Informationsverarbeitung entsteht. Lebewesen stabilisieren sich mithilfe von Information und erhalten so ihre Struktur und Organisation. Mit dem Menschen wurde dieser Entwicklung eine weitere, eine kulturelle eingefügt. Erleben, Bewusstsein, Reflexion, endlich Sprache und Schrift eröffnen wiederum andere, neue »Wege der Information«. Hier ist der Ort, wo unsere Fragestellung auf eine Antwort trifft. Gefragt wurde: Was sind psychische oder mentale oder geistige oder seelische Vorgänge? Was sind die sprachlich formulierten bewussten Gedanken des Bewusstseins? Die Antwort lautet: Quanteninformation. Im Protyposiskonzept werden die Psyche des Menschen und sein Bewusstsein, Gefühle, Vorstellungen, Gedanken als Quanteninformation identifiziert. Ein im Bewusstsein des Menschen sich sprachlich formender Gedanke ist Quanteninformation, deren Träger das Gehirn mit seinen umfangreichen biochemischen Verarbeitungsprozessen ist.

Das Erklärungsziel unserer Untersuchung sollte dann als erreicht betrachtet werden, wenn sich eine Theorie formulieren lässt, die in den Gedanken eine Struktur identifiziert, die in mathematisch-physikalisch konsistenter Weise mit den schon bekannten Naturgesetzen verbunden werden kann? Mit dem Protyposiskonzept wird nun eine solche Theorie vorgeschlagen. Die drei Forderungen, autonome Wirkmöglichkeit, Monismus, Anschluss an die etablierte Naturwissenschaft, werden offenbar erfüllt. Das bedeutet, dass auch psychische Strukturen in die vorhandenen naturwissenschaftlichen Konzepte integriert werden können und es eröffnet sich erstmals die Möglichkeit, die Einheit von Geist und Gehirn, von Bewusstsein und Materie inmitten der Naturwissenschaft zu beschreiben, zu erklären und zu verstehen. Wenn ein sich sprachlich formender Gedanke Quanteninformation ist, dann unterscheidet er sich – aus ontologischer Perspektive – von den Nervenzellen und Molekülen nicht. Was allen gemeinsam zugrunde liegt, ihre Substanz, ist abstrakte bedeutungsfreie Quanteninformation. Wenn die Gedanken im Bewusstsein einer Person mit den Molekülen und Nervenzellen des Gehirns dieser Person in Wechselwirkung treten, dann agieren nicht zwei verschiedene Substanzen miteinander, sondern eine: Quanteninformation.

# 32

Bereits für Carl Friedrich v. Weizsäcker war die Anwendung der Quantentheorie auf das Bewusstsein des Menschen eine konsequente Folgerung aus der Ur-Theorie. Weizsäcker schreibt: »Soweit mein Bewusstseinszustand Gegenstand einer logisch formulierbaren und faktisch entscheidbaren Alternative sein kann, wird er der abstrakten Theorie aller Prognosen für Alternativen, eben der Quantentheorie, genügen.«[30] Wenn beispielsweise die Frage »Werde ich nach Lesen dieses Kriminalromans Angst empfinden oder nicht?« in der Selbstkenntnis einer Person als empirisch entscheidbare Alternative existiert, welche einen Bereich von Möglichkeiten eröffnet und nicht lediglich Unkenntnis eines Faktums bedeutet, dann ist die Quantentheorie auf sie anwendbar. Wenn nach dem Lesen des Kriminalromans die Alternative tatsächlich entschieden ist und in der Selbstkenntnis eines Bewusstseins in Form der Aussage »Ich habe keine Angst.« bekannt ist, dann ist damit ein Faktum entstanden, das klassisch beschrieben werden muss. In diesem Sinne hat bereits v. Weizsäcker die Anwendung der Quantentheorie auf das Bewusstsein des Menschen gesehen.

# 33

Folgender Einwand soll erwogen werden: Die Zurückführung von materiellen Objekten wie Nervenzellen und von psychischen Strukturen wie Gedanken auf eine gemeinsame abstrakte und primär bedeutungsfreie Quanteninformation mag mathematisch und physikalisch konsistent erscheinen, dem Alltagserleben ist eine solche Zurückführung fremd. Das ist zutreffend, aber kein Einwand! Es empfiehlt sich dazu nochmals ein Blick in die »Evolution des Geistigen«. Vor mehr als einhundert Jahren hatte Albert Einsteins Tiefenlotung die Formel $E = mc^2$ hervorgebracht, was in alltagstauglicher Sprache etwa wie folgt übersetzt werden kann: Materie und Bewegung stehen in einer äquivalenten, gleichwertigen Beziehung zueinander. In den uns im Alltag geläufigen Erfahrungen werden Materie und Bewegung als etwas vollkommen Verschiedenes, als andersartig und wesensfremd erlebt. Ein Ball und das Fliegen des Balles werden nicht als äquivalent, gleichwertig oder ineinander überführbar erfahren. Und doch erweisen sich Materie und Bewegung »unterhalb« dieser uns im Alltag geläufigen Erfahrung, dort wo der Mensch nur durch physikalische Zugriffe noch zu Erfahrungen gelangt, als äquivalent, gleichwertig, ineinander überführbar. In dieser nur noch physikalisch erfahrbaren Tiefenschicht, wo ihre Ineinander-Umwandelbarkeit gründet, ist der Unterschied von Materie und Bewegung aufgehoben.

Mit der Quanteninformation werden in durchaus vergleichbarer Weise einander im Alltag fremdartig erscheinende Erfahrungsbereiche in ihrer fundamentalen Einheit vorgestellt. Gedanken und Neurone, Gefühle und Moleküle werden im Alltag möglicher Erfahrungen als weit voneinander entfernt erlebt. Von einer Verwandtschaft von Molekülen und Gefühlen oder

---

30 | Weizsäcker CFv. Der Mensch in seiner Geschichte. München: Hanser; 1991: 92-98.

von Neuronen und Gedanken ist im Alltag nichts zu spüren. Und doch erweisen sie sich in einer physikalisch noch erfahrbaren Tiefenschicht als äquivalent, gleichwertig und als frei von der im Alltag erfahrbaren Verschiedenheit. Moleküle und Nervenzellen sind Quanteninformation; Gefühle und
Gedanken sind es auch. Die alte Frage nach dem Primat des Geistes oder
dem Primat der Materie kann damit abgewandelt und aus Sicht der Naturwissenschaft neu gefasst werden. Ist die abstrakte bedeutungsfreie Quanteninformation dem Materiellen oder dem Geistigen näher verwandt, also dem,
was in unserer Alltagssprache gewöhnlich als Materie und Geist bezeichnet
wird? Eine Antwort kann nicht leicht zu erlangen sein, da die als Protyposis
bezeichnete abstrakte Quanteninformation gerade aufgrund ihrer Abstraktheit sich jeder hinreichenden Zuschreibung von Eigenschaften entzieht. Es
bleiben verschiedene Blickwinkel, Aspekte, Perspektiven. Nach dem, was
über die »Evolution der Quanteninformation« gesagt wurde, formten sich die
materiellen Objekte in einer verhältnismäßig frühen Phase der kosmischen
Entwicklung aus Quanteninformation. Die sprachlich formulierten Gedanken hingegen sind erst mit dem Menschen, also deutlich später aufgetaucht.
Andererseits sind dem denkenden Menschen seine sprachlich formulierten
bewussten Gedanken unmittelbar gegeben, unmittelbarer vor allem als alle
materiellen Objekte, einschließlich der Nervenzellen des eigenen Gehirns.
In diesem Sinne sind uns die Gedanken näher, gewisser, »vorhandener« als
alles, worüber sich Gedanken machen lässt, wie ja auch der Schmerz dem
bewussten Erleben näher ist als der Zahn, von dem er womöglich seinen
Ausgang nimmt.

## 34

Werden Einwände und Argumente gegen quantentheoretische Erklärungsmodelle der Psyche vorgebracht, zielen diese meist auf Versuche die Quantentheorie auf die Gehirnmaterie anzuwenden. In ihrer einfachsten Vereinfachung wird die Quantentheorie als eine Theorie fürs »Kleine und Kalte«
missverstanden, die für neurobiologische Fragestellungen an ein »großes und
warmes Gehirn« nicht von Bedeutung sein kann. Thomas Metzinger, Philosoph an der Mainzer Universität, gibt sich als Vertreter dieser Auffassung zu
erkennen, wobei er seinen Ausführungen ein Bekenntnis zum naturgesetzlichen Determinismus voranstellt: »Der jetzige Zustand des Universums wird
immer durch den vorhergehenden Zustand komplett festgelegt [...]. Das Gehirn ist ein Gegenstand mittlerer Größenordnung, bei dem eine Temperatur
von siebenunddreißig Grad herrscht. Das heißt: Quanteneffekte können für
die Ereignisse, die für unsere geistige Informationsverarbeitung verantwortlich sind, keine Rolle spielen. Die Quantenebene ist für das Problem nicht

relevant.«[31] Ähnliche Zitate von anderen Forschern ließen sich anfügen. Wir wollen stattdessen auf andere Ansichten aufmerksam machen, die nicht mehr allein der Ebene kritischer Argumentation zuzuordnen sind. So findet sich in dem Buch, »Selbst ist der Mensch« des Hirnforschers Antonio Damasio, folgender Abschnitt über Versuche, den Geist als »nichtphysisches Phänomen« mithilfe der Quantenphysik zu erklären. Damasio schreibt: »Da der Geist als nichtphysisches Phänomen betrachtet wurde, das von den biologischen Vorgängen, die ihn schaffen und aufrechterhalten, getrennt ist, stellte man ihn auch außerhalb der Gesetze der Physik, eine Unterscheidung, die bei anderen Vorgängen im Gehirn in der Regel nicht getroffen wird. Ihren eigentümlichsten Ausdruck findet diese Eigentümlichkeit in dem Versuch, den bewussten Geist auf bisher nicht beschriebene Eigenschaften der Materie zurückzuführen und das Bewusstsein beispielsweise mit Quantenphänomenen zu erklären.«[32,33] In diesen Sätzen wird ein Widerspruch konstruiert, der in der Physik nicht existiert: Quantenphänomene stehen nicht außerhalb der Gesetze der Physik; Quantenphänomene *sind* Physik, Quantenphysik. Welche Vorstellungen auch immer das Bedürfnis leiten mögen, die Quantentheorie als eine Theorie, die für die Erklärung von Geist und Bewusstsein bedeutsam sein könnte, auszuschließen, womöglich hat auch der Begriff des Gesetzes daran mitgewirkt. Übrigens lässt Damasio die Tür zu »anderen« Erklärungen durchaus einen Spalt geöffnet, wenn er schreibt: »Angesichts unserer unvollständigen Kenntnisse über Biologie wie auch über Physik sollte man mit der Ablehnung von Erklärungsalternativen vorsichtig sein.«[34]

Ein Gesetz drückt auch in der Naturwissenschaft eine Festlegung aus. Darin wird womöglich ein Widerspruch zum Indeterminismus gesehen, der mit der Quantentheorie verbunden ist. Quantentheorie versus Naturgesetz? Die klassische Physik ist deterministisch, darauf wurde bereits hingewiesen. Aber auch die Quantentheorie beschreibt eine deterministische Entwicklung und entspricht damit vollgültig dem Charakter eines Gesetzes der Physik. Nur beschreibt die Quantentheorie die deterministische Entwicklung der Möglichkeiten und nicht, wie die klassische Physik, die deterministische Entwicklung der Fakten. Der Indeterminismus tritt erst beim Übergang der Möglichkeiten in ein Faktum auf. Welche der Möglichkeiten in ein Faktum übergeht, ist *unbe-*

**31** | Metzinger T. Philosophie des Bewusstseins. Gibt es einen freien Willen? Gefilmtes Interview mit Thomas Metzinger von Dierk Heimann. In: Gut geforscht. Wissenschaft vor Ort. Produktion der Gutenberg.tv; 2010.

**32** | Damasio A. Self Comes to Mind. Constructing the Conscious Brain. New York: Pantheon; 2010: 14.

**33** | Damasio A. Selbst ist der Mensch. Körper, Geist und die Entstehung des menschlichen Bewusstseins. München: Pantheon; 2013: 26.

**34** | Ebd.

*stimmt* und geschieht *objektiv zufällig*. Die hohe Genauigkeit der Quantentheorie ist erforderlich, um diese Unbestimmtheit zu erfassen. Die »klassische« Frage, warum gerade diese Quantenmöglichkeit und nicht eine der zahlreichen anderen zu einem Faktum geworden ist, wird von der Natur nicht mehr in einer Weise beantwortet, die das klassische Kausalbedürfnis befriedigt. Eine angemessene Begründung müsse doch vorhanden sein, so könnte aus klassischer Perspektive gefragt werden, die letztlich in gerader »Linie« oder »Bahn« schlüssig nachzeichnet, was die eine vor der anderen Möglichkeit auszeichnete und eben diese und keine andere zum Faktum werden ließ. An diesem Punkte – dem Übergang vom Möglichen zum Faktischen – enthüllt das Naturgeschehen seine Struktur der Unbestimmtheit sowie des absoluten Zufalls, die sich dem klassischen Kausalverständnis entzieht. Die Warum-Frage, die eine solche Antwort dennoch erwartet, ja womöglich zu erzwingen sucht, verliert ihren Sinn. Wenn denn schon an dieser Stelle etwas entgegnet werden soll, dann bleibt nur die Auskunft: »Quanten sind anders«[35], insbesondere anders als es die ausschließlich an der materiellen Außenwelt geschulte Vorstellung vermitteln kann, zumal wenn diese sich mit einer Theorie klassisch-physikalischer Ausschließlichkeit umstellt. Zur Vertiefung dieser Überlegungen verweisen wir auf die entsprechende und zum Teil gleichnamige Literatur, denn hier ist nicht der Ort, an dem ausführlich über die Quantentheorie und die damit verbundenen Konsequenzen auch für das Denken gesprochen werden soll. Wir beschränken uns weiterhin auf die Charakterisierung der Eigenschaften, die für den Gang unserer Untersuchung erforderlich sind.

Historisch entstand die Quantenmechanik zunächst neben der klassischen Mechanik, später entwickelte sich neben der klassischen Elektrodynamik die Quantenelektrodynamik und heute führt die Entwicklung zur Unterscheidung von klassischer Information und Quanteninformation. Carl Friedrich v. Weizsäckers Ur-Theorie und das Protyposiskonzept setzen hier an. Die Entwicklung der Quantentheorie hat die Vorstellungen über den ausschließlichen Geltungsbereich der Quantentheorie im »räumlich Kleinen« und »Kalten« korrigiert. Heute werden, wie bereits in einem früheren Abschnitt erwähnt, Experimente mit Quanteninformation bei Lufttemperatur durchgeführt, deren experimentelle Herstellung zu Quantenobjekten führt, die eine Ausdehnung von über einhundert Kilometer besitzen.[36] Ein anderes Beispiel ist der Sehvorgang des Auges, der heute bereits mit quantentheoretischer Genauigkeit untersucht wird. Dabei Treffen einzelne Photonen bei Körpertemperatur auf die Netzhaut. Überdies ist die Netzhaut ihrer embryologischen Herkunft

---

**35** | Görnitz T. Quanten sind anders. Heidelberg: Spektrum Akademischer Verlag; 2006.
**36** | Ursin R, Tiefenbacher F, Schmitt-Manderbach T, Weier H et al. Entanglement-based quantum communication over 144 km. Nature Physics 3; 2007: 481-486.

nach aus dem sogenannten Neuroektoderm hervorgegangen und »somit ein in die Peripherie verlagerter Hirnanteil«.[37]

Mit der Unterscheidung von Möglichkeiten (die Begriffe Quantenmöglichkeiten und Möglichkeiten werden hier synonym verwendet) und Fakten sind wir bereits inmitten der von Thomas Görnitz als dynamische Schichtenstruktur bezeichneten Zusammenhänge von quantenphysikalischer und klassisch-physikalischer Naturbeschreibung angelangt. Wir greifen diese Unterscheidung sogleich auf, zuvor jedoch werden noch einige allgemeinere Betrachtungen eingefügt: Die Quantentheorie ist die fundamentale Theorie der heute bekannten Naturwissenschaft. Dies liegt darin begründet, dass die Existenz aller Objekte, mit denen die klassische Physik arbeitet, ohne die Quantentheorie nicht erklärt werden kann. Die Quantenphysik ist das Fundament der klassischen Physik. Doch ebenso wie die Vorstellung, dass die Quantentheorie nur für das »Kleine und Kalte« zuständig ist, falsch ist, ist auch die Auffassung einer alles erklärenden Quantentheorie unzureichend. Eine angemessene Darstellung der physikalisch erfahrbaren Wirklichkeit wird nur durch das Zusammenspiel von klassischer *und* quantentheoretischer Naturbeschreibung erreicht. Die klassische Physik zerlegt die Wirklichkeit in getrennte Objekte, die durch Kräfte miteinander wechselwirken. Die Objekte bleiben dabei im Wesentlichen unverändert. Dadurch wird ein Bild der Wirklichkeit erzeugt, darin diese als vollständig aus trennbaren Objekten zusammengesetzt vorgestellt wird. Die Quantentheorie hat nicht nur gezeigt, dass dieses Bild falsch ist, sondern sie ermöglicht auch die erforderliche Korrektur. Die Wirklichkeit kann niemals vollständig, sondern immer nur näherungsweise in getrennte Objekte zerlegt werden. Immer bleiben Beziehungsstrukturen erhalten.[38] Diese Beziehungsstrukturen werden von der Quantentheorie erfasst.

Naturwissenschaft ist vom Menschen gemacht. Über die Theorien, die zur Lösung von Problemen herangezogen werden, entscheidet der Mensch. Und keineswegs immer kommt es dabei auf die maximal erreichbare Genauigkeit an. Das bedeutet, dass Naturwissenschaftler entscheiden, warum, wann und wo welche Theorien zur Anwendung gelangen. Die klassische Physik liefert zur Lösung zahlreicher Probleme hinreichend genaue Ergebnisse. Die Quantengenauigkeit ist dabei nicht erforderlich. Doch gibt es zahlreiche Probleme und Fragestellungen, wo die Genauigkeit der Quantentheorie unentbehrlich ist. Die klassische Physik allein führt dann notwendig zu falschen oder zu gar keinen Ergebnissen bzw. Antworten. Bei einem naturwissenschaftlichen Verständnis des menschlichen Bewusstseins, der Psyche, der Gedanken, ist es notwendig, sich nicht auf klassische Werkzeuge zu beschränken, zumal andere, bessere, genauere, quantenphysikalische zur Verfügung stehen. Auch

---

**37** | Ulfig N. Kurzlehrbuch Embryologie. Stuttgart: Thieme; 2009: 147.

**38** | Görnitz T. Quanten sind anders. 2006: 101-121.

sollte nicht auf die weitaus größeren Denkmöglichkeiten verzichtet werden, zu denen die Quantentheorie verhelfen kann.

Die Unterscheidung von Fakten und Möglichkeiten wird nun in das Zentrum der weiteren Überlegungen gestellt. Die Quantentheorie kann als eine »Theorie der Möglichkeiten«, die klassische Physik als eine »Theorie der Fakten« bezeichnet werden.[39] Messresultate sind Fakten. Mit der klassischen Physik wird diese Welt der Fakten erfasst. Liegt ein Quantenzustand vor, dann erfasst die Quantentheorie die Entwicklung der mit ihm verbundenen Möglichkeiten. Der Übergang vom Möglichen zum Faktischen wird durch die klassische Physik beschrieben. Brigitte und Thomas Görnitz schreiben: »Die Quantentheorie beschreibt Möglichkeiten, nicht Fakten. Fakten werden durch ›Messungen‹ erzeugt.«[40] Physik ist die Naturwissenschaft, die mathematisch formuliert werden kann. Die Physiker kennen die dazu erforderlichen mathematischen Strukturen. Die faktische Realisierung einer Quantenmöglichkeit bedeutet zugleich, dass eine mathematische Struktur, die der Quantentheorie, durch eine andere, durch die der klassischen Physik, abgelöst wird. Und umgekehrt: Wenn aus einem Faktum, das durch die mathematische Struktur der klassischen Physik beschrieben wird, ein Quantenzustand »präpariert« wird, wie der Fachausdruck lautet, dann wird die Entwicklung der sich daraus ergebenden Quantenmöglichkeiten durch die nach dem Physiker Erwin Schrödinger benannte Gleichung der Quantentheorie beschrieben. Dieses fortwährende Einander-Ablösen verschiedener mathematischer Strukturen – von klassisch zu quantisch und umgekehrt – verbirgt sich hinter dem Ausdruck »dynamische Schichtenstruktur«.[41] Wir wollen das noch ein wenig ausführen und scheuen dabei die Wiederholung nicht. Carl Friedrich v. Weizsäcker hat die Unterscheidung von Möglichkeiten und Fakten hervorgehoben, da in ihr die Zeit »in ihren Modi der Gegenwart, Vergangenheit und Zukunft«, der »Vorbedingung von Erfahrung« deutlich zum Vorschein kommt.[42,43] An diese Überlegungen knüpfen wir an. Noch einmal: Faktizität ist Merkmal der Vergangenheit. Möglichkeit ist Merkmal der Zukunft. Vergangenes ist faktisch. Zukünftiges ist möglich. Mit der klassischen Physik werden Fakten erfasst. Die Quantentheorie erfasst Möglichkeiten. Eine Welt, die ausschließlich der Quantentheorie genügen würde, wäre eine Welt der Möglichkeiten, in der keine Fakten existieren. Wiederum kann die klassische Physik das Vorhandensein von Möglichkeiten nicht erfassen. Beide – Möglichkeiten und Fakten – gehören aber zur Gesamtheit der physikalisch erfahrbaren Wirklichkeit. Eine angemes-

---

**39** | Görnitz T, Görnitz B. Der Kreative Kosmos. 2008: 299.

**40** | Görnitz T, Görnitz B. Die Evolution des Geistigen. 2008: 79.

**41** | Görnitz T. Quanten sind anders. 2006: 181-231.

**42** | Weizsäcker CFv. Aufbau der Physik. 1985: 29.

**43** | Weizsäcker CFv. Zeit und Wissen. 1992: 278-284.

sene Darstellung wird durch die »dynamische Schichtenstruktur«[44] erreicht. Die dynamische Schichtenstruktur beschreibt den Übergang vom Möglichen zum Faktischen und vom Faktischen zum Möglichen. Der Übergang vom Faktischen zum Möglichen wird in der Quantenphysik als »Präparation« bezeichnet, der Übergang vom Möglichen zum Faktischen wird »Messung« genannt. Das Resultat einer Messung ist ein Faktum, die faktische Realisierung einer Möglichkeit. Was geschieht bei diesem Übergang? Der Messvorgang entspricht dem irreversiblen Verlust von Information über die Quantenmöglichkeiten eines Quantenzustandes, die nicht Fakt geworden sind. Messung heißt, dass ein Quantenzustand Information über seine Quantenmöglichkeiten verliert bzw. dass sie ihm entnommen wird. »Es mag paradox klingen«, schreibt Thomas Görnitz, dass »prinzipiell mit jedem Messprozess ein Informationsverlust verbunden ist!«[45] Der Begriff der Messung ist eng mit der Entwicklung der Quantentheorie verbunden und die Diskussion über die damit verbundenen Vorgänge halten an. Die Worte Messung oder Messprozess legen nahe, dass es sich dabei um Vorgänge handelt, die an Labor, Beobachter und Messgerät gebunden sind. Das ist nicht der Fall. Auch ohne Laboratorien, Beobachter und Messgeräte gehen immer und überall Quantenmöglichkeiten in Fakten über. Allerdings haben sich die Ausdrücke »Messung« und »Messvorgang« zur Charakterisierung dieses Übergangs erhalten, was zu Missverständnissen durchaus Anlass bieten kann. Das »Messgerät« kann zum Beispiel ein Luftmolekül sein, das mit einem Quantenobjekt – zum Beispiel einem Atom – zusammenstößt, das Messgerät kann aber auch die klassische Information des Bewusstseins sein, die an einen materiellen oder energetischen Träger wie Moleküle oder Photonen gebunden ist und welche mit einem sich entwickelnden Gedanken, der als Quanteninformation und damit als Quantenzustand des Bewusstseins vorliegt, »zusammenstößt« und dadurch in analoger Weise, wie der Quantenzustand des Atoms durch das Luftmolekül, gemessen und damit zu einem Faktum wird. Eine Messung kann auch als eine Fragestellung verstanden werden, die an ein Quantensystem gestellt wird. Das System antwortet, indem aus der zu der Frage gehörenden Klasse möglicher Antworten eine ausgewählt wird.[46] Auf die Frage beispielsweise, »rechts oder links?«, kann nur die Antwort »rechts« oder die Antwort »links« erfolgen und nicht etwa »oben« oder »hinten«, da diese nicht zur Klasse möglicher Antworten auf diese Frage zählen. Der Quantenzustand, aus dem das Faktum gewonnen wird, ist nach der Messung nicht mehr vorhanden. Alle Quantenmöglichkeiten sind beseitigt worden, bis auf eine, die Faktum geworden ist. Diese wiederum kann zum Ausgangspunkt neuer Quantenmöglichkeiten werden, wenn von diesem »fak-

---

**44** | Görnitz T. Quanten sind anders. 2006: 181-231.
**45** | Ebd., S. 80.
**46** | Görnitz T, Görnitz B. Die Evolution des Geistigen. 2008: 80.

tischen Punkt« aus ein neuer Quantenzustand »präpariert« wird. Sogleich entsteht ein neuer Quantenzustand, wobei die Quantenmöglichkeiten des neuen Zustandes sich dabei aus neuen und bereits zuvor vorhandenen Möglichkeiten zusammensetzen können. Ein anderer Teil der früheren Quantenmöglichkeiten ist für immer verloren. In einem erneuten Messvorgang kann auch dieser Quantenzustand gemessen und so auf einen faktischen Punkt »gebracht« werden und auch aus diesem Faktum kann ein nächster Quantenzustand präpariert werden. Die dynamische Schichtenstruktur beschreibt dieses fortwährende Wechselspiel aus Präparieren von Quantenzuständen und deren Faktisch-Werden.

## 35

Kurz- und Fehlschlüsse können sich an diese Betrachtungen anknüpfen. Warum die Möglichkeiten eines unbekannten Quantenzustandes beachten, wenn diese ohnehin nicht vollständig erfasst werden können? Warum nicht abwarten, bis nach einem gemessenen Faktum ein nächstes Faktum und dann wieder ein nächstes Faktum gemessen wird. Zuletzt werden diese gemessenen Fakten wie auf einer Perlenschnur aneinandergereiht, bei der die Perlen dicht an dicht aneinander liegen. Dieses Vorgehen entspräche einem Verzicht auf die Quantentheorie und einer alleinigen Beschreibung der Wirklichkeit durch die klassische Physik. Wie bereits angedeutet, gibt es hinreichend viele Bereiche, wo das Perlenschnur-Verfahren der Aneinanderreihung von Fakten hinreichend gute Ergebnisse liefert, weil zur Lösung vieler Probleme die klassische Physik durchaus hinreichend und deshalb angemessen ist. Es hängt, wie ebenfalls angedeutet, von dem zu lösenden Problem und von der Fragestellung ab. Es gibt entscheidende Bereiche der Wirklichkeit, insbesondere des Lebens, wo das Ausblenden der Möglichkeiten und damit der Quantentheorie zu falschen Ergebnissen führen muss. Das Entscheidende: Die vorhandenen Möglichkeiten – und nicht nur die Fakten – können Wirkungen ausüben![47,48] Die Gegenwart wird nicht nur von den Fakten der Vergangenheit, sondern auch von den *jetzt* vorliegenden Möglichkeiten beeinflusst. Karl Popper formuliert das so: »Es sind nämlich nicht die Tritte von hinten, aus der Vergangenheit, die uns vorwärts *treiben*, sondern der Reiz, die Verlockung der Zukunft mit ihren konkurrierenden Möglichkeiten, die uns *anziehen*, die uns *locken*. Das ist es,

---

**47** | Görnitz T, Görnitz B. Die Evolution des Geistigen. 2008: 77.

**48** | Görnitz T. Carl Friedrich v. Weizsäcker. Physiker, Philosoph, Visionär. Enger: Verlag der CFvW-Stiftung; 2012: 6.

was das Leben – und in der Tat auch die Welt überhaupt – ständig anregt, sich zu entfalten.«[49,50]

Die Quantentheorie gilt universell und ist nicht auf Mikro- oder Nanostrukturen begrenzt. Hierbei ist einerseits das Hineinwirken in die als makroskopisch bezeichnete Wirklichkeit an den sogenannten Bifurkationspunkten dynamischer Systeme entscheidend, andererseits wurden heute bereits Quantenobjekte von über einhundert Kilometer Ausdehnung bei Lufttemperatur erzeugt. Dies führt zu einer weiteren Charakterisierung der Quantentheorie als eine »Theorie der Beziehungen«.[51] Ein zentraler Unterschied zwischen Quantenphysik und klassischer Physik besteht in den verschiedenen mathematischen Strukturen. In der Quantentheorie werden Teilsysteme multiplikativ, in der klassischen Physik additiv miteinander verknüpft. Im ersten Falle entsteht ein Produkt, genauer, ein Tensorprodukt, im zweiten Falle eine Summe. Das physikalische Verhalten, das diesen Unterschieden genügt, führt zu dem, was einige Interpreten der Quantentheorie den Holismus, also den ganzheitlichen Charakter der Quantentheorie nennen.[52] Die Bezeichnung der Quantenphysik als eine »Physik der Beziehungen«[53] nimmt hier ihren Ausgang. Sie kann ergänzt werden durch eine quantentheoretische Interpretation der Formulierung, dass das Ganze oft mehr als die Summe seiner Teile ist. Ein Ganzes ist ein Tensor-Produkt, das aus der multiplikativen Verknüpfung von Teilzuständen entsteht.

Ein Quantenzustand kann durch Wechselwirkung gemessen und damit zerstört und beseitigt werden. Ein Faktum entsteht. Entscheidend ist, dass bei *dieser* zerstörenden Wechselwirkung dem Quantensystem sämtliche Informa-

**49** | Popper K. Eine Welt der Propensitäten. Tübingen: J.C.B. Mohr (Paul Siebeck); 1995: 43.

**50** | Karl Popper zieht hier ähnliche Schlüsse aus anderen Überlegungen. Poppers Überlegungen gehen von seinem Vorschlag aus, Wahrscheinlichkeit als ein *Maß von Möglichkeiten* aufzufassen und diesen Möglichkeiten eine »physikalische Interpretation« hinzuzufügen. Karl Popper hat aus diesen Überlegungen das von ihm als Propensitätsinterpretation der Wahrscheinlichkeit bezeichnete Konzept entwickelt, darin Möglichkeiten eben nicht als »bloße Möglichkeiten« und »Abstraktionen« angesehen werden, sondern als »physikalische Tendenzen oder Propensitäten« sich selbst zu verwirklichen. Karl Popper: »Dies ist eine *objektive Interpretation der Wahrscheinlichkeitstheorie*. Sie nimmt an, dass Propensitäten nicht bloße Möglichkeiten, sondern physikalische Wirklichkeiten sind. Sie sind so real wie Kräfte oder Kraftfelder.« Popper K. Eine Welt der Propensitäten. 1995: 22-36; Popper K. Realismus und das Ziel der Wissenschaft. 2002: 328-331.

**51** | Görnitz T. Quanten sind anders. 2006: 101-121.

**52** | Weizsäcker CFv. Zeit und Wissen. 1992: 353.

**53** | Görnitz T. Quanten sind anders. 2006: 101-121.

tion über seine Quantenmöglichkeiten entnommen wird, bis auf eine, die zum Faktum wird. Bei einer anderen Form der Wechselwirkung wird der Quantenzustand nicht zerstört. Diese »konstruktive« Wechselwirkung kann dazu führen, dass zwei Quantenobjekte miteinander zu einem neuen Quantenobjekt, zu einer Quanteneinheit »verschmelzen«. Die Beziehungsstruktur solcher Quanteneinheiten wurde von Erwin Schrödinger (1935) »Verschränkung«[54] genannt, was den Charakter der experimentellen Herstellung solcher Einheiten aus zuvor getrennten Quantenobjekten, zum Beispiel zwei Photonen, kennzeichnet. In den heutigen Beschreibungen der Quantentheorie wird stattdessen auch von Quantenkorrelationen oder kohärenten Zuständen oder auch von Einstein-Podolsky-Rosen-Zuständen gesprochen. Der Ausdruck »Verschränkung« ist aus der Holzverarbeitung bekannt.[55] »Verschränkungen« lassen sich einprägsam an den Schubfächern älterer Möbel beobachten. Ein Seitenblick genügt, um die als »Schwalbenschwänze« bezeichneten Verschränkungen oder Verzinkungen zu erkennen, die die Verbindung der zwei Seitenbretter mit der Front der Schublade bilden. Diese fest verleimten Bretter sind auch nach ihrer Verschränkung zwei Bretter und mühelos als solche zu identifizieren. Anders verhält es sich mit der neu entstandenen Einheit eines Quantenobjektes. Wird aus zwei Photonen durch »Verschränkung« ein kohärenter Quantenzustand erzeugt, entsteht ein Objekt, darin die Eigenständigkeit der einzelnen Photonen aufgehoben ist. Mit dieser neuen »Quantenganzheit« wird der spezielle Charakter dieser Beziehungsstruktur angesprochen, der in der klassischen Physik keine Analogie besitzt. Worin bestehen die Besonderheiten solcher Quanteneinheiten? Wenn zwei getrennte Quantenobjekte – im physikalischen Experiment zum Beispiel zwei Photonen – eine gemeinsame Beziehungsstruktur ausbilden, die zu *einer* neuen Quanteneinheit führt, dann reagiert bei einer darauf folgenden Messung immer das Gesamtsystem – die Quanteneinheit als Ganzes – und zwar sofort und ohne Zeitverzug. Das erscheint im Sinne der klassischen Physik paradox, insbesondere da sich diese sofortige Änderung auch auf räumlich und zeitlich beliebig weit voneinander entfernte Objekte auswirkt. Tatsächlich wurden heute bereits Quantenganzheiten mit einer Größe von über einhundert Kilometer experimentell hergestellt. Nach der klassischen Theorie würde durch die Messung ein Photon beeinflusst, das die Information auf das andere Photon maximal mit Lichtgeschwindigkeit überträgt. Die benötigte Zeit, um von einem zum anderen Photon zu gelangen, wäre dann allerdings länger als *sofort*. Das »andere« Photon, welches

**54** | Schrödinger E. Die gegenwärtige Situation in der Quantenmechanik. In: Neuser W, Neuser-von Oettingen K (Hg.). Quantenphilosophie. Heidelberg: Spektrum; 1996: 21-33. Dieser Artikel wurde erstmalig 1935 in der Zeitschrift »Die Naturwissenschaften« veröffentlicht.

**55** | Görnitz T, Görnitz B. Die Evolution des Geistigen. 2008: 105-111.

erst im Prozess der Messung aus dem »Photonenpaar«[56] entsteht, erfährt die Auswirkung aber ohne Zeitverzug und gerade nicht später, nicht »als Zweites«. In diesem Zusammenhang dürfte ein historischer Hinweis am Platze sein. Albert Einstein hatte gemeinsam mit Boris Podolsky und Nathan Rosen im Jahre 1935 ein Gedankenexperiment vorgeschlagen, das die oben geschilderte, scheinbare Absurdität der Quantentheorie aufzeigen sollte.[57] Wenn die Quantentheorie die Wirklichkeit zutreffend beschreibt, so die damalige Vermutung der Autoren, dann wären »spukhafte Fernwirkungen«[58] die Folge und das sollte man doch nicht annehmen. Das in dem Gedankenexperiment beschriebene Phänomen wurde später nach Einstein, Podolsky und Rosen als EPR-Effekt oder EPR-Paradoxon bezeichnet. Reale Experimente dazu wurden lange Zeit für unmöglich gehalten und sind auch erst viele Jahre nach Einsteins Tod durchgeführt worden. Die Resultate zeigten durchweg andere Ergebnisse, als Einstein, Podolsky und Rosen erwartet hatten. Die Quantentheorie hatte offenbar die Wirklichkeit zutreffend beschrieben. Es sind auch keine »spukhaften Fernwirkungen« im Spiele, sondern die in der mathematischen Struktur der Quantentheorie erfassten »ganzheitlichen Züge« sind für ein Verhalten verantwortlich, das aus der Perspektive der klassischen Physik und der an ihr geschulten Anschauung als paradox erscheinen und auch so bezeichnet werden mag. Die Ausbildung solcher ungeteilten Quanteneinheiten verleiht der Quantentheorie ihre »ganzheitliche Struktur«. Die so entstehenden Ganzen oder Quanteneinheiten oder kohärenten Zustände unterliegen, wie jedes Quantensystem, nicht der »normalen« Zeitentwicklung. Sie verbleiben während ihrer Isolation außerhalb von Raum und Zeit. Carl Friedrich v. Weizsäcker nennt dies die »umfassende Gegenwart«, da für Quantenobjekte keine Zeitfolge existiert.[59]

Wir fassen zusammen: Inhaltlicher Ausgangspunkt des Protyposiskonzeptes ist die abstrakte bedeutungsfreie Quanteninformation. Methodischer Ausgangspunkt ist die von Thomas Görnitz als dynamische Schichtenstruktur bezeichnete Einheit von klassischer Physik und Quantenphysik. Mit der dynamischen Schichtenstruktur werden die mathematisch-physikalischen Grundlagen bereitgestellt, um die Frage nach der Wirklichkeit des Psychi-

**56** | Thomas Görnitz spricht anstelle von »Photonenpaar« von einem »Diphoton«, darin die Einheit bzw. das Ganzheitliche des Geschehens noch deutlicher zum Ausdruck kommt. Görnitz T, Görnitz B. Die Evolution des Geistigen. 2008: 108.

**57** | Einstein A, Podolsky B, Rosen N. Can quantum-mechanical description of physical reality be considered complete? 1935: 777 - 780.

**58** | Albert Einstein schreibt am 3. März 1947 an Max Born: »[...] dass die Physik eine Wirklichkeit in Zeit und Raum darstellen soll, ohne spukhafte Fernwirkungen.« Einstein A, Born M. Briefwechsel. 1991: 210.

**59** | Weizsäcker CFv. Aufbau der Physik. 1985: 612-616.

schen – ausgehend von einer abstrakten bedeutungsfreien Quanteninformation – im Rahmen naturwissenschaftlicher Erfahrbarkeit beantworten zu
können.

# 36

Es besteht kein Zweifel: Die Quantentheorie ist die grundlegende und erfolg-
reichste Theorie der bisher bekannten Physik; dennoch ist sie in die alltäg-
lichen Erfahrungen nicht eingerückt. Die gewaltigen Veränderungen, die vor
mehr als einhundert Jahren ihren Ausgang nahmen, sind in die kulturelle
Gegenwart kaum eingeflossen. In dem Bild der Wissenschaft, das heute noch
das öffentliche Maß bestimmt, sind sie nicht erfasst. Das heutige Bild der Wissenschaft ist von der klassischen Physik geprägt. Die Quantentheorie findet
sich allenfalls auf der Rückseite skizziert, gleichsam als Gebrauchsanweisung
für mikroskopische Sonderfälle, die in der menschlichen Alltagswirklichkeit
keine Rolle spielen und daher für das Bild der Wissenschaft ganz unbedeutend sind. Dieses Bild der Wissenschaft ist mächtig, doch stimmt es mit der
Wirklichkeit nicht überein. Naturwissenschaft ist anders; Quanten sind anders, doch werden sie in diesem Bilde nicht erfasst. Andere, bessere Bilder
existieren.

Bilder der Wissenschaft entstehen nicht aufgrund genauer Kenntnis der
Einzelwissenschaften oder infolge beständiger Reflexion und Diskussion verschiedener naturwissenschaftlicher Auffassungen und mathematisch formulierter Theorien, sondern aus einer allmählich sich entwickelnden und zunehmend sich verfestigenden Vorstellung, wie Naturwissenschaft die Wirklichkeit
zu begreifen und zu erklären versucht und von welcher Art die Ergebnisse
sind, die dieses Unternehmen zu Tage fördert und was sich ihrer Methode ein
für alle Mal entzieht. Das Ganze ist kein bewusster Vorgang mit Kalkül, obgleich durchaus Institutionen mit Einfluss am Werke sind. Die Entwicklung
wirkt in unbezweifelter Stille und schreitet mit Selbstverständlichkeit fort.
Überzeugungen entstehen, die schließlich die öffentlichen Vorstellungen bestimmen und dem hier favorisierten Denken Kurs verleihen. Das heutige Bild
der Wissenschaft lebt von konkreten Bildern. Die anschaulichen Bilder werden an den materiellen Gegenständen einer von außen zugänglichen Welt ge-
schult. Es sind dies die Bilder der klassischen Physik. An sie knüpfen sich Vorstellungen einer durchgehend objektivierbaren Außenwelt, darin materielle
Objekte unter dem Einfluss von Kräften in Zeit und Raum sich bewegen. Nur
was als Fakten mess- und erfahrbar werden kann, zählt zu den realen Gegenständen dieser Welt. Das mechanische Uhrwerk gilt als typisch für die klassische Mechanik dieser Welt. Heute ist die Technik weniger anschaulich und
weit schwieriger einsichtig. Da tauchen andere Bilder auf: Elektromagnetische

Wellenzüge und unsichtbare Kräfte treten an die Stelle plastischer Zahnrad-vorstellungen. Dass auch diese Bilder an Vorstellungen der klassischen Physik sich orientieren, dürfte offensichtlich sein; da auch die Technik meist nur nach greifbaren Produkten beurteilt zu werden pflegt. Allgemein verborgen bleibt, dass Hightech ohne Quantenphysik nicht existieren würde. Die allgemeine Ansicht vieler Natur- und Geisteswissenschaftler geht dahin, dass naturwissenschaftliche Erkenntnis in ihrem Kern auf etwas Festgelegtes und durchweg Berechenbares zielt. Es wird davon ausgegangen, dass Naturwissenschaft eine vollständig festgelegte Wirklichkeit beschreibt, die zwar nicht so einfach wie ein mechanisches Uhrwerk aufgebaut ist, sondern »komplex« und erheblich komplizierter zu durchschauen. Letztlich sei es aber das Ziel jeder mathematischen Naturwissenschaft eine Art Zahlengerüst zu enthüllen, einen strengen Formalismus, durch den die vollständig festgelegte Wirklichkeit lückenlos beschrieben, algorithmisch »abgewickelt« und erklärt werden kann. Diese Ansicht teilen wir nicht.

Warum die Quantentheorie nicht in die alltägliche Erfahrung eingegangen ist, hat gewiss viele Gründe. Ein Grund mag in dem Bedürfnis nach konkreter Erfahrbarkeit in anschaulichen Bildern auszumachen sein, das immer wieder zu Problemen führt, wenn Vorgänge beschrieben werden, die der an äußeren Objekten geschulten Anschauung und damit bildlicher Verständlichkeit zumindest fremd erscheinen. Am Beispiel einer durch Verschränkung entstandenen Ganzheit kann das illustriert werden. Zwei Teile verbinden sich im Experiment zu einer Quantenganzheit und verlieren innerhalb des Ganzen gerade die Eigenschaften, die sie zuvor als Teile ausgewiesen haben. Sie sind in dem Ganzen »aufgegangen« und nun nicht mehr die Teile des Ganzen, keine Bausteine des neuen Objekts. Erst mit der Zerstörung des Quantenobjekts entstehen wieder Teile, wenn auch mitunter andere als jene, die vor der Vereinigung vorhanden waren und die Quantenganzheit gebildet haben. Unser Bedürfnis, auch innerhalb eines solchen Ganzen weiter von Teilen oder Bausteinen und von »bestehen aus« zu sprechen, liegt womöglich auch darin begründet, dass wir unsere bildlichen Vorstellungen an ein in Raum und Zeit lokalisierbares Etwas binden; darin die Nichtlokalität – Bestandteil der naturwissenschaftlich erfahrbaren Welt – nicht erfasst wird. Diese Schwierigkeit kann durch die Verbesserung eigener Ausdrucksschwierigkeiten allein und die Suche nach einer zweckmäßigeren Terminologie nicht aufgelöst werden. Vermutlich hilft jedoch die wiederholte Reflexion des Problems, in der Hoffnung, dass die Ergebnisse dieser Reflexion selbst mit einer späteren Verwendung der Begriffe »Teile«, »Bausteine«, »bestehen aus« verbunden werden. Ferner besteht die Schwierigkeit, die aus der mathematischen Abstraktion geborenen Erkenntnisse in eine anschauliche, verständlichere Sprache zu überführen. Ein Wechselspiel von Bildern und Gedanken kann dabei durchaus eine Hilfe sein. Eine weitere Hilfestellung ist dann zu erwarten, wenn die an materiellen Objekten im Außen geschulte Anschauung durch die an Erlebnisstrukturen im Innen geschulte Anfühlung ergänzt wird, wie zum Beispiel dem Erleben von Ambivalenz. Thomas Görnitz im Gespräch: »Quantentheorie ist die Physik der Ambivalenz«

## 37

Dem Bilder-Abschnitt soll noch ein kurzer Ausschnitt folgen, der als Zwischenstufe aufgefasst und daher ausgelassen werden kann.

### Schlagende Worte

»So wie bisher kann es doch nicht weitergehen«, hieß es aus dem Hauptstrom der Neuronenkonferenz. »Dieses Weltbild der Maschine spukt noch immer hier. Wir lehnen es ab.« Man war sich rasch einig. Schlüsselworte durchquerten wie auf Parteitagen den Raum: Selbstorganisation, Emergenz und Komplexität. Der Hauptstrom selbst war wohl organisiert und hatte seine Kraft aus diesen Wortflüssen gespeist. Ein Naturforscher hatte sich unter sie gemischt und fiel durch unbequeme Fragen auf: »Mit welchen Theorien erklärt ihr diese Welt? Welche Naturgesetze sind es, denen sie genügt, diese selbstorganisierte, emergente und hochkomplexe Welt?« Und nicht zuletzt: »Was für ein Bild setzt ihr an die Maschinenstelle? Sieht dieses wirklich anders aus?« Unbeirrt trat er an das Pult heran. Die Redezeit war kurz. Und er provozierte sodann, als er begann: »Es ist dasselbe Weltbild der Maschine, das hier im Raume steht, nur ohne Schmutz, Benzin- und Ölgeruch. Die Stilisierung zum klinisch reinen Lebensautomaten ändert noch nicht die theoretische Struktur.« Zwischenrufe wurden laut. Die Schlüsselworte hatten sich verdichtet und zu Schlagzeichen formiert: Selbstorganisation. Emergenz. Komplexität.
Seine Rede ließ sich dennoch ruhig an. Was hatte er gesagt? »Die Maschine ist ein Symbol der mechanischen Welt. Hier lässt sich noch ein Verständnis einfacher Funktionen gewinnen und Einsicht in die theoretische Struktur. Das Verhalten der Maschine kann berechnet werden. Die Prognosen sind gut und zuverlässig auch. Wir haben es mit überschaubaren Verhältnissen zu tun. Maschinen fügen sich und das gibt Sicherheit.« Bis zu diesem Punkte herrschte Einigkeit. Aus dem Hauptstrom war kein Widerwort zu hören. Einige nickten sogar. Doch bald drang der Forscher tiefer, zu den heiklen Themen vor:
»Was die Maschine als Modell des Lebens betrifft: Unsere Ablehnung wurzelt im Determinismus der sie begründenden Struktur. Alles an ihr ist festgelegt, sämtliche Funktionen! Sieht Euer Weltbild wirklich anders aus?« Hier begann es zu rumoren. Schlagzeichengewitter: Selbstorganisation. Emergenz. Komplexität. Der Forscher ließ sich nicht beirren und setzte wieder ein:

»Werden Erklärungslücken mit Worten gefüllt, dann wird sogleich nach den erklärenden Theorien verlangt, denen diese Worte vorstehen. Kommen keine Theorien zum Vorschein, dann verhalten sich die Worte wie eine Person, die vorgibt als Bahnhofsvorsteher zu arbeiten, obgleich die Welt, in der sie lebt, keinen Bahnhof hat. Wird auf die Frage, wie eine Wunde heilt, ›durch Selbstheilung‹ geantwortet, dann kommt es dem Naturforscher vor, als würde auf eine Frage keine Antwort, sondern der Auftrag zu einer zweiten Frage gegeben, die er nun selbst zu stellen hat: ›Welchen physikalischen Theorien genügt dieser Heilungsprozess?‹ Ähnlich liegen die Dinge, wenn auf die Frage, wie Bewusstsein entsteht, ›durch Emergenz‹ erwidert wird. Wieder lässt sich nur das schlagende Wort erkennen, das zu nächsten Fragen Anlass gibt. Fragen nach den Theorien, denen diese Emergenz genügt.«

Die Rede war zu Ende. Wie lautete der letzte Satz? »Werden naturwissenschaftliche Modelle in Vorschlag gebracht, die die Quantentheorie nicht einbeziehen, dann beschreiben die Modelle eine festgelegte Welt und auch ein festgelegtes Leben. Hier ist kein Platz für das Neue, auch nicht für echte Kreativität.«

# 38

Wir sind hier an einem Punkte angelangt, wo es geboten scheint, noch etwas weiter abzuschweifen. Also noch eine Zwischenstufe! Das Bild der Naturwissenschaft ist vom Menschen geschaffen und wirkt zugleich auf ihn zurück. Das hat Folgen, die ein bloßes Für und Wider übersteigen. Gestalten tauchen auf oder gewinnen an Kontur, zum Beispiel:

## Der algorithmische Mensch und der Spieler[60]

Der algorithmische Mensch lebt nach eindeutig bestimmten Verfahren, nach festgestellten Formeln und Programmen, deren genaue Ausführung die Lösung seines Lebens ergibt. Er vertraut allein auf die Welt der Regeln und Gesetze, auf automatisierte, autorisierte und kontrollierte Lösungen des Lebens. Fakten, Fakten, Fakten – das ist seine Welt! Seine Skepsis gilt dem »munteren Wurf«, der heiteren Versuchung wie dem überlegten Versuch, ja der ganzen Natur des lebhaften Probierens schlechthin. Der Spieler vertraut auf eine offene Welt, in der das Neue existiert und echte schöpferische Kraft. Möglichkeiten sind es, die ihn locken, leiten, vorwärts ziehen. Er wird von der Macht des Probierens beherrscht. Sie führt, bedingt und bestimmt seine Natur. Der Spieler

---

60 | Krüger R. Der algorithmische Mensch und der Spieler. In: Signum. Blätter für Literatur und Kritik. 12 (2); 2011: 20-23.

wird beherrscht von der Lust am Versuch, auch von der Lust, die aus Fehlern erwacht. Dem durchempfundenen Gefühl, »Hier stimmt etwas nicht«, entspringt die Verlockung zur Korrektur, auch die Idee zum nächsten Wurf, frei von dem Verlangen nach Schablone und formalisiertem Regelwerk.

Die Unterschiede zwischen dem algorithmischen Menschen und dem Spieler werden in ihrer Auffassung des Lebens offenbar, den Verschiedenheiten ihres Denkens, Fühlens, Wollens, der Begegnung mit der Welt. Der Spieler folgt seiner Neugier durch Idee und Versuch, der algorithmische Mensch, indem er Angebote prüft und eine Auswahl trifft. Der algorithmische Mensch verfolgt Zwecke und Ziele, hat durchweg Fakten und Ergebnisse im Auge. Erzielen, Erreichen, Erzeugen – fehlerlos und auf dem schnellsten Weg! Der Spieler unterscheidet das Spiel ohne Zweck, das eigentliche Spiel, vom »Spiel« auf algorithmischen Feldern, bei dem ihm ein Ziel vorgegeben wird, nur ist der Weg dorthin noch nicht bekannt. Das Spiel ist hier nur Methode, um das gesetzte Ziel auf schnellstem Wege zu erreichen. Der Spieler sieht sein eigentliches Ziel im Erreichen des Spiels. In *seinem* Spiel zeigen sich Produkte erst am Ende des Spiels, treten allmählich, plötzlich oder gar nicht zu Tage. Sie waren vor dem Spiel noch nicht bekannt, konnten also nicht in seiner Absicht liegen. Der Spieler könnte freilich nachträglich erklären, dass die Produkte seines Spiels auch seine Ziele waren und dass es schon immer sein Motiv gewesen, diese Produkte zu erzeugen. Der Spieler vertraut auf die Freiheit der eigenen Idee, auf Möglichkeiten, Vielfalt und Optionen; denn *das* ist seine Welt.

Der algorithmische Mensch sucht das Vorgegebene. Anstelle des Spiels tritt bei ihm der automatische Gebrauch. Zwar verfügt auch er über zaghaft spielerische Züge, noch immer verbirgt sich das Kind auch in ihm; doch hat er die Fähigkeit zu spielen eingebüßt. Er hatte das Spiel ja nie vermisst, brauchte es auch nicht auf *seinen* Wegen. Und auch der Spieler gehorcht manchem Regelwerk, nutzt Formeln und Programme und bindet sie ein in sein Spiel. Den Programmen im täglichen Einerlei, wie sie dem Zähneputzen oder Autofahren innewohnen, folgt auch er und versucht nicht jede Nichtigkeit auf Sinn und Unsinn zu prüfen oder überspitzt zu hinterfragen. Doch verliert er sein Ziel nie aus den Augen, endlich zu den Plätzen seiner Lust und Spiele zu gelangen.

Wenn die Vorgänge des Lebens nach Mustern und Schablonen ausgerichtet sind, Regelwerke planvoll ineinandergreifen, im Gleichklang der Getriebe, automatisch, formelhaft, dann durchströmt uns algorithmische Kultur, in welcher der Spieler nur noch als Kind und als Einzelner erscheint. Der Spieler lebt am Rande, auf den Hinterhöfen algorithmischer Kultur. Von dort aus kommt er kaum zum Zuge, wagt sich auch selten nur hervor. Die Umgebung entmutigt und verlangt nicht nach ihm. Schon in der Schule gerät er in Konflikt. Bei der Lösung einer Aufgabe wird Rechenschaft über Teilschritte verlangt, die der

Spieler nicht als Teilschritte anerkennt, da er den Weg zum Ziel nicht als Kette unterscheidbarer Glieder und messbarer Fakten erlebt.

Schon die Eigenschaft, auf eigenen Plätzen zu verweilen, verträumten Blickes und nur zum Spiele bereit, lässt den Spieler im Kreise der Verdächtigen erscheinen. Der Spieler und die Kunst: Vincent Van Gogh berichtet in einem Brief an seinen Bruder Theo über die Anstrengungen und Schwierigkeiten, die Farbeneffekte eines Buchenwaldes, besonders die des Waldbodens wiederzugeben.[61] »Das zu malen war eine Quälerei.« Ausführlich beschreibt er die Probleme, die sich ihm auftaten und wie er sie, weit entfernt von einer »angelernten Manier oder einem System«, zu lösen versuchte. Van Gogh beschreibt das Problem, das den Spieler trennt von jeder algorithmischen Kultur: »In gewissem Sinne bin ich froh, dass ich das Malen nicht gelernt habe. Vielleicht hätte ich dann gelernt, solche Effekte wie diese zu übersehen«.[62] In gleicher Weise zeigt sich das Problem, wenn der Spieler unter die Forscher der Wissenschaft gerät, der Wissenschaft in einer algorithmischen Kultur. »Hier müssen Sie noch begründen, warum Sie diesen Weg gegangen sind?«, wurde der Spieler gefragt. »Da waren Gedanken, Einfälle, Ideen; auch hatte ich die Lust am Versuch«, lautete die wahre Antwort, die freilich nicht im Bericht erschien. Ein Gedankengang übernahm ihren Platz, in dem jeder Gedanke den nächsten vollständig bestimmt. Jeder Einfall, jeder Versuch, jede Idee soll aus den vertrauten Umständen der Umgebung abzuleiten sein. Für den Spieler folgt daraus, dass er das Spiel nachträglich in künstliche Glieder zerlegt, als seien diese notwendige Folgerung und zwingend ableitbare Form. Von wegen Einfälle, Versuche, Ideen aus dem Nichts, im Traume erwacht oder im Bilderspiel der Phantasie. Jedes Ergebnis, jedes Produkt, jeder kleine Schritt, ja jede Entdeckung des Neuen gilt hier als notwendige Folgerung der algorithmischen Aktion. Der Spieler, der sich hier als Spieler zu erkennen gibt, hat ausgespielt.

Wenn die Bedürfnisse des algorithmischen Menschen mehr verlangen, als sämtliche ihm vertrauten Regeln und Gesetze zu leisten vermögen, spricht er von einer Krise der Kultur. Alle Formeln und Regelwerke werden noch einmal auf Herz und Nieren geprüft, geradezu ausgewrungen. Bleibt dies alles ohne Erfolg, dann wachsen Spannung, Bangen, Unbehagen, die Lage spitzt sich zu. Bisher sah der algorithmische Mensch seine Kultur nur durch den Spieler gefährdet, der sich zu allen Zeiten Anspielungen vorbehält, und nicht nur in Zeiten, die der algorithmische Mensch als eine Zeit der Krise beschreibt. Wird ein Regelwerk durch ein anderes abgelöst oder neue Regeln und Gesetze treten erweiternd hinzu, findet Entwicklung statt. Ein seltener Vorgang in einer algorithmischen Kultur. Dabei fällt auf, dass an den Übergängen plötzlich der

---

**61** | Gogh Vv. In seinen Briefen. Frankfurt a.M.: Insel Verlag; 1977: 70-71.
**62** | Ebd.

Spieler sein produktives Wesen treibt. Das ist die Zeit, wo er Lust und Zündpulver verspürt. Wenn etwas Neues geschieht, dann hat er seinen Kopf im Spiele. Wenn sein Geist, dieser lebendige Nebel, in Lust und höchste Spannung versetzt, aufsässige Träume entfacht und endlich Ideen strömen lässt, dann lebt der Spieler.

Nach Abklingen seiner Lust endet das Spiel. Der Spieler zieht sich in seine Einöden zurück. Der algorithmische Mensch bevölkert die neuen Wege, befestigt sie nach eigenem Regelwerk. Er übernimmt die Herrschaft über das Plateau, die sichere Ebene ohne Gefahr.

# Normung und Einzelfall

Qualität wurde durch Normung ersetzt.

ERNST JÜNGER[1]

## 39

Psychotherapeuten und Psychiater spüren nicht selten ein gewisses Unbehagen, wenn sie die zahllosen Unwägbarkeiten der menschlichen Psyche und das immer wieder Einmalige des therapeutischen Prozesses inmitten von Regeln, Algorithmen und Messschablonen abgebildet sehen. Ob dabei nicht doch etwas verloren geht? Es fällt ihnen nicht leicht, in einem Verfahren, das die Psyche des Menschen zunehmend der Normung unterstellt, noch den Menschen zu erkennen, mit dem sich eine therapeutische Beziehung herausgebildet hat. Irgendetwas sträubt sich in ihnen, alles verbindlich messen, vergleichbar skalieren, generalisierbar operationalisieren zu sollen, sowohl mit Testbatterien der eigenen Schule als auch mit Durchleuchtungsapparaten und sonstigem Messgerät. Ein solches Unbehagen wird nicht selten allein auf mangelnde Kenntnis wissenschaftlicher Methoden oder auf unzeitgemäße Ignoranz zurückgeführt. Kritik der Normung trägt sogar zur Verschärfung des Verfahrens bei. Bald wird noch präziser zergliedert, exakter normiert und endlich »richtiger« operationalisiert. Es kann freilich weiter gefragt werden, ob in dem unbehaglichen Gefühl nicht durchaus anderes verborgen liegt, zum Beispiel die naturwissenschaftlich begründbare Erkenntnis und Erfahrung, dass psychische Vorgänge in ihrer Einheit und Fülle gar nicht vollständig erfasst, gemessen und normiert werden können, und dass aus dem engen Winkel einer sich ausschließlich an gemessenen Fakten orientierenden Zergliederungskultur sogar Entscheidendes aus dem Blick geraten muss.

Zwei Bemerkungen dazu:

Erstens: Gedanken sind Quanteninformation; sie liegen als Quantenzustände vor. Aus naturgesetzlichen Gründen ist es unmöglich, von einem un-

---

1 | Jünger E. Eumeswil. In: Jünger E. Sämtliche Werke. Band 17. Stuttgart: Klett-Cotta; 1980: 196.

bekannten Quantenzustand vollständige Kenntnis »von außen« zu erlangen, da dieser »nicht gemessen werden kann, ohne dass man erwarten muss, ihn bei der Messung und durch diese zu verändern.«[2,3] Quantenzustände können nicht kopiert werden. Daraus folgt, dass ein werdender Gedanke immer nur der Person vollständig bekannt sein kann, die ihn hergestellt und innehat, die der Inhaber des Gedankens ist. Messapparaturen und Therapeuten befinden sich notwendig außerhalb. Sie haben den Gedanken nicht inne, sondern außen, sind nicht seine In-, sondern Außenhaber. Der Untersucher kann keine vollständige Kenntnis von dem im Bewusstsein einer anderen Person sich entwickelnden Gedanken erlangen, nicht aufgrund messtechnischer Ungenauigkeit, die durch verbesserte Apparaturen womöglich behoben werden könnte, sondern aufgrund der Gesetzmäßigkeiten der Quantentheorie selbst. Die vollständige Kenntnis aller psychischen Zustände und Vorgänge einer anderen Person ist aus naturwissenschaftlichen Gründen unmöglich. Die Psyche ist reicher als das, was vermittels klassischer Mess- und Normungstechniken von ihr erfahren werden kann.

Zweitens: Hier werden einige Überlegungen zum Verhältnis von Einzelfall und Regel bzw. von Einzelfall und Naturgesetz wiedergegeben, wie sie zum allgemeinen Verständnis naturwissenschaftlicher Erfahrbarkeit hilfreich sein können.[4] Die Anwendung von Regeln und Gesetzen setzt viele gleiche Fälle voraus. Gleiche Fälle kommen aber nur in Näherungen vor. Das tatsächlich Gleiche wird erst durch Abstraktion erzeugt, das heißt, bestimmte Merkmale werden berücksichtigt, alle übrigen ignoriert. So ist zum Beispiel ein Patient, je genauer er untersucht wird, der einmalige Herr Müller mit seiner nur ihn kennzeichnenden Biographie, einschließlich seiner Psyche, seinen Gedanken und Gefühlen, seinen Herzkranzgefäßen und Kaliumwerten – jetzt und hier. Die Anwendung von Regeln und Gesetzen verliert, je genauer Herr Müller untersucht und je weniger seiner Eigenschaften ignoriert werden, zunehmend ihren Sinn. Wenn ausnahmslos alle Eigenschaften berücksichtigt werden, dann ist die genaueste Beschreibung, die eines Einzelfalls, erreicht und Regeln und Gesetze lassen sich auf das Ganze dieser Einmaligkeit – auf den ganzen Herrn Müller – nicht anwenden. In der Praxis des Arztes ist die folgende Erfahrung keine Seltenheit: Je genauer der Arzt einen Patienten kennenlernt, zum Beispiel unseren Herrn Müller mit einer »depressiven Episode mittleren Schweregrades«, desto mehr entfernt sich der Patient aus der die Diagnose erzeugenden Schablone, also dem diagnostischen Regelwerk, das der Arzt selbst zuvor auf das psychische Geschehen des Patienten angewendet hat. Er hat zugleich andere Patienten vor Augen, deren Symptomatik die gleiche Diagnose

**2** | Görnitz T, Görnitz B. Der Kreative Kosmos. 2008: 88.

**3** | Görnitz T, Görnitz B. Die Evolution des Geistigen. 2008: 277.

**4** | Ebd., S. 26-38.

ergeben hat und doch waren diese »Fälle« vollkommen verschieden. Dabei hat der Arzt die jeweilige Psychopathologie, die immer eine aus der Abstraktion geborene Schematisierung darstellt, durchaus zutreffend erfasst, vorausgesetzt freilich, es handelt sich nicht um eine falsche Diagnose oder die Krankheitsepisode ist nicht bereits vorüber. Kurzum: Bei einem diagnostischen und therapeutischen Vorgehen, das sich allein auf das in Regeln und Gesetzen Erfassbare beschränkt, bleiben immer Eigenschaften unberücksichtigt. Darunter können wesentliche Eigenschaften sein.

Natürlich folgt aus alledem nicht, dass manchem Unbehagen und skeptischem Vorbehalt nicht durchaus anderes innewohnt, zum Beispiel tatsächlich nur Ignoranz oder auch Unkenntnis wissenschaftlicher Methoden. Auch sind daraus keine Einwände gegen die Messbarkeit und ihre Apparate abzuleiten. Es ist aber ein Einwand gegen ihre Diktatur, gegen die Alleinherrschaft und den Machtanspruch klassischer Messkultur, die ihre Vorstellungen über die menschliche Psyche allein auf gemessene Fakten zu gründen versucht und damit einen Teil der naturwissenschaftlich erfahrbaren Wirklichkeit – die Realität der Möglichkeiten – ignoriert. Nicht nur gemessene Fakten, sondern auch Möglichkeiten können jetzt Wirkungen, auch pathologische erzeugen. Die alleinige Erfassung der menschlichen Psyche aus dem engen Winkel eines operationalisierenden Zergliederungsgeistes der klassischen Physik ist vom Standpunkt der Naturwissenschaften verfehlt.[5]

# 40

Was den Fachgebieten der Psychosomatik und Psychiatrie oft als Eigenheit und Mangel angestrichen wird, hat offenkundig mit der geringen Zahl klassischer Messobjekte zu tun, die hier als Fakten vorzuweisen sind. Manche Eigenheit besteht jedoch auch ohne dass sie durch einen Verweis auf ungestillte Faktenbedürfnisse und fehlende Messobjekte zu begründen sind. Eine gibt sich bereits in der Namensgebung kund, zum Beispiel wenn es heißt, Klinik oder Facharzt für Psychiatrie und Psychotherapie. Im Unterschied zur Augenheilkunde, zur Kardiologie oder zur Orthopädie, wird hier selektiv eine ganze Sparte an Therapieformen, die Psychotherapie, mit auf das Tür- und Namensschild gesetzt, andere Therapieformen aber nicht. Es finden sich weder Kliniken oder Fachärzte für Psychiatrie und Pharmakotherapie noch für Orthopädie und operative Behandlungen.

Eine tiefer liegende Eigenart führt unmittelbar in die Inhalte des Psychischen hinein. Wie in anderen Bereichen auch, gibt es in der Psychiatrie und

5 | Krüger R. Im Engen Winkel. In: Signum. Blätter für Literatur und Kritik. 13 (2); 2012: 6-7.

Psychosomatik verschiedene Therapieverfahren. Dennoch besteht ein grund-sätzlicher Unterschied, auf den hier hingewiesen werden soll. Bei Erkran-kungen der Orthopädie gibt es operative und nichtoperative Verfahren und innerhalb beider Gruppen wiederum verschiedene Methoden. Trotz Leitlinien-diktatur: Es gibt Fälle, bei denen ein Orthopäde allein aufgrund seiner Erfah-rungen bei einer Erkrankung verschiedene Therapiemethoden erwägen und auch vorschlagen wird. Andere Orthopäden mit anderen Erfahrungen werden womöglich noch andere Therapievorschläge unterbreiten. Worüber sich aber wohl alle Ärzte einig sind und sich in einer Sprache zu verständigen wissen, sind Anatomie und Physiologie und deren pathologische Veränderungen, zum Beispiel beim Aufbau eines Kniegelenkes.

Anders in der Psychiatrie und Psychosomatik. Über die Beschaffenheit und Dynamik der menschlichen Psyche, ihre »Anatomie« und »Physiologie«, besteht in entscheidenden Punkten keine Einigkeit und zum Teil sogar Wider-spruch, wie zum Beispiel über die Struktur und Funktion des Unbewussten und die Bedeutung im therapeutischen Prozess. Auch wenn wir uns über die Grenzen der Analogie – Körperanatomie ist nicht gleich psychische Beschaf-fenheit und Physiologie ist nicht gleich Psychodynamik – bewusst sind; es ist offensichtlich, dass hier noch Fragen offen sind. Richtet ein Patient an einen oder mehrere Orthopäden die Frage, wie denn sein erkranktes Kniegelenk be-schaffen sei und ob sich das zerstörte Knorpelgewebe regeneriere, dann wird er von allen Orthopäden gleiche oder ähnliche Antworten zu erwarten haben, auch wenn die Vorschläge im Hinblick auf die Therapie ganz unterschiedlich sind. Anders in der Psychotherapie. Stellt hier ein Patient die Frage, wie denn seine Psyche beschaffen sei, welche Struktur und Funktion das Unbewusste habe und welche Rolle es im therapeutischen Prozess einnehmen werde, wird er mit ganz unterschiedlichen Antworten zu rechnen haben, je nach dem The-rapieverfahren, das die befragten Ärzte und Therapeuten anwenden oder zu-mindest in der Behandlung favorisieren. Soll der Patient aber annehmen, dass die Beschaffenheit und Dynamik *seiner* Psyche von den jeweils befragten Psy-chiatern und Psychotherapeuten und deren »Schulen« abhängen?

# 41

Kehren wir auf die Hauptstraße unserer Gedankenfolge zurück: Werden die Quantenzustände von Information untersucht, so ist diese Information Quan-teninformation. Sie umfasst die Fülle aller Quantenmöglichkeiten, die ein Quantenzustand enthalten kann. Die Einheit der Quanteninformation ist das Quantenbit oder kurz Qubit. Werden die Möglichkeiten eines Quantenzustan-des auf ein einzelnes Faktum eingeschränkt, entsteht klassische Information. Die Einheit der klassischen Information ist das Bit, genauer, das Ja-Nein-Bit oder Null-Eins-Bit. Klassische Information ist objektivierbare Information und damit verschiedenen Messinstrumenten und Personen im Prinzip zugänglich. Für Quanteninformation gilt dies nicht. Ein jetzt vorliegender Quantenzustand kann von einem außenstehenden Gerät oder Beobachter aus naturgesetzlichen Gründen nicht vollständig so erfasst und gemessen werden, wie er jetzt vorliegt. Eine perfekte, ideale, ja idealisierte Messapparatur ändert daran nichts. Quantenbits beschreiben mögliche Entscheidungen – Entscheidungen, die getroffen werden können. Klassische Bits beschreiben faktische Entscheidungen – Entscheidungen, die getroffen worden sind. Null-Eins-Bits können nur zwischen Null und Eins wechseln. Entweder Null oder Eins – dazwischen gibt es nichts. Im Unterschied dazu besitzen Quantenbits Zustände, die sich zwischen Null und Eins kontinuierlich verändern können. Diese Zustände kontinuierlicher Veränderungen betreffen allerdings nicht den Bereich der Fakten, sondern den Bereich der Möglichkeiten, die Potentialität. Eine Darstellung, die, ohne auf die mathematischen Strukturen zu verweisen, zu einer anschaulichen Vorstellung der Unterschiede zwischen klassischen Bits und Quantenbits verhilft, muss mit Schwierigkeiten verbunden sein. Thomas Görnitz hat ein Beispiel dazu angegeben, einen Fingerzeig, eine Metapher: Eine Person wird gefragt: »Hebe den linken oder den rechten Arm«. Das klassische Bit wird in diesem Bilde dadurch »verkörpert«, dass die Person entweder den rechten oder den linken Arm hebt, während sie dabei auf der Stelle steht. Das Quantenbit zeigt sich »anders«, da die Person sich zugleich um die eigene Körperachse dreht und erst mit der Antwort – dem Heben des rechten oder des linken Armes – zum Stillstand kommt.

In den heutigen informationstheoretischen Konzepten der Hirnforschung, Neurobiologie und kognitiven Psychologie wird das Denken überwiegend als Aktivität eines Systems der Informationsverarbeitung »analog zu der Arbeitsweise eines Computers«[6] verstanden. Gedanken aber, die noch mit vielen anderen Vorstellungen, Ideen und Bewertungen assoziativ verbunden sind, entwickeln sich nicht analog zur Arbeitsweise eines Computers. Mögliche oder werdende Gedanken sind keine Null-Eins-Bits, sondern quantisierte Information, Quanteninformation. Formulieren wir einen Gedanken, der sich allmählich aus dem »Assoziationsgemenge« herausschält, entsteht erst mit der Formulierung, welche physikalisch einer Messung entspricht, computeranaloge, klassische Null-Eins-Bit-Information. Die anderen Möglichkeiten, die im Assoziationsgemenge eben noch vorhanden waren, sind im Augenblick der Formulierung verloren.

Werdende oder mögliche Gedanken sind Gedanken, die gedacht werden können. Sie sind Quanteninformation. Der werdende, sich sprachlich formen-

6 | Gauggel S. Was ist Kognition? Grundlagen und Methoden. In: Kircher T, Gauggel S. Neuropsychologie der Schizophrenie. Berlin, Heidelberg: Springer; 2008: 15.

de Gedanke ist mit all seinen Möglichkeiten und assoziativen Verknüpfungen nur der denkenden Person in ihrer Selbstkenntnis bekannt. Faktische Gedanken sind Gedanken, die gedacht worden sind. Als faktischer Gedanke ist Quanteninformation in ihrem klassischen Grenzfall präsent und damit klassische Information. Wir können sie aussprechen. Gedanken, die ausgesprochen sind, liegen als prüfbare Fakten oder Dokumente vor.

Die Schichtenstruktur beschreibt den Übergang vom Möglichen zum Faktischen und umgekehrt. Wird ein sich sprachlich formender, ein werdender Gedanke in der Formulierung fixiert, handelt es sich, aus physikalischer Sicht, um eine Messung. Das Resultat ist der gedachte, der formulierte, der faktische Gedanke, die faktische Realisierung einer Möglichkeit. Der entstandene Gedanke kann sogleich zum Ausgangspunkt eines nächsten Gedankens werden. Dieser wird sich dabei aus neuen und zuvor bereits vorhandenen Quantenmöglichkeiten zusammensetzen. Ein anderer Teil der früher vorhandenen Quantenmöglichkeiten ist jedoch für immer verloren.

# Psychische Strukturen

## 42

Betrachten wir das Wort Information. In dem lateinischen Wort *forma* ist die Vielfalt der griechischen Wortbedeutungen für εἶδος, ἰδέα, μορφή und τύπος vereint.[1] *Informatio* wird als *Formung* und *Gestaltung,* aber auch als *Bildung* übersetzt. Das Verb *informare* gibt sich zwiefach zu erkennen, indem sowohl die Bedeutungen von *formen, gestalten* und *bilden* als auch von *in Kenntnis setzen, mitteilen* und *unterrichten* ausgedrückt werden. Diese Doppelnatur ist auch in den Worten *Bildung* und *sich bilden* vereint, die sowohl Formung von Gegenständen als auch Unterrichtung von Personen bedeuten können. Der Eiszapfen bildet sich an der Dachrinne. Der Leser bildet sich in der Bibliothek.

Carl Friedrich v. Weizsäckers Bestimmung der Information verrät einen engen Bezug zur griechischen Philosophie sowie zur Herkunft und Entwicklung des Begriffs innerhalb der abendländischen Kultur. Weizsäcker schreibt:

»Ich behaupte, es muss möglich sein, den Informationsbegriff als ein Maß für die Menge an Struktur aufzufassen, für die Menge an Gestalt, für die Menge an Form. Ich gebrauche absichtlich alle drei Wörter, um zu sagen, dass der Begriff, den ich hier meine, durch keines dieser Wörter voll gedeckt wird. Ich meine, dass dieser Begriff noch am besten durch den Begriff *Eidos* gedeckt wird, den wir aus der griechischen Philosophie kennen. Aber da die meisten Menschen keine griechische Philosophie können, hilft ihnen das gar nichts. Also sagen wir: *Die Menge von Struktur.*«[2]

Und an anderer Stelle: »Es ist das platonische Eidos, die aristotelische Form, so eingekleidet, dass auch ein Mensch des 20. Jahrhunderts etwas von ihnen ahnen lernt.«[3] Wir sind damit an dem Punkte angelangt, wo die angekündigte

---

**1** | Eine ausführliche und umfassende Darstellung findet sich bei Capurro R. Information. Ein Beitrag zur etymologischen und ideengeschichtlichen Begründung des Informationsbegriffs. München, New York, London, Paris: Sauer; 1978.

**2** | Weizsäcker CFv. Reden in der Leopoldina. 1992: 104.

**3** | Weizsäcker CFv. Die Einheit der Natur. 1982: 51.

Ablösung des Objektbegriffs durch den Begriff Struktur für mögliche Bewusstseinsinhalte ein- und durchsichtiger wird. Erinnern wir uns noch einmal an das Gedankenexperiment zu Beginn der Untersuchung: Alles, was der darin geschilderten Person *einfiel* und *durch den Kopf ging*, nannten wir mentale oder geistige oder seelische oder psychische Vorgänge, die Inhalte ihres Bewusstseins. Wir fragten ferner, was diese Inhalte sein können, was den subjektiv erfahrenen Erlebensraum einer menschlichen Psyche auszufüllen vermag und wir hatten das Vorgefundene unter dem Begriff *psychische Objekte* zusammengefasst. Wir folgen nun dem v. Weizsäcker'schen Ansatz und bezeichnen das Vorgefundene als eine »Menge von Struktur«, genauer, als eine Menge von *psychischer Struktur*; schließlich wurde der Gedanke im Protyposiskonzept als Information, als Quanteninformation identifiziert. Daraus folgt Weiteres: Wenn psychische Strukturen wie Gedanken, Vorstellungen, Bewertungen, Erwartungen mithilfe des Protyposiskonzeptes der Quanteninformation auch naturwissenschaftlich erfasst werden können, dann gilt dies auch für Veränderungen dieser Strukturen, die innerhalb der Psychiatrie und Psychosomatik als pathologisch bezeichnet werden.

Der hier verwendete Ausdruck *psychische Struktur* ist nicht zu verwechseln mit Strukturbegriffen, wie sie in der älteren Psychologie etwa von Wilhelm Dilthey oder von Felix Krüger eingeführt worden sind. Er ist auch nicht identisch mit der Auffassung von der Struktur einer Person, die im System der Operationalisierten Psychodynamischen Diagnostik (OPD) entwickelt worden ist, obgleich sich natürlich Verwandtschaften, Ähnlichkeiten und auch Überschneidungen ergeben. Im OPD-System beispielsweise wird unter der Struktur einer Person eine »für den Einzelnen typische Disposition des Erlebens und Verhaltens«[4] verstanden. Dabei ist die »unbeeinträchtigte«, also nicht pathologische psychische Struktur durch eine möglichst »flexible und kreative Verfügbarkeit über Funktionen«[5] charakterisiert, die »intrapsychisch und interpersonell regulierend bzw. adaptiv wirken«[6], die also für die Organisation des Selbst und seine Beziehungen zu den inneren und äußeren »Objekten« erforderlich sind.

Unter pathologischen psychischen Strukturen verstehen wir zunächst die Gedanken, Vorstellungen, Bewertungen, Erwartungen und Gefühle, die sich innerhalb einer psychischen Störung oder Krankheit entwickeln können, beispielsweise Wahngedanken, Zwangsgedanken, illusionäre Verkennungen oder Halluzinationen, oder auch, wenn bei einer an Depression erkrankten Person von depressiven Bewertungen und von negativen Gedanken gesprochen wird.

---

**4** | Arbeitskreis OPD (Hg.). Operationalisierte Psychodynamische Diagnostik. Grundlagen und Manual. 2001: 67-77.

**5** | Ebd.

**6** | Ebd.

Über letztere gibt zum Beispiel der von Virginia Woolf an ihren Ehemann verfasste Abschiedsbrief eindrucksvoll Auskunft.[7] Die darin ausgedrückten Gedanken enthalten ein entschiedenes »Nein« zur eigenen Zukunft und zur eigenen Person. Allein fünf Mal finden sich mit »I can't« verbundene Formulierungen, die hier – im biographischen Kontext des Briefes, einer Krankheitsgeschichte – das depressive Erleben eigener Insuffizienz und Ausweglosigkeit anzeigen: Ich kann mich *nicht* konzentrieren, ...*nicht* länger kämpfen, ...*nicht* richtig schreiben, ...*nicht* lesen, ...dein Leben *nicht* länger ruinieren.

Wir zählen auch komplexere Gebilde wie ambivalente Gedanken und Gefühle zu den psychischen Strukturen, die den subjektiven Erlebensraum bevölkern können. Thomas und Brigitte Görnitz haben bereits einige Schritte aufgezeigt, wie pathologische Veränderungen psychischer Strukturen und die damit verbundenen Störungen und Krankheiten in naturgesetzliche Erklärungsmodelle einzubinden sind. Anhand einer Vektordarstellung wurde ein quantenphysikalisches Modell der Ambivalenz vorgestellt.[8] Bei der psychischen Struktur der Ambivalenz kommt die Quantenstruktur besonders charakteristisch zum Vorschein, oder richtiger wohl, zur »inneren Anfühlung«. Der Psychiater Christian Scharfetter bezeichnet Ambivalenz als »das gleichzeitige Bestehen von Ja und Nein, das Nebeneinander von positiven und negativen Gefühlen, Stimmungen, Strebungen, Einstellungen, ›Einsichten‹«.[9] Ambivalenz ist vielfältig. Denken wir beispielsweise an sogenannte Zustandsgefühle wie Wehmut und Sehnsucht, die, wie der Psychiater Kurt Schneider hervorhebt, nicht immer »eindeutig angenehm oder unangenehm sind«.[10]

---

**7** | Virginia Woolf hat den folgenden Brief an ihren Ehemann Leonard Woolf geschrieben, kurz bevor sie sich Ende März 1941 das Leben nahm. »Dearest, I feel certain I am going mad again: I feel we can't go through another of those terrible times. And I shan't recover this time. I begin to hear voices, and I can't concentrate. So I am doing what seems the best thing to do. You have given me the greatest possible happiness. You have been in every way all that anyone could be. I don't think two people could have been happier till this terrible disease came. I can't fight any longer. I know that I am spoiling your life, that without me you could work. And you will I know. You see I can't even write this properly. I can't read. What I want to say is I owe all the happiness of my life to you. You have been entirely patient with me and incredibly good. I want to say that – everybody knows it. If anybody could have saved me it would have been you. Everything has gone from me but the certainty of your goodness. I can't go on spoiling your life any longer. I don't think two people could have been happier than we have been. V.« Webb R. Virginia Woolf. Writer's life. London: The British Library; 2000: 113.

**8** | Görnitz T, Görnitz B. Die Evolution des Geistigen. 2008: 269.

**9** | Scharfetter C. Allgemeine Psychopathologie: Eine Einführung. Stuttgart, New York: Thieme; 1996: 167.

**10** | Schneider K. Klinische Psychopathologie. Stuttgart, New York: Thieme; 1992: 73.

Mitunter wird Ambivalenz aber auch beeinträchtigend, schmerzlich, quälend erlebt, gerade wenn es sich um das gleichzeitige Vorhandensein gegenläufiger Gefühle, Vorstellungen oder Gedanken handelt, die auf eine Handlung zielen und eine Entscheidung abverlangen. Als Verhalten schließen sich bestimmte Handlungsweisen aus. Wir können uns nicht gleichzeitig an zwei verschiedenen Orten befinden, sagen wir in Weimar und in Berlin. Es ist auch nicht möglich, gleichzeitig mit einer Person zusammen und von ihr getrennt zu sein. Im subjektiven Erleben hingegen können diese als Fakten sich ausschließenden Handlungen durchaus gleichzeitig vorliegen, und zwar als Möglichkeiten. Wenn aber eine Entscheidung getroffen worden ist, dann ist damit ein Fakt entstanden, zum Beispiel zu Gunsten des jetzigen Zusammenseins. Damit ist ein Teil der eben noch vorhandenen Möglichkeiten, zum Beispiel doch Distanz zu halten und voneinander entfernt zu sein, verloren. Aus soeben noch »gemischten Gefühlen« können, besonders bei Personen, die im Konfliktfeld »Autonomie-Gebundenheit« besonders spannungsreich agieren, mit der Entscheidung auch »schmerzliche Gefühle« entstehen. Diese Gefühle und auch die damit verbundenen Gedanken sind Quanteninformation, die als Information über den Verlust dieser Möglichkeiten interpretiert werden können.

Eine weitere psychische Struktur, die das ambivalente Zusammenwirken von Möglichkeiten besonders charakteristisch zum Vorschein bringt, hat der Psychiater Hubert Tellenbach in seiner Abhandlung über die »Melancholie« untersucht.[11] Gemeint ist die *Verzweiflung*, für Tellenbach Kennzeichen der »initialen depressiven Situation«.[12] Bereits das Wort »Verzweiflung«, darin der »Zweifel« und darin die »Zwei«, deuten auf Zwiefaches und Zwiespältiges hin. »Wir nennen Verzweiflung das Befangen*bleiben* im Zweifel.«[13], schreibt Tellenbach und bestimmt die Verzweiflung als ein »Hin und Her, ein Alternieren, so dass eine endgültige Entscheidung nicht erreichbar ist. [...] Der Verzweifelnde muss sich in Möglichkeiten aufhalten, deren keine noch Wirklichkeit geworden ist.«[14] Tellenbach bestimmt das Spezifische der melancholischen Ver-

---

**11** | Tellenbach H. Melancholie. Zur Problemgeschichte, Typologie, Pathogenese und Klinik. Berlin, Göttingen, Heidelberg: Springer; 1961: 140-144.

**12** | Ebd., S. 141.

**13** | Ebd.

**14** | Wir wollen hier auf eine Formulierung hinweisen, die unbedacht in Konflikt mit den Erkenntnissen der Quantentheorie geraten kann. Hubert Tellenbach postuliert einen Gegensatz von Möglichkeiten und Wirklichkeit, wenn er von Möglichkeiten spricht, »deren keine noch Wirklichkeit geworden ist.« Die Quantentheorie hat gezeigt, dass sowohl die Möglichkeiten als auch die Fakten Wirkungen ausüben können, dass also beide zur physikalisch erfahrbaren Wirklichkeit gehören. Kurzum: Möglichkeiten und Wirklichkeit bilden keinen Gegensatz. Stattdessen können wir sagen: Der Verzweifelnde muss sich in Möglichkeiten aufhalten, deren keine noch faktisch geworden ist.

zweiflung in dem »*Festgehaltenwerden in diesem Alternieren*.«[15] Er schreibt: »Die
melancholische Verzweiflung ist wesensmäßig ein Alternieren *ohne Ende*. Der
Verzweifelnde gleicht hier einem Menschen, der versucht, gleichzeitig an zwei
Orten zu sein. Ihren letzten Ausdruck erreicht diese Verzweiflung in jenen
Melancholischen, die sich damit quälen, das sie nicht leben, aber auch nicht
sterben können.«[16] Tellenbach berichtet über das quälende Festgehaltenwerden in den Möglichkeiten am Beispiel einer Patientin, für die »der Entschluss
von jeher das einzig Schwierige«[17] war: »Hat die Patientin eine Position ein-
genommen, so ist sie zugleich damit auch schon gezwungen, ganz unbedingt
für eine *konträre* Position zu optieren. Ist diese bezogen, so drängt sie mit der
gleichen Unbedingtheit in die erste Position zurück. Sie kann die eine nicht
loslassen und ist doch gezwungen, die andere zu ergreifen. *Die Patientin sieht
diesen Widerspruch, aber sie kann ihn nicht auflösen.*«[18]

Zu den psychischen Strukturen und ihren als pathologisch zu bezeich-
nenden Veränderungen zählen noch andere, umfassendere, auch dynamische
Aspekte der psychischen Beschaffenheit. Allein im diagnostischen Prozess ist
schon die Menge der verfügbaren Möglichkeiten, das heißt der einer Person
möglichen Erlebens- und Verhaltensweisen richtungweisend, wobei eine größere Menge verfügbarer Möglichkeiten eher der Gesundheit und eine geringe-
re eher der krankhaften Veränderung die Richtung weisen. Im therapeutischen
Prozess wird dann versucht, die Verfügbarmachung, Mobilisierung sowie die
Eröffnung und Erneuerung dieser Erlebens- und Verhaltensweisen zu erwir-
ken. Damit steht das Psychische wie das Körperliche inmitten des Lebens,
das als Einheit von Möglichkeiten und Fakten begriffen werden muss. Wenn
überhaupt ein allgemeines Merkmal von Krankheit angeben werden soll, ist es
dieser Verlust von Möglichkeiten, der mit der Erkrankung eingetreten ist und
damit eine Veränderung und Verringerung der Handlungs- und Verhaltens-
optionen der erkrankten Personen mit sich bringt. Ein verletztes Hüftgelenk,
ein geschädigtes Herz, Atemnot, Sehschwäche, auch depressive Verzweiflung
– sie alle verringern und verändern auf ihre Weise das Spektrum zuvor verfügbarer Möglichkeiten. Um hier Linderung, Besserung, womöglich Heilung
zu bewirken, bedarf es oft einer therapeutischen Intervention, die zunächst
Fakten schafft, um von diesen ausgehend neue bzw. einen Teil der früheren
Möglichkeiten erneut entfalten zu können. Ein künstliches Hüftgelenk, ein
Herzschrittmacher, ein Atemspray, eine Brille, ein Medikament oder auch eine
Psychotherapie sollen diese Aufgaben erfüllen. Für die Fragestellung unserer
Untersuchung sind dies bereits Abschweifungen. Hier genügt, was Friedrich

---

**15** | Tellenbach H. Melancholie. 1961: 141.
**16** | Ebd.
**17** | Ebd.
**18** | Ebd.

Nietzsche in die prägnante Frage kleidete:»Was wird aus dem Gedanken selbst werden, der unter den Druck der Krankheit gebracht wird?«[19]

# 43

Das Wort Information steht gegenwärtig hoch im Kurs, auch in zahlreichen Publikationen der Hirnforschung und Neurobiologie. In keinem der Texte fanden wir eine Bestimmung der Information als eine Größe, die *etwas ist* oder *etwas kennzeichnet*, was autonome Wirkmöglichkeiten enthält. Zuweilen entsteht der Eindruck, dass Information lediglich als redundantes Hilfswort zur Anwendung gelangt, aber nicht als solches ausgewiesen wird. Wird Information nur als ein leerer Titel aufgefasst, der nichts enthält, was in einem naturwissenschaftlichen Erklärungsmodell nicht auch ohne seine Verwendung gesagt werden kann? Die methodischen Ausgangspunkte der sich ausschließlich an der klassischen Naturwissenschaft orientierenden Neurobiologie und Hirnforschung legen das durchaus nahe. Alle neuronalen Vorgänge werden darin als materielle und energetische Prozesse beschrieben, die ausschließlich den Gesetzen der klassischen Physik genügen. Hier gilt: Der gegenwärtige neuronale Zustand, der durch den vergangenen neuronalen Zustand festgelegt ist, legt den nächsten neuronalen Zustand fest. Wenn aber alle neuronalen Vorgänge durch die jeweils vorangehenden neuronalen Vorgänge vollständig festgelegt sind und damit durch diese Vorgänge auch vollständig erklärt und beschrieben werden, wozu dann Information? Wo in einem solchen naturwissenschaftlichen Modell ist Raum – von Freiraum nicht zu reden – für eine Information, die autonome nichtneuronale Eigenwirkungen erzielen kann? Noch vor dem »Wo?« oder »Wozu?« kommt freilich das »Woher?« In einigen Texten erscheint die Information wie die Münze, die der Zauberer hinter den Ohren der Varietébesucher hervorzaubert: Sie ist plötzlich da. Der Besucher weiß durchaus, dass der Zauberer die Münze nicht erschaffen hat. Doch fragt er sich, woher das Geldstück kommt. Diese Frage teilen wir mit ihm: Woher stammt die Information? Der Hirnforscher Wolf Singer berichtet in einem Vortragstext mit dem Titel »Philosophische Implikationen der Hirnforschung«[20] plötzlich und unvermittelt von »verfügbareren Informationen«. Diese Informationen tauchen erstmalig in folgender Formulierung auf:»Im Wettbewerb um Überleben und

**19** | Nietzsche F. Die fröhliche Wissenschaft. Sämtliche Werke. Kritische Studienausgabe Band 3. München, Berlin, New York: Dtv, de Gruyter; 1980: 347.

**20** | Singer W. Nachtseite der Vernunft: Philosophische Implikationen der Hirnforschung. Freiheit und Determinismus. Festspiel-Dialoge. Vortrag vom 23. August 2007. Siehe: www.wk.sbg.ac.at/fileadmin/Media/arts_and_festival_culture/singer_fsdialoge_070823.pdf.

Reproduktion kam es vorwiegend darauf an, aus der Fülle, der im Prinzip verfügbaren Informationen nur jene aufzunehmen und zu verarbeiten, die für die Bedürfnisse des jeweiligen Organismus bedeutsam sind.«[21] Bald ist in anschaulicher Weise von »Informationsquellen« und »Informationsflüssen« die Rede, davon, dass Gehirne eine ungeheure Menge von Informationen über die Welt »verhandeln« und in ihrer Architektur »speichern«.[22] Wolf Singer fügt hinzu, dass der Evolution hier offensichtlich die Realisierung eines »informationsverarbeitenden Prinzips«[23] gelungen ist. An anderer Stelle heißt es, dass Zellen Informationen »beisteuern« und dass diese »verteilten« Informationen »zusammengebunden« werden.[24] Die hier dargestellte Information wird mit anschaulichen Attributen der körperlichen Welt versehen. Diese treten noch plastischer hervor, wenn wir uns für einen Probeaugenblick tatsächlich physische Gegenstände vor Augen führen – zum Beispiel Holzbretter oder Bananen – die, wie die hier unvermittelt auftauchenden Informationen, aufgenommen, gespeichert, verarbeitet, beigesteuert, verteilt, verhandelt und vielleicht auch zusammengebunden werden. Die Vermutung lässt sich kaum beiseiteschieben, dass es sich auch bei den plötzlich »verfügbaren Informationen« Wolf Singers um eine eigene »Sache« handeln soll, die entweder etwas Eigenes ist oder doch kennzeichnet oder der etwas Eigenes zugewiesen wird, was eben nicht durch die materiellen und energetischen Vorgänge allein, also vollständig durch neuronale Prozesse erklärt und beschrieben werden kann. Allerdings wurde die Information nicht als eine solche »Sache« ausgewiesen und es ist auch nicht erkennbar, dass Information überhaupt als ein Gegenstand der Betrachtung angesehen und auch in Betracht gezogen wird. Lassen wir eine solche Betrachtung versuchsweise zu, dann schließen sich Fragen an: Wo befinden sich jene »im Prinzip verfügbaren Informationen«, die von den jeweiligen Organismen nicht aufgenommen werden? In welchem Verhältnis stehen die aufgenommenen, gespeicherten, verarbeiteten, beigesteuerten, verteilten, verhandelten und zusammengebundenen Informationen zu den neuronalen Prozessen, mit denen sie doch offenbar und »irgendwie« verbunden sind? Kann Information etwas bewirken, was eben nicht allein durch die Beschreibung der neuronalen, der materiellen und energetischen Vorgänge vollständig erklärt wird, wenn sogar von der Realisierung eines informationsverarbeitenden Prinzips die Rede ist?

---

**21** | Singer W. Nachtseite der Vernunft: Philosophische Implikationen der Hirnforschung. Freiheit und Determinismus. Festspiel-Dialoge. Vortrag vom 23. August 2007. Siehe: www.wk.sbg.ac.at/fileadmin/Media/arts_and_festival_culture/singer_fsdialoge_070823.pdf.

**22** | Ebd.

**23** | Ebd.

**24** | Ebd.

Der Hirnforscher Gerhard Roth folgt der allgemeinen Auffassung, dass Information und Bedeutung nicht voneinander abgetrennt werden können. Roth schreibt: »Im biowissenschaftlichen und neuro- und kognitionswissenschaftlichen Sinne verstehen wir hingegen unter Information ein bedeutungshaftes Signal.«[25] Der Ausdruck »bedeutungshaftes Signal« lässt die Vermutung zu, dass es auch Signale gibt, die keine Bedeutung tragen. Was aber ist noch »Signal«, wenn das Signal keine Bedeutung trägt? Umgekehrt wird ein Schuh draus. Ein Signal ist Information, die Bedeutung trägt. Freilich geht es nicht um Worte. Die Vorstellung einer Information, die keine Bedeutung trägt, kann ebenso in die Irre führen; sie ist überhaupt nur im Rahmen jener Abstraktionsschritte zu vollziehen, die im Protoposiskonzept der Quanteninformation vorgelegt worden sind. Es ist daher hilfreich, ja notwendig, sich auch die bedeutungsfreie Quanteninformation zunächst lediglich als eine abstrakte Quanten-Vorstruktur – ohne die sich aufdrängenden Anklänge von Bedeutung, Wissen, Nachricht, Mitteilung – zu vergegenwärtigen.

An die Auffassung, dass Information niemals von Bedeutung abgetrennt und im Grunde mit Bedeutung gleichzusetzen ist, knüpfen sich Fragen, die auch von den neurobiologischen Konzepten, die sich dem neuronalen Determinismus verschrieben haben, in konsistenten Zusammenhängen zu den fundamentalen naturwissenschaftlichen Theorien beantwortet werden müssen.[26] Vor allem die Frage: Was wirkt, wenn Information wirkt? Gerhard Roth versteht unter Information »Signale mit einer lebens- und überlebensrelevanten Wirkung«.[27] Was also ist Information, wenn sie sogar Wirkungen auszuüben vermag? Zugespitzter: Sind Informationen hier nur der sprachliche Deckmantel, unter dem neuronale Prozesse ihre deterministischen Wirkungskreise ziehen? Wenn Information innerhalb neuronaler Prozesse überhaupt eine sinnvolle Darstellung erhalten soll, dann muss angegeben werden können, wo und wie die Wirkung der Information einsetzen soll und wichtiger noch, warum zusätzlich zu einer klassischen Beschreibung neuronaler Prozesse noch etwas anderes – nämlich Information – zur erklärenden Darstellung überhaupt erforderlich ist. Heißt es hier doch: Der jetzige neuronale Zustand ist durch den vergangenen neuronalen Zustand festgelegt, »Verschaltungen legen uns fest«[28], »Wir sind determiniert«[29]; kurzum alle psychischen Vorgänge und das gesamte Verhalten des Menschen sind vollständig durch neuronale Vorgänge festgelegt. Wozu also Information? Zudem kann die Entstehung von Bedeu-

25 | Roth G. Wie einzigartig ist der Mensch. Die lange Evolution der Gehirne und des Geistes. Heidelberg: Spektrum Springer; 2010: 53-54.

26 | Ebd.

27 | Ebd., S. 54.

28 | Singer W. Verschaltungen legen uns fest. 2004: 30.

29 | Roth G. Wir sind determiniert. Die Hirnforschung befreit von Illusionen. 2004: 218.

tung innerhalb der vorgestellten Modelle des neuronalen Determinismus nur folgendermaßen interpretiert werden: Was auch immer intrazerebral in dem Moment der Bedeutungserzeugung geschieht, was also einlaufende physikalische oder chemische Vorgänge zu »bedeutsamer Information« werden lässt, es ist ein durch neuronale Vorgänge determinierter, vollständig vorbestimmter, festgelegter Prozess. Wie jeder neuronale Vorgang sind damit auch jene, die als Bedeutungserzeuger angesehen werden, festgelegte, determinierte neuronale Prozesse inmitten eines vollständig festgelegten neuronalen Gesamtgeschehens. Die Entstehung von Bedeutung kann innerhalb dieser Konzepte folglich nicht als das Ergebnis eines Vorganges betrachtet werden, bei dem zwar Informationen beigesteuert, verteilt, verhandelt werden, die aber auch anders hätten beigesteuert, verteilt, verhandelt werden können. Die Formulierungen dürfen nicht zu der Vorstellung neuronaler »Offenheit« oder gar »Mitwirkungsfreiheit« der neuronalen »Vertragspartner« verführen, wie das beispielsweise bei Steuerungen, Verteilungen und Verhandlungen im zwischenmenschlichen Miteinander zumindest unterstellt wird. Der neuronale Determinismus duldet keine Ausnahme. Was in diesen neurobiologischen Modellen für Straftäter und ihre Psychotherapeuten gilt – niemand hätte anders handeln können, als er es getan – das gilt für neuronale Prozesse erst recht: Neuronale Vorgänge sind so, da sie von den vorangehenden neuronalen Vorgängen vollständig so und nicht anders festgelegt worden sind. Dies gilt auch für alle neuronalen Vorgänge, denen womöglich die Aufgabe der Bedeutungserzeugung zugeschrieben wird. Überdies zählen alle einlaufenden »Signale«, sobald ihre Umwandlung in neuronale Prozesse vollzogen ist, zum Beispiel Schallwellen im Corti'schen Organ des Innenohres, selbst zu dem Zustand des Gehirns, der gemäß der Auffassung des neuronalen Determinismus den nächsten vollständig festlegt. Dazu noch einmal Wolf Singer: »Auch wenn es sich bei Gehirnzuständen, die den verschiedenen kognitiven Akten zugrunde liegen, um dynamische Zustände eines hoch nichtlinearen Systems handeln sollte – was wahrscheinlich ist – gälte nach wie vor, dass der jeweils nächste Zustand die notwendige Folge des jeweils unmittelbar Vorausgegangenen ist.«[30]

Wie muss die folgende Situation vor dem Hintergrund des neuronalen Determinismus interpretiert werden? Eine Person, die den Alarmruf »Feuer« hört, eilt aus ihrer Wohnung und verlässt das Haus. Wenn die Person das Haus verlässt und sich dadurch in Sicherheit bringt, dann hätte sie dies nicht der eigenen Entnahme für sie bedeutungsvoller Information aus dem Rufe »Feuer« zu verdanken, sondern bedeutungsfreien Schalldruckschwankungen der Luftmoleküle, die mit dem Feuer-Ruf an ihr Ohr gelangen und vom Corti'schen Organ ausgehend auf die neuronalen Hirnvorgänge einwirken. Diese

---

**30** | Singer W. Wann und warum erscheinen uns Entscheidungen als frei? Ein Nachtrag. In: Deutsche Zeitschrift für Philosophie 53, Berlin; 2005: 707-722.

wiederum determinieren neuronale Prozesse, die bis zur neuromotorischen Übertragung auf die Beinmuskulatur in ebenfalls vorbestimmter, vollständig festgelegter Weise wirken und ihre Kontraktion determinieren und damit der Person das automatenhafte Hinauslaufen bescheren. Dass irgendwann einmal Wissenschaftler einen solchen Vorgang untersuchen und vielleicht auch von Signalen, Information, Bedeutung und anderem reden, ist selbst ein neuronal determiniertes, ein vollständig festgelegtes Geschehen. Zuletzt zeigen die Konsequenzen des neuronalen Determinismus selbst, dass sogar das Denken in Begriffen wie Information, Bedeutung und Wirkung sowie ihre inhaltliche Analyse und Einbindung in Theorien sich innerhalb dieser Konzeptionen im Grunde erübrigen. Wenn alle Gedanken und Äußerungen über Information und Bedeutung neuronal determiniert sind, einschließlich jener Gedanken, die beispielsweise zum Inhalt haben, dass man das gar nicht so und doch ganz anders sehen müsse und dass diese Folgerungen übertrieben oder falsch seien. – Wozu dann Information? Denken wir ferner an eine Person, die »Ich« oder womöglich »Ich mache mir Gedanken« sagt und in diesen Gedanken nach Argumenten für oder gegen den neuronalen Determinismus sucht. Diese Person ist in mehrfacher Hinsicht ein sich selbst narrendes Opfer neuronaler Determinationen: Argumente entwickeln sich in Gedanken und diese sind, so die Argumentation, neuronal determiniert. In den Konzepten, in denen zum Beispiel das Ich als Illusion bezeichnet und tatsächlich als Halluzination aufgefasst wird, ist kein Ich vorhanden, das sich Gedanken macht, die Themen wie Bedeutung, Information oder Illusion zum Inhalt haben können. Ferner ist das, was hier als Gedanke bezeichnet wird, kein Etwas, das autonome, nicht-neuronale Wirkmöglichkeiten enthalten und entfalten kann und somit auch kein Gegenstand der naturwissenschaftlich erfahrbaren Welt. Innerhalb einer sich als Naturwissenschaft verstehenden Konzeption können Bemerkungen über Information, vor allem jene über die »Realisierung eines informationsverarbeitenden Prinzips«, nur dann schlüssig und folgerichtig sein, wenn auch die Herkunft der Information dargestellt, ihre »Natur« und Entwicklung beschrieben und ihr Zusammenhang zu den bisher vertrauten Gegenständen der Naturwissenschaften, wie Molekülen, elektromagnetischen oder auch neuronalen Prozessen erläutert werden.

Mit dem Protyposiskonzept der Quanteninformation wurde zum ersten Mal in der Geschichte der Naturwissenschaften ein solcher Entwurf vorgestellt. Ausgangspunkt ist hier freilich nicht die klassische Information nebeneinander gesetzter Null-Eins-Bits, sondern eine abstrakte Quanten-Vorstruktur, die Quantenbits der Protyposis. Von dieser abstrakten bedeutungsfreien Quanteninformation ausgehend, wird dargestellt, wie sämtliche Vorgänge und Erscheinungen in der Natur als Herausformung von einfachen zu immer komplexer werdenden Strukturen nur im Lichte einer kosmischen Evolution verstanden werden können. Alle sich herausbildenden Strukturen werden als spezielle Formen dieser abstrakten Quanteninformation vorgestellt. Mit dem Leben wird schließlich jene Eigenschaft verwirklicht, die Quanteninformation zum Träger von Bedeutung werden lässt. Informationsverarbeitung entsteht. Lebewesen stabilisieren sich mithilfe von Information und erhalten so ihre Struktur und Organisation.

# 44

Was geschieht, wenn durch Information, die auf ein Lebewesen trifft, in diesem Lebewesen Zustandsänderungen bewirkt werden? Bedeutung entsteht, womöglich werden Bewegungsabläufe in Gang gesetzt und das Verhalten ändert sich. Was ist Verhalten? Welche Rolle spielen die Psyche und die Information? Psychische Vorgänge, wie sich sprachlich formende Gedanken im Bewusstsein des Menschen, können von einer anderen Person nicht objektiv erfasst, sondern lediglich erfragt, erkundet, indirekt erschlossen werden. Dazu bedarf es der Auskunft der Person, der Interpretation ihres Verhaltens, wobei auch das Erteilen von Auskünften, der Sprechakt, das Kopfnicken oder Augenzwinkern an koordinierte Bewegungsabläufe gebunden und als Verhalten anzusehen sind. Zudem besteht folgender Zusammenhang: Der von neuronalen Prozessen initiierte Bereich des Verhaltens vollzieht sich in motorischen und den das Vegetativum betreffenden Vorgängen. Wir erinnern an die Beispiele: Der Schüler macht sich Gedanken über die Mathematikaufgabe und führt sie aus. Ein Kind schämt sich und sein Gesicht wird rot. Wie die Verbindung von psychischen und physischen Vorgängen zustande kommt und vorgestellt wird, ist eine Frage, die nach einer Antwort verlangt. Formulierungen wie »Verhaltensleistungen« und »komplexe kognitive Handlungen« enthalten diese Antwort nicht, sondern setzen die psychophysische »Verbindung« bereits voraus und reduzieren auf das, was an motorische und vegetative Bewegungsabläufe, also an physische Vorgänge bereits gebunden ist und als Fakten gemessen und normiert, aber keineswegs als *die Psyche* bezeichnet werden kann. Damit wird nur der messbare Bewegungsaspekt des Verhaltens, es werden physische Abläufe erfasst. Der entscheidende Aspekt, die »intern koordinierte Kontrolle«[31] dieser Bewegungen, die Steuerung durch die Psyche – damit aus Bewegung überhaupt Verhalten wird – bleibt im Dunkeln. Angaben über die psychophysische Verknüpfung fehlen. Auch ist es nicht zwingend, dass jede durch Infor-

---

31 | Peter Kappeler bezeichnet als Verhalten die »intern koordinierte Kontrolle von Bewegungen oder Signalen, mit denen ein intakter Organismus mit Artgenossen oder anderen Komponenten seiner belebten oder unbelebten Umwelt interagiert sowie auf Aktivitäten, die der Homöostase eines Individuums dienen.« Kappeler PM. Verhaltensbiologie. Heidelberg: Springer; 2012: 4.

mation bewirkte Zustandsänderung eines Lebewesens sogleich zu messbaren motorischen oder vegetativen Veränderungen führt. Die Psyche des Menschen umfasst mehr, als eine auf physische Ankopplung und objektive Messbarkeit eingeengte Faktensicht zu erfassen erlaubt. Damit wird auf eine einfache Gegebenheit hingedeutet, die jeder an sich selbst erfahren kann: Ein ausgesprochener Gedanke gibt nur den formulierten, den faktischen »Rest« eines zuvor umfassenderen, eines werdenden Geschehens wieder. Mit dem Werden des Gedankens ist noch ein weites Feld von Möglichkeiten auch unbewusst verbunden. Die Reduktion auf nur eine Möglichkeit, die formuliertes Faktum und womöglich ausgesprochener Gedanke wird, ist nur das faktisch Gewordene und nicht das Ganze des einst werdenden Geschehens.

Zuletzt stehen wir wieder vor der Frage: Werden innerhalb neurowissenschaftlicher Konzepte materielle und energetische Vorgänge beschrieben, die nicht allein durch andere materielle oder energetische Vorgänge determiniert, das heißt vollständig festgelegt sind? Die vorgestellten neurobiologischen Modelle antworten: »Nein!« Wozu also Information? Im Protyposiskonzept lautet die Antwort: »Ja!« Es ist sodann von Steuerungsvorgängen durch Quanteninformation die Rede, durch Quanteninformation wie sie beispielsweise als bedeutungsvolle Information in Form von Gedanken vorliegt; wobei eine wichtige Pointe darin liegt, dass bereits die materiellen und energetischen Trägerstrukturen selbst – Moleküle, Ionen, vor allem reale und virtuelle Photonen – spezielle Formen der Quanteninformation sind. Die »intern koordinierte Kontrolle«[32] der Bewegungen, die Steuerung durch die Psyche, ist Steuerung durch Quanteninformation. In den gegenwärtigen Modellen der Neurobiologie wird eine solche Möglichkeit konsequent ausgeschlossen. Auch in den bisherigen neurobiologischen Modellen, die diese Vorgänge in Kontexte der Selbstorganisation, Emergenz und Komplexität integrieren, ist der neuronale Determinismus keineswegs beseitigt worden und Information oder Quanteninformation als Größe oder Struktur, die autonome Wirkmöglichkeiten enthalten und entfalten kann, kommt auch darin nicht vor. Was wirkt also, wenn Information wirkt?

Aus der digitalen Welt ist uns mit dem Begriff der klassischen Null-Eins-Bit-Information zugleich die Vorstellung vertraut, dass Information an einen Träger gebunden, aber von diesem auch zu unterscheiden ist. Information kann den Träger wechseln. Ein Musikstück, das auf einer Compact Disc gespeichert ist, kann auf die Festplatte eines Computers oder auf einen Stick oder Chip kopiert werden. Das Musikstück kann von einem dieser Träger abgespielt werden und befindet sich nun als Schalldruckschwankungen der Luftmoleküle im Raum und womöglich im Bewusstsein einiger Zuhörer. Dabei ist Information dasjenige, was übrig bleibt, wenn jeder konkrete Träger – von

---

32 | Kappeler PM. Verhaltensbiologie. 2012: 4.

der Compact Disc bis zum Bewusstsein – »weggedacht wird.«[33] Komplizierter verhält es sich mit der Quanteninformation inmitten des Lebens, da eine Trennung von Träger und Information nicht immer in einer der klassischen Computerwelt vergleichbaren Weise vollzogen werden wird, obgleich auch »Quanteninformation, die beispielsweise als Spinstellung an einem Photon vorliegt«[34], durch Trägerwechsel in einem Lebewesen womöglich auch durch »Faltung eines Proteinmoleküls repräsentiert werden«[35] kann. Die Grenze zwischen Träger und bedeutungsvoller Information wird dabei, je nach Situation und Kontext, fließende Übergänge zeigen, da hier die materiellen und energetischen Träger selbst geformte Quanteninformation sind und zu dem Gesamtsystem gehören. Moleküle, Atome, Ionen und Photonen sind spezielle Formen der Quanteninformation. Sie treten, wie Thomas und Brigitte Görnitz schreiben, »im Körper stets in einer Doppelrolle auf. Sie sind sowohl Träger von bedeutungsvoller Protyposis und sie wurden gleichzeitig aus der Protyposis geformt.«[36] Ein einlaufendes Photon des sichtbaren Lichts ist zunächst eine spezielle Form primär bedeutungsfreier abstrakter Quanteninformation. Wenn diese bedeutungsfreie Quanteninformation den Zustand eines Lebewesens zu ändern, also in ihm eine Wirkung zu erzeugen vermag, dann wird diese Information durch diesen Vorgang für dieses Lebewesen bedeutungsvoll. »Nur ein winziger Teil dieser vielleicht $10^{30}$ Qubits des Photons, schätzungsweise wenige Hundert, werden in dem Prozess bedeutungsvoll, der mit dem Sehvorgang im Auge beginnt und erst in den weiteren Verarbeitungsprozessen zu tatsächlicher Bedeutung führt.«[37]

# 45

Die materialistische Auffassung der Welt gibt sich heute dadurch zu erkennen, dass sie sich selbst naturalistisch nennt und die Wirklichkeit auf Fakten, also auf klassische Messobjekte zurückzuführen versucht. Von materiellen Objekten ausgehend werden Theorien über eine messbare Faktenwirklichkeit gewonnen. Nun sind psychische Vorgänge subjektiv und ein werdender Gedanke ist kein klassisches Objekt. Er kann nicht aus dem Bewusstsein einer

---

**33** | Görnitz T, Görnitz B. Der Kreative Kosmos. 2008: 65.

**34** | Görnitz T, Görnitz B. Die Evolution des Geistigen. 2008: 178.

**35** | Ebd.

**36** | Görnitz T, Görnitz B. Das Geistige im Blickfeld der Naturwissenschaft – Bewusstsein und Materie als spezielle Formen der Protyposis – von abstrakter, bedeutungsfreier Quanteninformation. In: Weinzirl J, Heusser P (Hg.). Was ist Geist? Wittener Kolloquium. Band 2 – 2014. Würzburg: Königshausen & Neumann; 2014: 11-44.

**37** | Ebd.

Person herausgelöst, als Einzelobjekt separiert, auf einen Objektträger platziert und so von außen – objektiv – untersucht, beobachtet, gemessen werden. Die materialistische Auslegung schiebt vor jede subjektive Schilderung, noch bevor sie die Erlebnisberichte einer Person in Gänze akzeptiert, die Idee des neuronalen, also materiellen Korrelates. Was das Psychische selbst freilich ist, inmitten der naturwissenschaftlich erfahrbaren Welt, und ob und wie es mit neuronalen Prozessen nicht nur statistisch korreliert, sondern auch verbunden ist, bleibt unbesprochen, unsichtbar und vor allem unerklärt. Verfolgen wir das Prinzip: Nehmen wir an, eine Person teilt aus ihrem Erleben einen sprachlich formulierten Gedanken mit. Wir nennen ihn $G_1$. Nehmen wir weiterhin an, bei dieser Person sind die diesem $G_1$-Gedanken zugeschriebenen neuronalen $N_1$-Korrelate ermittelt worden. Wird nun von dieser Person erneut berichtet, dass sie gerade diesen Gedanken denkt; es werden jedoch keine neuronalen $N_1$-Korrelate registriert, dann kann es sich, gemäß dieser Auffassung, nicht um den Gedanken $G_1$ handeln. Es wird freilich nicht behauptet, dass heute bereits alle materiellen Korrelate bekannt sind oder überhaupt schon be- und erkannt werden können. Mangel an Wissen, Irrtümer, vorläufige Unkenntnis werden durchaus zugestanden. Auch ist die Sache kompliziert. Die Forscher präsentieren die neuronalen Korrelate erst, nachdem sie diese mittels aufwendiger Verfahren aus dem Messgeschehen herausgezogen und mithilfe komplexer statistischer Modelle be- und verrechnet haben. Entscheidend jedoch bleibt: Das Vorhandensein eines Gedankens oder eines sonstigen psychischen Vorgangs wird im Rahmen materialistischer Theorien letztlich nur dann akzeptiert, wenn dabei das Prinzip der materiellen Zuschreibung nicht durchbrochen wird! Vielleicht waren bei der Person noch nicht alle dem $G_1$-Gedanken zugeschriebenen und als materielle »Gedankenerzeuger« interpretierten Korrelate tatsächlich ausgewiesen, aber sie sind im Prinzip vorhanden, nur noch nicht bekannt, entdeckt, gefunden worden. Aus diesem Prinzip folgt, dass nur der Mangel an Wissen, die unvollständige Kenntnis der gesamten anatomischen und physiologischen Faktenlage einer präzisen materiellen Zuschreibung im Wege steht. Die materialistische Auffassung kann zu deutlichem Vorschein kommen, wenn eine Person über Erlebnisse berichtet, zum Beispiel über einen Schmerz, doch nach umfassender diagnostischer Messarbeit keine der be- und anerkannten Korrelate auszumachen sind. In schmerzlichen Fällen sind Worte zu hören wie: »Sie können gar keine Schmerzen haben!« Freilich gibt es Personen, die sich inmitten ihrer eigenen Erlebnisschilderung verirren oder andere in die Irre führen oder ihre Erlebnisse mit Worten benennen, die ungewöhnlich oder fremdartig erscheinen. Aber es ist keineswegs ungewöhnlich oder fremdartig, dass sich im Bewusstsein einer Person Gedanken oder auch Schmerzerlebnisse befinden, die nicht allein durch eine sich am materiellen, klassisch-korrelativen Messobjekt ausrichtende Theorie vollständig erklärt werden können. Die klassische Methode verschafft in vielen Fällen Näherungen, gute Näherungen, doch reicht sie eben nicht hin, wenn es genau werden muss, zum Beispiel wenn es sich um werdende, sich sprachlich formende Gedanken im menschlichen Bewusstsein handelt. In dieser für den materialistischen Ausleger unbefriedigenden Lage liegt gerade die Aufforderung zur Suche nach einer besseren, genaueren Theorie, die auch diese Zusammenhänge naturwissenschaftlich aufzuklären erlaubt. Mit dem Protyposiskonzept der Quanteninformation wird eine solche Theorie vorgeschlagen.

Wir haben nicht die Psyche, nicht das Bewusstsein, auch nicht die Erlebnisse, sondern den im Bewusstsein des Menschen sprachlich formulierten Gedanken in die Mitte der Untersuchung gestellt und als Erklärungsziel benannt. Wir konnten damit Unterscheidungen von verschiedenen Arten oder Klassen mentaler Zustände, beispielsweise von intentionalen und phänomenalen Zuständen, wie sie in der gegenwärtigen akademischen Philosophie für bedeutsam angesehen werden, im Hintergrund belassen. Wenn wir nun davon abweichen und beispielhaft auf das Erlebnis Schmerz verweisen, dann deshalb, um stellvertretend für das umfangreiche subjektive Erlebnisvermögen wenigstens anzudeuten, wie vielfältig und verwickelt sich die meisten Erlebnisformen zeigen und wie schwierig dabei überhaupt zu unterscheiden ist. Wenn von Schmerzerlebnissen die Rede ist, stellt sich zunächst die Frage: Bezeichnen Erlebnisse wie Kopfschmerz, Zahnschmerz und Halsschmerz überhaupt eine gemeinsame als Schmerz bezeichnete Qualität, wobei die wesentlichen Unterschiede nur die erlebte Lokalisation und die Intensität betreffen? Eigenschaften wie pochend, schneidend oder brennend sind dann von eher untergeordneter Bedeutung und geben dem Erlebnis nur sein zusätzliches Gepräge. Oder ist die tatsächliche Erlebnisverwandtschaft, trotz der gemeinsamen Vokabel Schmerz, eher gering, sodass durchaus verschiedene Erlebnisformen lediglich unter einem Wort zusammengefasst und »mentalisiert« werden? Dabei haben wir die Beziehungen der primär dem Körper zugewiesenen Schmerzen zu anderen Erlebnisformen, wie beispielsweise dem Trennungsschmerz oder der breiten Palette sogenannter somatoformer Schmerzen noch gar nicht einbezogen. Auch sind die individuellen Ausgestaltungen, wie wohl bei den meisten Erlebnissen, so zahlreich wie die Individuen selbst.

Ein Beispiel noch anderer Art liefert ein bereits vor mehr als einhundert Jahren beschriebenes und als »illusion of pain« oder »painfull grill illusion« bezeichnetes Schmerzerleben.[38] Untersuchungen haben gezeigt, dass physisch und psychisch gesunde Personen, deren Haut gleichzeitig Warm- und Kaltreize zugeführt werden, diese Reize sehr häufig als brennenden Schmerz erleben. Die Untersuchungspersonen legen dabei die Innenseite einer Hand in ganzer Fläche auf eine an einen Rost oder Grill erinnernde Vorrichtung,

---

38 | Thunberg T. Förnimmelserna vid till samma ställe lokaliserad, samtidigt pågående köld- och värmeretning. Uppsala Läkkfören: Föhr; 1896: 489-495.

die aus mehreren parallel angeordneten Stäbchen oder Röhrchen besteht. Die Temperatur der einzelnen Röhrchen wechselt dabei von Röhrchen zu Nachbarröhrchen: Ein Röhrchen liefert Kälte, das nächste Wärme, daneben wieder Kälte und so fort, wobei im Grundaufbau der Untersuchung alle Kalt- und Warmströme gleichzeitig zugeführt werden und durch jeweils konstante Temperaturen für Wärme und für Kälte ausgezeichnet sind. Wichtig ist, dass die Temperaturen unterhalb der jeweiligen Schmerzschwelle sowohl für Kälte als auch für Wärme liegen. Uns interessiert die Bezeichnung des Geschehens als Illusion. Sie lässt erkennen, dass die Erlebnisschilderung »Schmerz« nicht als hinreichender Bezeichnungsgrund anerkannt wurde, etwa mit dem Zusatz »unklarer Entstehung«. Die Bezeichnung »illusion of pain« folgt bereits einer sekundären Interpretation des Erlebens, die einerseits die fehlende Aktivierung der in der Haut befindlichen Schmerzsensoren registriert und andererseits von der zugeführten »Wärme« und »Kälte« verbindlich ihren Faktenausgang nimmt. Vermutlich hatte man sich bei der Bezeichnung des Phänomens als Illusion an den schon geschilderten Sinnestäuschungen orientiert. Erinnern wir uns: In einer Halluzination wird die Existenz von etwas behauptet, das nicht existiert. Bei einer Illusion wird das Existierende verkannt. Werden in der Haut befindliche Schmerzsensoren, die als Nozizeptoren bezeichnet werden, erregt, dann erlebt der gesunde Mensch einen charakteristischen Schmerz. Bei den geschilderten Warm-Kalt-Versuchen werden jedoch keine Schmerzsensoren aktiviert. Die Untersuchungspersonen »dürften« demnach, so lautet wohl die Überlegung, bei gleichzeitiger Wärme- und Kältezufuhr nur warm und kalt oder ein Gemisch aus beiden erleben. Das geschieht aber nicht. Sie erleben »brennenden Schmerz«. Die Auslegung: Die Personen verkennen das vorhandene Warm-Kalt-Gemisch als Schmerz; sie illusionieren, also »illusion of pain«. Der Verweis auf die Namensgebung kann zumindest als Indiz für eine materialistische Tendenz innerhalb der Theoriebildung gelten, die Kontrolle und Sicherheit allein bei materiellen Messobjekten sucht und nur von diesen ihren verbindlichen Faktenausgang nimmt.

# 46

Zuletzt sei eine prognostische Bemerkung angefügt. Ähnlich wie bei der Entwicklung von der klassischen Physik zur Quantenphysik werden auch die ausschließlich an der klassischen Physik sich orientierende Hirnforschung und Neurobiologie eine Genauigkeitsgrenze erfahren, die sich vermutlich auch an den Grenzen ihrer Messmethoden offenbaren wird. Es ist anzunehmen, dass eine prinzipielle Auflösungs- und Korrelationsgrenze erreicht werden wird, womöglich dann, wenn die verfügbaren Messapparaturen zu keiner größeren Auflösung innerhalb der Messobjektivität führen und keine weitere Differenzierung der neuronalen Aktivierungsmuster ermöglichen. Ein Beispiel: Ein neuronaler Zustand N, der mithilfe statistischer und messtechnischer Verfahren als gemessene neuronale Mehraktivierung interpretiert wird, korreliere mit »Vorgängen«, die im Rahmen klassischer neurobiologischer Konzepte als vorliegende Gedanken interpretiert werden. Folgen wir versuchsweise dieser Interpretation, dann korreliert beispielsweise ein solcher neuronaler Zustand N mit mehreren verschiedenen faktischen Gedanken, sagen wir $G_1$, $G_2$ und $G_3$. Die Aufgabe besteht nun in einer höheren Auflösung von N – einer verfeinerten Darstellung des »neuronalen Korrelates« – um in ihm doch noch drei neuronale Aktivierungsmuster $N_1$, $N_2$ und $N_3$ zu unterscheiden, die dann, gemäß der Theorie des materiellen Messobjekts, je einem der faktischen Gedanken $G_1$, $G_2$ und $G_3$ zugeschrieben werden können. Was aber auch immer an verbesserten Apparaturen und Hightech-Interpretationen aufgewendet werden wird, das neuronale Muster N ist nicht weiter aufzulösen; es korreliert nach wie vor – ununterscheidbar – sowohl mit $G_1$ und $G_2$ als auch mit $G_3$, also mit drei verschiedenen faktischen Gedanken. Die technische Entwicklung wird ohne Zweifel zu besseren Geräten führen. Womöglich wird vielfach noch eine höhere Auflösung und Differenzierung der Aktivierungsmuster gelingen, aber irgendwann wird eine prinzipielle Auflösungs- und Korrelationsgrenze erreicht werden. Jetzt werden zwei Tendenzen auszumachen sein. Eine, die nach einer genaueren Theorie und eine andere, die nach noch genauer messenden Geräten sucht; denn noch immer gilt in diesem neurobiologischen Modell das materialistische Prinzip, dass allen werdenden und faktischen Gedanken anatomische und physiologische Faktenkorrelate zuzuordnen sind. Hier ist an manche Interpretationen der Heisenberg'schen Unbestimmtheitsrelation zu erinnern, die die Unmöglichkeit der gleichzeitigen Festlegung eines scharfen Ortes und eines scharfen Impulses auch heute noch auf das Unvermögen verfügbarer Messgeräte zurückzuführen versucht und nicht auf die Sache selbst. Gemäß der Quantentheorie gibt es niemals einen Zustand, der sowohl einen scharfen Ort als auch einen scharfen Impuls hätte. Hier wie dort gilt: Was in der Wirklichkeit nicht existiert, das kann auch nicht gemessen werden. Der werdende, sich sprachlich formende Gedanke im Bewusstsein einer Person entzieht sich – als Quanteninformation – einer vollständigen »von-außen«-Kenntnis. Er kann aus naturgesetzlichen Gründen nicht vollständig so erfasst und gemessen werden, wie er jetzt vorliegt.[39,40] Eine perfekte, ideale, ja idealisierte Messapparatur ändert daran nichts. An dieser Stelle sei noch einmal daran erinnert, dass in den gegenwärtigen neurobiologischen Konzepten letztlich gar kein physikalisch erfahrbarer Korrelationspartner »Psyche« identifiziert wurde. Der werdende Gedanke wird in den klassischen Konzepten einer

---

**39** | Görnitz T, Görnitz B. Der Kreative Kosmos. 2008: 88.

**40** | Görnitz T, Görnitz B. Die Evolution des Geistigen. 2008: 277.

ausschließlichen Faktenlese nicht erfasst. Die Forschung wird zeigen, dass mit den bisher in der Hirnforschung angewandten Theorien eine prinzipielle Grenze nicht überschritten werden kann. Das *so* Erreichbare wird über ein »ungefähr« oder »in guter Näherung« nicht hinausgelangen, das für viele Fragen durchaus angemessen ist und als ausreichend betrachtet werden kann. Jedoch werden andere Fragen auftauchen, die genauere Ergebnisse nicht nur wünschenswert erscheinen lassen, sondern auch erforderlich machen werden. Es ist denkbar, dass schon in einem nächsten Schritt die Überlegungen zur Quanteninformation, wie sie die Theorie der Protyposis nahelegt, in die Modelle der Neurobiologie einfließen und ihre bisherigen klassischen Konzepte verändern werden.

# 47

Dieser Abschnitt ist dem Text als letzte Zwischenstufe eingefügt. Sie kann ausgelassen, doch freilich auch betreten werden:

## Der Freispruch

Aufhebung des Strafantrages gegen den menschlichen Geist: Das menschliche Ich und seine bewussten Gedanken werden vom Vorwurf der Täuschung freigesprochen. Die Richter begründen ihre Entscheidung damit, dass die Identifikation der Gedanken als Quanteninformation entscheidend dazu beitrage, die Psyche des Menschen und sein Ich als Realität anzuerkennen. In der Urteilsbegründung heißt es: Die Herstellung bewusster Gedanken aus neuronalen Prozessen konnte durch keine der klassischen neurobiologischen Theorien erklärt werden. Die Forderung, dass die Psyche und das Verhalten des Menschen als neuronal determiniert aufzufassen sind, wird zurückgewiesen. Alle Freiheit entziehenden Maßnahmen sind mit sofortiger Wirkung aufgehoben.

## 48

Die Beziehung eines Ganzen zu den Elementen, deren Beziehungen diese Ganzheit formen, ist ein altes Thema der Philosophie. Auch Naturforscher und Dichter haben sich des Ganzen auf mannigfache Weise angenommen. Bei Goethe finden sich beide Perspektiven vereint:

> Ist es e i n lebendig Wesen,
> Das sich in sich selbst getrennt?
> Sind es zwei, die sich erlesen,
> Dass man sie als e i n e s kennt?[1]

Die heutige Naturwissenschaft zeigt, dass mit der Quantentheorie eine »Theorie der Möglichkeiten und Beziehungen« vorhanden ist, die in mathematischer Strenge eine »Theorie der Ganzheit« formuliert.[2,3] Doch auch in anderen Bereichen der Wissenschaft, aus anderen Blickwinkeln und mit anderen Methoden, ist diese vielschichtige Thematik untersucht worden. In der ersten Hälfte des zwanzigsten Jahrhunderts haben sich dabei die Vertreter der Gestaltpsychologie hervorgetan. Zahlreiche Diskussionen zeigen, wie um ein Verständnis des Verhältnisses von Ganzheit und Teil, von Gestalt und Element geradezu gerungen wurde. Bei aller Verschiedenheit fällt eine Gemeinsamkeit ins Auge, ein roter Faden, der sich durch sämtliche Verschiedenheiten zieht: Es ist die Idee der Einheit, die Vorstellung eines Ganzen, deren Verständnis sich mit einer Zerlegung in Teile oder einer Auflösung in Elemente nicht gewinnen lässt. Es soll nicht voreilig von analogen Gedankengängen gesprochen werden, doch bestechen Ähnlichkeit und Nähe zwischen der gestaltpsychologischen Auffassung und den ganzheitlichen Aspekten der Quantentheorie, sodass Verwandt-

---

1 | Goethe JW. West-Östlicher Divan. In: Goethes Werke. Band II. Hamburger Ausgabe in 14 Bänden. München: C.H.Beck; 1994: 66.

2 | Weizsäcker CFv. Zeit und Wissen. 1992: 324-332.

3 | Görnitz T. Quanten sind anders. 2006: 101-121.

schaft durchaus angenommen werden darf.[4] Dies auszuleuchten würde eine eigene Untersuchung erfordern, zumal eine unmittelbare Kontaktaufnahme zwischen beiden Disziplinen wohl niemals stattgefunden hat. Beide Bereiche sind etwa zur gleichen Zeit hervorgetreten und haben sich offenbar in paralleler Entwicklung befunden. Max Planck hatte über das Wirkungsquantum erstmalig in einem Vortrag im Jahre 1900 berichtet. Albert Einstein war der Erste, der diese Erkenntnis aufgegriffen und im Jahre 1905 auf das Licht angewendet hat. Die Gestaltpsychologie erhielt ihren »Gründungsruf« im Jahre 1890, als Christian von Ehrenfels in seiner Arbeit über »Gestaltqualitäten«[5] den Anstoß für diese neue Entwicklung gab. Max Wertheimer, Wolfgang Köhler und Kurt Koffka trafen 1910 in Berlin zusammen. Sie wurden zu den Gründervätern der »Berliner Schule« der Gestaltpsychologie. Eine ähnlich parallele und »in der Tiefe« verwandte Entwicklung hat übrigens auch die Psychoanalyse durchlaufen. Die erste Publikation der Traumdeutung von Sigmund Freud ist auf das Jahr 1900 datiert. Wir wollen uns an dieser Stelle einige Zeit nehmen und Berührungspunkte zwischen Gestaltpsychologie und Quantenphysik zum Mindesten streifen. Dabei werden wir uns auf wenige, auf Kernpunkte beschränken. Die entscheidende Gemeinsamkeit von Quantenphysik und Gestaltpsychologie ist die folgende: Das in der Gestaltpsychologie postulierte »Primat des Ganzen gegenüber dem Teil«[6] findet in der Quantenphysik eine exakte Entsprechung. In der Quantentheorie wird vom Holismus gesprochen, von ihrer auf Einheit zielenden »henadischen Struktur«.[7,8] David Katz beginnt sein Buch »Gestaltpsychologie« mit den Worten: »Man kann das Aufkommen der Gestaltpsychologie [...] nur als Gegenbewegung zu der sogenannten atomistischen Psychologie verstehen.«[9] Katz führt aus, dass die als atomistisch bezeichnete ältere Psychologie das Ergebnis einer Methode war, die die atomistische Denkweise der Naturwissenschaften, »der zufolge die Welt aus kleinsten nicht weiter teilbaren, mit bestimmten Kräften ausgestatteten Elementen

---

**4** | Erste Anregungen zur Beschäftigung mit diesen und ähnlichen Fragen verdanke ich den Gesprächen mit meinem Großvater Siegfried Sorge (1903-1988), der bei Wolfgang Metzger mit einer im Jahre 1940 publizierten Arbeit zur Gestaltpsychologie promoviert hat. Sorge S. Neue Versuche über die Wiedergabe abstrakter optischer Gebilde. Leipzig: Akademische Verlagsgesellschaft m.b.H.; 1940.

**5** | Ehrenfels Cv. Über »Gestaltqualitäten«. In: Weinhandl F (Hg.). Gestalthaftes Sehen. Ergebnisse und Aufgaben der Morphologie. Zum hundertjährigen Geburtstag von Christian v. Ehrenfels. Darmstadt: Wissenschaftliche Buchgesellschaft; 1978: 19.

**6** | Petermann B. Das Gestaltproblem in der Psychologie im Lichte analytischer Besinnung. Leipzig: Johann Ambrosius Barth; 1931: 14.

**7** | Görnitz T. Quanten sind anders. 2006: 107.

**8** | Görnitz T, Görnitz B. Der Kreative Kosmos. 2008: 12.

**9** | Katz D. Gestaltpsychologie. Basel: Benno Schwalbe & Co.; 1948: 9-14.

besteht« auf die Psychologie übertragen hat.[10] David Katz schreibt: »Die meisten Forscher, die der modernen Psychologie die Wege gebahnt haben, sind von den Naturwissenschaften hergekommen. Leicht versteht man somit, dass sie mit dem Experiment die atomistische Betrachtungsweise übernahmen.«[11] Die Übernahme fand nicht im Verborgenen statt, zahlreiche Ausdrücke weisen es aus: Typische Formulierungen aus der damals bekannten und heute als »klassisch« bezeichneten Naturwissenschaft wurden in die Psychologie eingeführt. Der Gestaltpsychologe Kurt Lewin untertitelte sein Buch »Vorsatz, Wille und Bedürfnis«, aus dem Jahre 1926, wie folgt: »Mit Vorbemerkungen über die psychischen Kräfte und Energien [...]«.[12] Auch Sigmund Freud sprach in der Psychoanalyse von »psychischer Energie«[13], ebenso Carl Gustav Jung, der ein Buchkapitel »Über die Energetik der Seele«[14] überschrieb. Sodann hatte sich der aus der Physik stammende Begriff des Feldes in der Psychologie verbreitet und Katz beschreibt, dass sogar der Ausdruck »Psychische Chemie«[15] Verwendung fand, wo es sich um seelische Eindrücke handelt, die aus mehreren Sinnen zusammengesetzt gedacht worden sind. »Der zum Bewusstsein kommende Gesamteindruck galt als die Summe der punktförmigen Einzeleindrücke.«[16], präzisiert Katz und liefert sogleich ein Beispiel, das den atomistischen Standpunkt innerhalb der Psychologie zwar überspitzt, aber anschaulich zum Ausdruck bringt:

»Jemand isst Vanille-Eis. Was sagt die psychische Chemie über den eintretenden Geschmackseindruck? Zunächst konstatiert sie ein Element aus dem Gebiet des Temperatursinnes, nämlich einen Kälteeindruck. Dazu kommt aus dem Geschmackssinn das Element süß, aus dem Geruchssinn der Vanillegeruch, aus dem Tastsinn das Element weich. Wenn man will, so kann man das Ganze noch komplettieren durch die gelbe Farbe, den der Gesichtssinn liefert. Also ergibt sich aus der älteren Psychologie folgende Gleichung: Vanille-Eis = kalt + süß + vanilleartiger Geschmack + weich + gelb. Mit der Aufstellung einer solchen Gleichung glaubte die ältere Psychologie ihre Aufgabe gelöst zu haben. Wie in jeder unorganisierten Summe, so kann man auch in der Summenformel für Eis, ohne Wesentliches zu ändern, mit einem andern Element beginnen oder

**10** | Katz D. Gestaltpsychologie. Basel: Benno Schwalbe & Co.; 1948: 9-14.

**11** | Ebd.

**12** | Lewin K. Vorsatz, Wille und Bedürfnis: mit Vorbemerkungen über die psychischen Kräfte und Energien und die Struktur der Seele. Berlin: Springer; 1926.

**13** | Freud S. Zur Einführung des Narzissmus. In: Freud S. Gesammelte Werke Band X. Werke aus den Jahren 1913-1917. Frankfurt: S. Fischer; 1991: 141.

**14** | Jung CG. Über die Energetik der Seele. In: Jung CG. Gesammelte Werke Band 8. Die Dynamik des Unbewussten. Sonderausgabe. Düsseldorf: Walter; 1995: 11-42.

**15** | Katz D. Gestaltpsychologie. 1948: 12.

**16** | Ebd., S. 9-14.

schließen. Und das meint die Gestaltpsychologie, wenn sie von summativ-aggretativ, additiv-stückhaft oder Und-summenhaft im Sinne der älteren Psychologie spricht.«[17]

Wie treffend David Katz die am damaligen Atomismus sich ausrichtende, materialistische Auffassung des Psychischen wiedergibt, soll durch ein Zitat Jakob Moleschotts, einem der frühen Vertreter des Materialismus, unterstrichen werden. Jakob Moleschott skizziert in seinem Aufsatz »Der Kreislauf des Lebens« kurz und prägnant diesen Standpunkt: »Der denkende Mensch ist die Summe seiner Sinne.«[18]

David Katz erinnert daran, dass das Wort Atomismus dem griechischen Materialismus entnommen wurde, also der Vorstellung, dass die Welt aus kleinsten, nicht mehr teilbaren Objekten, aus »Atomen« besteht. Die in der heutigen Physik als Atome bezeichneten Objekte sind freilich teilbar und die Quantentheorie wurde gerade bei der Untersuchung der Atome gefunden und ist zu ihrem Verständnis unverzichtbar. Eine sich an den Atomen und Elementarteilchen orientierende Denkweise ist heute immer eine Denkweise, welche die Quantentheorie und nicht die »atomistische«, die klassische Physik zur Grundlage hat. Es ist interessant und denkwürdig zugleich, dass zu einer Zeit, als der atomistische Denkstil innerhalb der Physik durch die Quantentheorie erschüttert wurde, seine Übernahme auf andere Wissenschaftsfelder zugleich einem Höhepunkt zustrebt. Die Gestaltpsychologie bildet in dieser Entwicklung eine Ausnahme. Und dieser Prozess ist nicht abgeschlossen. Es ist sogar anzunehmen, dass zum Beispiel in der sich ausschließlich an der klassischen Physik orientierenden Neurobiologie und Hirnforschung noch viel Zeit auf eine höhere räumliche und zeitliche Auflösung der neuronalen Aktivierungsmuster aufgewendet werden wird. Methodisch ist dies durchaus der Suche nach kleinen Bausteinen oder Elementen vergleichbar. Wir haben die Vermutung bereits ausgesprochen: Erst wenn die Auflösung und Zergliederung mit den Methoden der klassischen Physik nicht weiter erhöht werden kann und die korrelativen Zuordnungen von neuronalen »Aktivierungsmustern« zu »Verhaltensleistungen« bzw. »komplexen kognitiven Prozessen« eine Genauigkeitsgrenze erfahren, dann werden die Überlegungen zur Quantentheorie in diesen Denkstil Eingang finden.

In dem Buch »Psychologie – Die Entwicklung ihrer Grundannahmen seit der Einführung des Experiments« charakterisiert Wolfgang Metzger, selbst

---

17 | Katz D. Gestaltpsychologie. 1948: 9-14.

18 | Moleschott J. Der Kreislauf des Lebens. Physiologische Antworten auf Liebigs Chemische Briefe. In: Wittich D (Hg.). Vogt, Moleschott, Büchner. Schriften zum kleinbürgerlichen Materialismus in Deutschland. Erster Band. Berlin: Akademie Verlag; 1971: 288.

ein Vertreter der Gestaltpsychologie, den »Grundsatz des Atomismus oder der Summenhaftigkeit«[19] wie folgt:

»In allem Vielfältigen (Komplexen) sind das eigentlich Wirkliche die einzelnen einfachs-ten Bestandteile (Elemente). Alle umfassenden Gebilde sind ›Und-Summen‹ ihrer ein-fachsten Bestandteile. Das bedeutet zweierlei: In diese Ansammlungen oder Aggregate gehen die einfachsten Bestandteile unverändert ein wie die Steinchen in ein Mosaik: Sie sind ›gegen einander blind‹; sie haben in den Ansammlungen keinerlei Eigenschaf-ten oder Verhaltensweisen, die sie nicht außerhalb, als isolierte Einzelgebilde, der Art und dem Maß nach ebenso haben. Zugleich sind an den Ansammlungen keinerlei Eigen-schaften oder Verhaltensweisen aufweisbar außer denjenigen ihrer einzelnen Bestand-teile, allenfalls deren Summe oder Mischung.«[20]

Was folgt aus diesen Betrachtungen? Wenn zu einer naturwissenschaftlichen Erklärung nur atomistische, additive, klassische Methoden zugelassen wer-den, dann wird damit sogleich zum Ausdruck gebracht, dass der untersuchte Gegenstand als »Aggregat«, »Mosaik«, »Ansammlung«, also als eine Summe aufgefasst wird. Die Psyche ist davon nicht ausgenommen. Das ändert sich auch dadurch nicht, dass die einzelnen Summanden in großer Zahl vorhanden sind oder durch Hinzufügung von Worten, wie »dynamisch«, »emergent« und »komplex«, anderes suggeriert werden mag. Da zunehmend deutlicher wird, dass dadurch eine naturwissenschaftliche Erklärung der Psyche nicht gelin-gen kann, werden diese atomistischen, additiven, klassischen Methoden all-mählich überdacht, in ihrer Begrenztheit erfasst und durch andere, genauere, die Quantentheorie einbeziehende ergänzt und ersetzt werden.

Die klassische Physik wurde seit Plancks Entdeckung um ihre eigene Grundlegung, die Quantentheorie, bereichert und erweitert. Die Psychologie sollte nun ihrerseits durch die Gestaltpsychologie bereichert und erweitert werden. In der Physik heißt es nicht Quantentheorie oder, sondern Quanten-theorie und klassische Physik. Die dynamische Schichtenstruktur weist dies aus.[21,22] In der Gestaltpsychologie heißt es in vergleichbarer Weise: Wenn auch die »Summierbarkeit seelischer Sachverhalte im Sinn einer mosaikartigen Zusammenstückung unveränderter Elemente in Zweifel gezogen wird, so ist damit nicht zugleich behauptet, dass es überhaupt nichts Seelisches gäbe, das sich summieren ließe.«[23] Wie in der Physik ist auch in der Psychologie das Ganze manchmal tatsächlich die Summe seiner Teile. Es handelt sich dem-

**19** | Metzger W. Psychologie. Darmstadt: Dr. Dietrich Steinkopff; 2. Aufl. 1954: 48-62.

**20** | Ebd.

**21** | Görnitz T. Quanten sind anders. 2006: 219-231.

**22** | Görnitz T, Görnitz B. Die Evolution des Geistigen. 2008: 87-94.

**23** | Metzger W. Psychologie. 1954: 53.

zufolge weder in der Physik noch in der Psychologie darum, den klassischen Standpunkt rundweg abzulehnen. »Vielmehr muss«, wie Wolfgang Metzger bemerkt, »in jedem Einzelfall die sachliche Entscheidung über seine Angemessenheit und Tragfähigkeit gesucht werden.«[24]

Christian von Ehrenfels hat in seiner im Jahre 1890 erschienenen Arbeit über »Gestaltqualitäten« gezeigt, dass »die Melodie oder Tongestalt etwas anderes ist als die Summe der einzelnen Töne«.[25] Damit wurde erstmalig das nicht Summenhafte einer Gestalt hervorgehoben. Daran anknüpfend wurde zunehmend vom »nichtsummativen«[26] und »übersummativen«[27] Charakter der Ganzheiten gesprochen; einige Forscher bedienten sich des Ausdrucks »Verschmelzungsprodukt«.[28] Edwin Rausch hat den Zusammenhang von »Summativität und Nichtsummativität«[29] zum Gegenstand einer eigenen Untersuchung gemacht. Dies erinnert sogleich an die im vorigen Abschnitt erwähnten verschiedenen mathematischen Strukturen der klassischen Physik und der Quantenphysik: additiv und multiplikativ. Weitere Ähnlichkeiten springen ins Auge, wenn verschiedene Aspekte der Ganzheiten beleuchtet werden. In der Gestaltpsychologie sind einige Forscher zu der Unterscheidung von »Gestalt« und »Komplex« gelangt. Die Gestalt wird dabei als eine Ganzheit aufgefasst, deren Elemente, die diese Ganzheit formen, auch innerhalb des Ganzen noch als Elemente bleibend hervortreten, während innerhalb des als »Komplex« bezeichneten Ganzen keine Gliederung, keine innere Struktur, also keine Elemente mehr erkennbar sind. So wird der »übersummative« Charakter erst dann als Verschmelzungsprodukt bezeichnet, wenn darin »selbständige Eigenschaften völlig untergehen«[30]. Auch das Ganze eines Quantenobjektes lässt, je nach der Stärke der Wechselwirkungen, einmal mehr und einmal weniger »innere Struktur«, also Teilhaftigkeit erkennen. Die Abgrenzung der Gestalt vom »summenhaften Haufen«[31] ist der Diskussion der Unterschiede von Quantenphysik und klassischer Physik zweifellos verwandt. Auch die Diskussionen zur »Lösung des Ganzheitsproblems« innerhalb der Gestaltpsychologie weisen ähnliche und zum Teil gleichartige Züge auf wie

---

**24** | Metzger W. Psychologie. 1954: 55.

**25** | Ehrenfels Cv. Über »Gestaltqualitäten«. 1978: 19.

**26** | Rausch E. Über Summativität und Nichtsummativität. Darmstadt: Wissenschaftliche Buchgesellschaft; 1967.

**27** | Wellek A. Ganzheit, Gestalt und Nichtgestalt. Wandel und Grenzen des Gestaltbegriffs und der Gestaltkriterien. In: Weinhandl F (Hg.). Gestalthaftes Sehen. Ergebnisse und Aufgaben der Morphologie. 1978: 384.

**28** | Metzger W. Psychologie. 1954: 55.

**29** | Rausch E. Über Summativität und Nichtsummativität. 1967.

**30** | Metzger W. Psychologie. 1954:55.

**31** | Ebd., S. 7.

die »Holismusdiskussion« unter den Quantenphysikern.[32] Wir wollen diesen Streifzug mit einer Vermutung und mit einem Zitat beschließen: Die hier dargestellten Ähnlichkeiten, Verwandtschaften, Ebenbilder von Gestaltpsychologie und Quantentheorie beruhen auf tieferen Zusammenhängen und sind keiner Willküranalogie entsprungen, die einander getrennte Wissenschaftsfelder und unvereinbare Betrachtungsweisen vorschnell zu verknüpfen sucht. Vielmehr scheint es so, dass mit der Quantentheorie erstmals eine mathematische Struktur zur Verfügung steht, darin die vielfach untersuchte Ganzheitsproblematik nun auch naturwissenschaftlich erfasst werden kann. Wolfgang Metzger schreibt:

»Mit derartigen Eigentümlichkeiten der Gestalten hängt es zusammen, dass man sie nicht durch additive Theoreme erfassen kann. Eine Psychologie, die von der Vermutung ausgeht, dass dies nicht nur für die Theorie der Wahrnehmung gilt, sondern wahrscheinlich für alles Psychische und darüber hinaus auch für die psychophysischen und die physiologischen Prozesse im weiteren Sinn, heißt ›Gestalttheorie‹.«[33]

## 49

Von den bisherigen Schilderungen führt eine gerade Linie zu einer Theorie, die auf den ersten Blick nur wenige Berührungspunkte zur Quantentheorie und dem Protyposiskonzept erkennen lässt. Die Rede ist von Karl Poppers Konzept der »Drei Welten«. Mit diesem Konzept hat Karl Popper eine Einteilung vorgelegt, die, wie John Eccles schreibt, »alles Existierende und alle Erfahrungen umfassen«[34] soll. Das entscheidende Verbindungsglied, das wir hier im Auge haben, ist innerhalb des von Karl Popper als Welt 3 bezeichneten Bereichs der Wirklichkeit zu finden. Für Popper sind die abstrakte Welt 3 und die psychische Welt 2 – wie die Quanteninformation im Protyposiskonzept – »real genau in dem Sinne, in dem die physische Welt 1 der Felsen und Bäume real ist«[35]. Karl Popper hat mit seinem Drei-Welten-Konzept eine Erweiterung traditioneller dualistischer Positionen vorgeschlagen und gelegentlich

**32** | Metzger W. Psychologie. 1954: 75-76.

**33** | Metzger W. Gestaltwahrnehmung. In: Metzger W. (Hg. Stadler M, Crabus H). Gestalt-Psychologie. Frankfurt a.M.: Waldemar Kramer; 1986: 322-345.

**34** | Eccles JC. Die Evolution des Gehirns – die Erschaffung des Selbst. München Zürich: Piper; 1989: 128.

**35** | Popper KR. Das offene Universum. Aus dem Postskript zur Logik der Forschung II. Gesammelte Werke Band 8. Tübingen: Mohr Siebeck; 2001: 121.

auch vom »Pluralismus« gesprochen.[36,37] Als Welt 1 bezeichnet Popper die aus Materie und Energie bestehende Welt des Kosmos, also die Gesamtheit aller physischen Zustände, Vorgänge und Gegenstände. Zur Welt 2 zählt Popper alle psychischen Zustände und Vorgänge, ob bewusst oder unbewusst. Welt 1 und Welt 2 werden demnach ähnlich den, in den geläufigeren Begriffspaaren Materie und Bewusstsein, Leib und Seele, Körper und Geist oder Gehirn und Psyche, anklingenden Unterscheidungen aufgefasst. Popper fügt diesen zwei Welten eine weitere hinzu und nennt diese Welt 3. Zu dieser Welt 3 gehören für Karl Popper die Erzeugnisse des menschlichen Geistes: Die objektiven Gedankeninhalte, insbesondere die der wissenschaftlichen und dichterischen Gedanken und die der Kunstwerke, also Musik, Literatur, auch Architektur, aber auch wissenschaftliche Probleme, Argumente und Theorien sowie Zeitschriften, Bücher, Bibliotheken, ethische Werte oder soziale Institutionen.[38] Kurzum: Welt 3 umfasst die menschliche Kultur. Popper hebt dabei die Bedeutung des sprachlich formulierten Wissens als »besonders charakteristisch«[39] hervor und bezeichnet Theorien, Behauptungen oder Aussagen als »die wichtigsten sprachlichen Gegenstände der Welt 3«[40]. Karl Popper hat das Drei-Welten-Konzept nicht als ein verpflichtendes Schema letzter Erklärungen konzipiert, sondern als einen Vorschlag, der es ermöglichen soll, eine Reihe ungelöster Probleme möglichst klar zu formulieren und zu ihrer Lösung beizutragen. Mit den drei Welten werden also nicht etwa imaginäre Wirklichkeiten mystifiziert, sondern in klarer, durchsichtiger Weise drei Struktur- oder Beschreibungstypen innerhalb des einen Kosmos, in dem wir leben und unsere Erfahrungen machen, unterschieden. Popper schreibt: »Ich bin nicht der Auffassung und behaupte hier auch nicht, dass wir unsere Welten nicht anders oder auch gar nicht abzählen könnten.«[41] Popper hielt beispielsweise weitere Unterteilungen für möglich, zum Beispiel die Welt der Kunstwerke noch einmal gesondert als Welt 4 abzugrenzen.[42] Auch nennt er das Drei-Welten-Konzept eine »Metapher, die uns hilft, bestimmte Relationen zu sehen«[43], und »als grobe Vereinfachung [...] ganz nützlich« ist.[44] Das vollständige Zitat Poppers lautet:

**36** | Popper KR. Das offene Universum. Aus dem Postskript zur Logik der Forschung II. Gesammelte Werke Band 8. Tübingen: Mohr Siebeck; 2001: 121.
**37** | Popper KR. Objektive Erkenntnis. 1984: 158.
**38** | Ebd., S. 109.
**39** | Popper KR. Das offene Universum. 2001: 121.
**40** | Popper KR. Objektive Erkenntnis. 1984: 163.
**41** | Ebd., S. 110.
**42** | Popper KR. Das offene Universum. 2001: 120.
**43** | Popper KR. Wissen und das Leib-Seele-Problem. 2012: 151.
**44** | Ebd.

»Mich sprach einmal ein ziemlich berühmter Vertreter der Symbollogik an, ich solle doch, bevor diese Theorie von den drei Welten ernst genommen werden könne, das Konzept von Welt 3 durch ein axiomatisches System erklären. Aber so ernst nehme ich es ganz und gar nicht. Es ist eine Metapher, die uns hilft, bestimmte Relationen zu sehen. Solche Dinge kann man nicht axiomatisieren; es sind Wegweiser, nicht mehr.«[45]

Alle drei Welten sieht Popper durch Wechselwirkungen miteinander verbunden: In unmittelbarer Interaktion stehen Welt 1 und Welt 2 sowie Welt 2 und Welt 3. Die Wechselwirkung von Welt 1 und Welt 3 erfolgt indirekt, durch Vermittlung von Welt 2. Das ist der Kern des Konzeptes. Dazu ein Beispiel: Der Bauplan zur Konstruktion eines Hauses liegt als schriftliches Dokument oder auch als elektronische Datei auf einem Chip oder der Festplatte eines Computers vor. Als physisches Objekt – Papier, Computer oder Chip – zählt er zu Welt 1. Als Plan und theoretischer Entwurf zählt er zu Welt 3. Welt 3 wirkt genau dann auf Welt 2, wenn Architekten, Bauleiter und Handwerker den Plan in ihr Bewusstsein aufnehmen und seine theoretische Struktur erfassen, verstehen, geistig verarbeiten. Das Haus, das nach ihren Anweisungen und Ausführungen entlang des verinnerlichten Welt-3-Planes entsteht, ist wiederum als physisches Objekt ein Gegenstand der Welt 1, das freilich eine Fülle von zur Welt 3 gehörenden Theorien enthält. Die Gesamtheit der »Hausmaterie« kann überhaupt nur in Verbindung mit den Welt-3-Theorien zu einer von uns als Haus bezeichneten Struktur oder Gestalt geformt werden, wie der Marmorblock erst durch Wechselwirkung mit den Welt-3-Theorien des Künstlers zu einer Skulptur geformt wird. Und Einformung ist Information. Welt 3 hat damit durch Vermittlung von Welt 2 Einfluss auf Welt 1 genommen und in ihr Wirkungen erzeugt. Dieses Vermögen ist für Popper das entscheidende Argument, »die abstrakte Welt 3; real genau in dem Sinne« anzusehen, »in dem die physische Welt 1 der Felsen und Bäume real ist«[46]. Popper betont: »Das die Welt 3 keine Fiktion, sondern ›wirklich‹ vorhanden ist, wird deutlich, wenn man ihre ungeheure Wirkung auf die Welt 1 betrachtet, die durch Welt 2 vermittelt wird.«[47] Karl Popper hat zwei Gedankenexperimente vorgeschlagen, die die »mehr oder weniger unabhängige Existenz der Welt 3«[48] verdeutlichen und zugleich die Wirkmächtigkeit von Welt 3, einer nichtmateriellen Welt abstrakter Theorien und Gedanken, besonders anschaulich zum Ausdruck bringen:

»Experiment 1: Alle unsere Maschinen und Werkzeuge werden zerstört, ebenso unser ganzes subjektives Wissen einschließlich unserer subjektiven Kenntnis der Maschinen

---

**45** | Popper KR. Wissen und das Leib-Seele-Problem. 2012: 151.
**46** | Popper KR. Das offene Universum. 2001: 121.
**47** | Popper KR. Objektive Erkenntnis. 1984: 165.
**48** | Ebd., S. 111.

und Werkzeuge und ihres Gebrauchs. Doch die Bibliotheken überleben und unsere Fähigkeit, aus ihnen zu lernen. Es ist klar, dass unsere Welt nach vielen Widrigkeiten wieder in Gang kommen kann. Experiment 2: Wie vorhin werden Maschinen und Werkzeuge zerstört sowie unser subjektives Wissen einschließlich unserer subjektiven Kenntnis der Maschinen Werkzeuge und ihres Gebrauchs. Aber diesmal werden alle Bibliotheken ebenfalls zerstört, sodass unsere Fähigkeit aus Büchern zu lernen, nutzlos wird. Wenn Sie über diese beiden Experimente nachdenken«, fügt Popper hinzu, »dann wird Ihnen die Realität, die Bedeutung und der Grad der Unabhängigkeit der Welt 3 (ebenso ihre Wirkungen auf die Welt 2 und 1) vielleicht etwas klarer. Denn im zweiten Fall wird unsere Zivilisation Jahrtausende lang nicht wieder erstehen.«[49]

Karl Poppers Konzept der drei Welten und das abstrakte Weizsäcker-Görnitz'sche Programm sind in ihrem Grundaufbau verschieden, zumal Karl Popper zumindest dem klassischen Informationsbegriff eher skeptisch gegenüberstand.[50] Popper spricht nicht von Information, sondern von »der abstrakten Botschaft, die etwa in einem Buch verschlüsselt ist und von uns entschlüsselt wird, wenn wir das Buch lesen.«[51] Und doch lässt er keinen Zweifel daran, wenn er schreibt: »Und sofern die Sprache Information enthält, [...] insofern gehört sie zur Welt 3.«[52] Und John Eccles skizziert seine Vorstellungen zur Interaktion von Geist und Gehirn, die wesentlich auf Karl Poppers Drei-Welten-Konzept basieren, in einem »Informationsflussdiagramm«[53]. Das Protyposiskonzept hat einen monistischen Ausgangspunkt. Karl Popper hingegen spricht vom Pluralismus, dem Vorhandensein mehrerer Welten. Überdies hat Popper die Vorstellung von Substanzen im Hinblick auf den ontologischen Status möglichst vermieden. Karl Poppers Welt 3 ist vom Menschen geschaffen und nur dem Menschen zugänglich, obgleich Popper mögliche Vorläufer in der Tierwelt, beispielsweise in der Herstellung von Spinnweben, Vogelnestern und Biberpfaden sieht. Welt 3 umfasst »Wissen im objektiven Sinn«[54], wie Popper und Eccles gemeinsam formuliert haben. Doch umfasst sie nicht nur faktisches, sondern auch mögliches Wissen, denn Probleme, Argumente,

---

49 | Popper KR. Objektive Erkenntnis. 1984: 111.
50 | Popper KR, Lindahl BIB, Åhrem P. Die Beziehung zwischen Bewusstsein und Gehirn: Diskussion einer interaktionistischen Hypothese. In: Aufklärung und Kritik. Zeitschrift für freies Denken und humanistische Philosophie. 17 (4); 2010: 9-21.
51 | Popper KR. Ausgangspunkte. Ein evolutionärer Entwurf. Hamburg: Hoffmann und Campe; 1992: 268.
52 | Popper KR. Objektive Erkenntnis. 1984: 162.
53 | Eccles JC. Die Evolution des Gehirns – die Erschaffung des Selbst. 1989: 375.
54 | Ebd., S. 128.

Theorien, die gegenwärtig noch nicht sprachlich formuliert wurden, bezieht Popper in die Welt 3 ausdrücklich mit ein.[55]

Wenn wir an dieser Stelle verweilen, dann um einen zweiten Blick zu werfen. Wir betrachten das Drei-Welten-Konzept und die Theorie der Protyposis selbst als Gegenstände der Welt 3 und prüfen weitere Gemeinsamkeiten und mögliche Verbindungen. Wenn Popper und Eccles von einer Einwirkung der Welt 3 des »Wissens im objektiven Sinn« sowie der Welt 2 der Psyche auf die Welt 1 der Materie und Energie sprechen, dann heißt das, dass davon ausgegangen wird, dass materiell-energetische Vorgänge der Welt 1 durch etwas anderes als materiell-energetische Vorgänge hervorgerufen, ausgelöst, bewirkt werden können, durch die Psyche und durch vermitteltes »Wissen im objektiven Sinn«, durch Information. Popper nennt dies die »kausale Offenheit« sowohl der Welt 1 gegenüber Welt 2 als auch »die kausale Offenheit von Welt 2 gegenüber Welt 3 und umgekehrt«[56]. Das Protyposiskonzept bietet dafür die naturwissenschaftliche Erklärung, denn es wirft gerade auf die Frage, wie sich die Psyche zu ihrem Gehirn verhält, also auf das Seele-Leib-Problem ein anderes, ein neues Licht. Im Protyposiskonzept sind die Materie und damit auch das Gehirn und seine neuronalen Prozesse bereits eine spezielle Form der Quanteninformation. Das Bewusstsein des Menschen und damit auch die sich sprachlich formenden Gedanken – die psychische Welt 2 – sind ebenfalls Quanteninformation. Kurzum: Im Blickfeld der Naturwissenschaft sind die Psyche, das Bewusstsein, die Gedanken, also die Welt 2, ebenso wie die materielle Welt 1 spezielle Formen der Quanteninformation. Wenn die Psyche des Menschen auf die neuronalen Prozesse »ihrer« Gehirnmaterie Einfluss nimmt und umgekehrt, wenn also Welt 2 und Welt 1 wechselseitig Wirkungen empfangen und ausüben, dann interagiert jedes Mal Quanteninformation mit Quanteninformation.[57] Bei dem Verhältnis von psychischen Vorgängen und neuronalen Vorgängen handelt es sich demnach nicht um eine Wechselwirkung von verschiedenen Substanzen, da das Zugrundeliegende, sowohl der psychischen Vorgänge als auch der neuronalen Vorgänge, abstrakte bedeutungsfreie Quanteninformation ist.

Wie nah beide Konzeptionen sich auch in der Beschreibung konkreter Zusammenhänge gelangen, machen zudem folgende Bemerkungen deutlich. Zunächst aus Sicht der Theorie der Protyposis: »Lebewesen sind instabile Fließgleichgewichte, die sich selbst durch Quanteninformation steuern und stabilisieren. [...] Steuerung ist eine reale Einwirkung von Quanteninformation auf makroskopische materielle Objekte. Sie ist möglich, weil beides, der

---

55 | Popper KR. Das offene Universum. 2001: 121-125.

56 | Ebd., S. 121.

57 | Auf dieser Stufe der Abstraktion zeigt sich, wie die Frage, ob dieser Monismus als materiell oder geistig bezeichnet werden soll, zunehmend ihren Sinn verliert.

materielle Körper des Lebewesens und die Quanteninformation seiner Selbst-
steuerung, lediglich verschiedene Erscheinungsformen der Protyposis sind.«[58]
Karl Poppers Überlegungen weisen durchaus in eine ähnliche Richtung, wenn
auch ohne Bezug zur Quantentheorie und zur Quanteninformation. Popper
schreibt, dass »die Beziehung zwischen mentalen und physischen Zuständen
grundsätzlich dieselbe ist wie die zwischen Steuerung und dem gesteuerten
System«.[59]

Im Bewusstsein eines Lesers oder auch im Bewusstsein des Architekten, der
den vorläufigen Entwürfen und Bauplänen Informationen entnimmt, verbinden sich die aufgenommenen mit den in ihnen bereits vorhandenen Informationen. Die sich einstellenden Gedanken, Überlegungen und Vorstellungen
sind aus naturwissenschaftlicher Sicht Quanteninformation. Es ist gut möglich, dass dem Architekten oder auch dem Bauleiter unvorhergesehene Probleme begegnen, die sie zu Änderungen des Bauplanes veranlassen. Andere, neue
Gedanken werden in ihnen auftauchen und den bisherigen Entwurf verändern. Auch diese neuen Gedanken sind Quanteninformation. Hier berühren
wir zum wiederholten Male den Bereich des objektiv Neuen, Neuartigen, bisher nie Dagewesenen, das überhaupt nur inmitten einer indeterministischen
Wirklichkeit verstanden werden kann. Aus naturwissenschaftlicher Sicht, wir
hatten bereits in einem der früheren Abschnitte darauf hingewiesen, kann dies
nur mithilfe der Quantentheorie, im Falle der Gedanken mit der Quantentheorie der Information, erklärt werden. Karl Popper hat wiederum frühzeitig auf
die Analogie der Entstehung von Mutationen und Theorien oder Hypothesen
hingewiesen. »Eine Hypothese kann mit einer Mutation verglichen werden.
Statt neue Mutationen hervorzubringen, bringen die Menschen manchmal
neue Hypothesen hervor.«[60] Sofern es sich dabei um neue DNA-Sequenzen
und um neue Gedanken handelt, werden diese Vorgänge quantentheoretisch
zu beschreiben sein.
　　Aus Sicht des Protyposiskonzeptes ist sprachlich formuliertes Wissen, das
in Büchern und Zeitschriften, elektronischen Speichern und Bibliotheken do-
kumentiert ist, Information, die an materielle Träger wie Papier und Druckerschwärze oder auch an elektronische Speicherstrukturen gebunden ist. Wird
diese Information im Bewusstsein eines Lesers aufgenommen, dann kann der
einlaufenden Information durch die Verbindung mit der im Leser schon vorhandenen Information Bedeutung zugeordnet, beigemessen werden. Diese
Informationsverarbeitung ist ein Quantenprozess, denn es ist Quanteninfor-

**58** | Görnitz T, Görnitz B. Das Geistige im Blickfeld der Naturwissenschaft. 2014: 41-42.
**59** | Popper KR. Wissen und das Leib-Seele-Problem. 2012: 144-145.
**60** | Stark F (Hg.). Revolution oder Reform. Herbert Marcuse und Karl Popper – Eine
Konfrontation. München: Kösel; 1971: 37.

mation, die hier verarbeitet wird. Die Vorstellung klassischer Null-Eins-Bits, die durch Nervenfasern wie durch Kabelschläuche aufeinander zulaufen, ist unzureichend. Bedeutung ist Information über Information. Freilich ist allein die Interpretation und Identifikation der einlaufenden Information als schwarze Striche und Punkte bereits ein semantischer Vorgang, also ein Vorgang, in dem Bedeutung entsteht; doch beginnt das Lesen erst dort, wo die Verbindung von einlaufender mit vorhandener Information zu einer anderen Stufe der Bedeutung, zum Verstehen der Sprache gelangt. Wieder eine andere Bedeutungsstufe kommt mit dem Verstehen des Inhaltes hinzu. Das ist schon daran erkennbar, dass gerade literarische Texte gleichermaßen *richtig* gelesen, aber verschieden verstanden werden können. Quanteninformation ist zunächst Information, die keine Bedeutung trägt und daher auch nicht mit Bedeutung gleichzusetzen ist. Das ist in Abgrenzung zu v. Weizsäckers Ur-Theorie eine der Grundthesen des Protyposiskonzeptes. Information hat aber die Möglichkeit, Bedeutung tragen zu können, wenn sie auf ein Lebewesen trifft, bei dem sie etwas bewirken kann. Eine solche Information hat die Möglichkeit gewusst, verstanden, entziffert, entschlüsselt oder dekodiert zu werden. Brigitte und Thomas Görnitz schreiben daher, »dass Information etwas ist, was prinzipiell gewusst werden könnte, und was uns beispielsweise in Form unserer Gedanken unmittelbar bekannt sein kann.«[61] Bedeutung ist subjektiv und hängt vom Kontext ab. Ein Baum bleibt ein und derselbe Baum, ganz gleich, ob Pflanzen, Pilze, Tiere oder Menschen ihm verschiedene oder gar keine Bedeutungen geben. Für einige Lebewesen ist der Baum ein Zeichen für eine mögliche Nahrungsquelle, für andere ein Zeichen für territoriale Begrenzungen. Für den Biologen hat der Baum eine andere Bedeutung als für den Mythologen. Und für jeden Kleingärtner wird heute ein Baum auch im Hinblick auf Verordnungen und Gesetze bedeutungsvoll, mit denen seine mögliche Beseitigung durch Abholzung bürokratisch überwacht wird. Ein weißes Blatt Papier, auf dem nichts geschrieben steht, bleibt ein und dasselbe weiße Blatt, ganz gleich, in welchem Kontext es erscheint. Dass dieses unbeschriebene Blatt dennoch nicht nichts bedeuten muss, sondern sogar sehr viel und Vielfältiges bedeuten kann, wird erkennbar, wenn wir an die Situation eines jungen Mannes denken, der Ende der siebziger Jahre in der Stadt Jena mit einem solchen unbeschriebenen Blatt auf einer Erste-Mai-Demonstration erschien. Es war die Zeit der DDR. Der junge Mann, Roland Jahn, wusste damals, was er tat. Für Jahn bedeutete die »leere dünne Presspappe, weiß bemalt«, die er als Plakat an einer Holzlatte befestigt in die Höhe hielt: Kenntlichmachung, dass es keine Meinungsfreiheit gibt.[62]

---

**61** | Görnitz T, Görnitz B. Die Evolution des Geistigen. 2008: 142.

**62** | Roland Jahn schreibt: »Wenn ich einfach eine leere Pappe zum Sammelort der Studenten tragen würde, könnte ich zumindest zeigen, dass alle hier bei einer Sache mitmachten, die keine Meinungsfreiheit zuließ. Das leere Plakat sollte zeigen, dass ich

Im Bewusstsein der Vertreter des Staates hatte das Plakat gewiss eine andere Bedeutung. Diese sahen in ihm vermutlich nicht nur ein Zeichen für Protest, sondern für die »feindliche Gesinnung« seines Trägers.

Kommen wir noch einmal auf die Rolle der Möglichkeiten zurück. Karl Popper erkennt in ihnen ein entscheidendes Kriterium für »Wissen im objektiven Sinn«. Das mögliche Wissen im Hinblick auf noch nicht sprachlich formulierte Theorien wurde bereits erwähnt. Doch Popper geht es um mehr. Die Frage, ob ein Buch erst dann ein Buch ist, wenn es gelesen wird, und ob es nicht bis zu diesem Zeitpunkt nur als Papier anzusehen ist mit schwarzen Flecken darauf, beantwortet Popper klar zugunsten des Buches. Er schreibt: »Es ist die Möglichkeit des Verstandenwerdens, die Dispositionseigenschaft des Verstanden- und Gedeutetwerdens oder des Missverstanden- oder Missdeutetwerdens, die aus etwas ein Buch macht. Und diese Möglichkeit oder Disposition kann bestehen, ohne je aktualisiert oder verwirklicht zu werden.«[63] Aus Sicht des Protyposiskonzeptes ist hier hervorzuheben, dass die jetzt vorliegenden Möglichkeiten bereits als real oder wirklich anzusehen sind, weil auch sie, ebenso wie die jetzt vorliegenden Fakten, Wirkungen ausüben können.[64] Zeitschriften, Bücher, Bibliotheken sind Information. Bedeutung erhalten sie im Bewusstsein ihrer Leser. Wenn wir das Bisherige zusammenfassen und besonders die Realität der Möglichkeiten im Auge behalten, dann können die zwei folgenden Gedanken uns zum weiteren Nachsinnen anregen. Zunächst eine Bemerkung Goethes, der bei der Betrachtung einer Bibliothek in seinen Aufzeichnungen vermerkt: »man fühlt sich wie in der Gegenwart eines großen Kapitals, das geräuschlos unberechenbare Zinsen spendet ...«[65] Der zweite Gedanke stammt von Ernst Jünger: »Bücher laden das Haus auf.«[66]

Wir kommen zum Schluss der Betrachtungen der Unterschiede und Gemeinsamkeiten von Poppers Drei-Welten-Konzept und der Theorie der Protyposis. Die Bezeichnung als Welt 1, Welt 2 und Welt 3 hatte Popper bewusst »farblos und willkürlich« gewählt und doch gab es auch einen »historischen Grund«[67]. Mit der Nummerierung sollte auf die Reihenfolge ihrer Entstehung

---

meine Meinung nicht sagen durfte. Zugleich war es auch eine Strategie, sich den möglichen Folgen meines Handelns zu entziehen. Wenn nichts auf dem Plakat draufstand, konnte ich auch für nichts zur Verantwortung gezogen werden.« Jahn R. Wir Angepassten. Überleben in der DDR. München Zürich: Piper; 2014: 134-135.

**63** | Popper KR. Objektive Erkenntnis. 1984: 119.

**64** | Görnitz T, Görnitz B. Die Evolution des Geistigen. 2008: 77.

**65** | Goethe JW. Tag- und Jahreshefte 1801. In: Goethes Werke. Band X. Hamburger Ausgabe in 14 Bänden. München: C.H.Beck; 1994: 454.

**66** | Jünger E. Autor und Autorschaft. In: Jünger E. Sämtliche Werke. Band 19. Stuttgart: Klett Cotta; 1999: 43.

**67** | Popper KR. Das offene Universum. 2001: 120.

hingewiesen werden. Zuerst vorhanden war die physische Welt 1, später folgte die psychische Welt 2 und zuletzt die kulturelle Welt 3. Wir enden mit der Frage: Kam vor der Welt 1 eine Welt 0, eine Welt der Protyposis, einer abstrakten bedeutungsfreien Quanteninformation?

# Schluss

## 50

Am Ende einer Untersuchung verhelfen Rückblicke dazu, noch einmal Übersicht zu gewinnen und den Ertrag der zurückgelegten Wegstrecke zu prüfen. Gefragt wurde nach der Wirklichkeit des Psychischen. Sind die Gedanken, die ein Mensch denkt, ebenso wirklich oder real wie die Nervenzellen seines Gehirns? Die gegenwärtig verfügbaren Theorien der Hirnforschung und Neurobiologie erlauben keine Darstellung der Psyche, des Bewusstseins, der Gedanken inmitten der naturwissenschaftlich erfahrbaren Welt. Ein neuer Ansatz wurde unter der Überschrift »Protoposiskonzept der Quanteninformation« vorgestellt. Es handelt sich um eine naturwissenschaftliche Konzeption, die sich als Weiterentwicklung der auf Carl Friedrich v. Weizsäcker zurückgehenden Quantentheorie der Uralternativen versteht. Inhaltlicher Ausgangspunkt ist dabei nicht die Nervenzelle, sondern eine abstrakte bedeutungsfreie Quanteninformation. Methodischer Ausgangspunkt ist nicht die klassische Physik, sondern die von Thomas Görnitz als dynamische Schichtenstruktur bezeichnete Einheit von quantenphysikalischer und klassisch-physikalischer Naturbeschreibung. Im Protoposiskonzept der Quanteninformation werden alle sich in der kosmischen Evolution herausbildenden Strukturen als spezielle Formen einer abstrakten Quanteninformation vorgestellt, die sich als Quanten-Vorstruktur zunächst als die einfachste mathematische Form quantentheoretischer Darstellungen erweist. Erst mit dem Leben wird jene Eigenschaft verwirklicht, die Quanteninformation zum Träger von Bedeutung werden lässt. Informationsverarbeitung entsteht. Mit der Identifikation psychischer Strukturen als Quanteninformation wird schließlich eine Antwort auf die Frage unserer Untersuchung formuliert: Gedanken sind Quanteninformation. Ein im Bewusstsein des Menschen sich sprachlich formender Gedanke ist Quanteninformation, die ein lebendiges Gehirn als Träger hat.

Daraus ergeben sich Folgerungen nicht nur für die Medizin: Die Psyche, das Bewusstsein, die Gedanken, das Ich sind *wirklich* vorhanden wie ein Molekül, die Nervenzellen oder das Gehirn. Wenn aber die Psyche des Menschen mithilfe der Quantentheorie der Information inmitten der Naturwissenschaft erfahrbar werden kann, dann gilt dies auch für die psychischen Veränderungen, die innerhalb der Psychiatrie und psychosomatischen Medizin als pathologisch bezeichnet werden.

# Quellen

Arbeitskreis OPD (Hg.). Operationalisierte Psychodynamische Diagnostik. Grundlagen und Manual. Bern, Göttingen, Toronto, Seattle: Verlag Hans Huber; 2001

Capurro R. Information. Ein Beitrag zur etymologischen und ideengeschichtlichen Begründung des Informationsbegriffs. München, New York, London, Paris: Sauer; 1978

Damasio A. Selbst ist der Mensch. Körper, Geist und die Entstehung des menschlichen Bewusstseins. München: Pantheon; 2013

Damasio A. Self Comes to Mind. Constructing the Conscious Brain. New York: Pantheon; 2010

Eccles JC. Die Evolution des Gehirns – die Erschaffung des Selbst. München Zürich: Piper; 1989

Ehrenfels Cv. Über »Gestaltqualitäten«. In: Weinhandl F (Hg.). Gestalthaftes Sehen. Ergebnisse und Aufgaben der Morphologie. Zum hundertjährigen Geburtstag von Christian v. Ehrenfels. Darmstadt: Wissenschaftliche Buchgesellschaft; 1978: 11-43

Einstein A, Born M. Briefwechsel. München: Nymphenburger Verlag; 1991: 210.

Einstein A, Podolsky B, Rosen N. Can quantum-mechanical description of physical reality be considered complete? Phys. Rev. 47; 1935: 777 – 780

Fölsing A. Albert Einstein. Eine Biographie. Frankfurt: Suhrkamp; 1993: 828

Fontane T. Der Stechlin. In: Fontanes Werke in fünf Bänden. Fünfter Band. Berlin und Weimar: Aufbau-Verlag; 1991

Frege G. Logische Untersuchungen. Göttingen: Vandenhoeck & Ruprecht; 2003

Freud S. Psychische Behandlung (Seelenbehandlung). In: Freud S. Gesammelte Werke Band V. Werke aus den Jahren 1904-1905. Frankfurt: S. Fischer; 1991: 301-302

Freud S. Zur Einführung des Narzissmus. In: Freud S. Gesammelte Werke Band X. Werke aus den Jahren 1913-1917. Frankfurt: S. Fischer; 1991: 141

Fuchs T. Das Gehirn – ein Beziehungsorgan. Eine phänomenologisch-ökologische Konzeption. Stuttgart: Kohlhammer; 2013: 298

Gauggel S. Was ist Kognition? Grundlagen und Methoden. In: Kircher T, Gauggel S. Neuropsychologie der Schizophrenie. Berlin, Heidelberg: Springer; 2008: 15

Goethe JW. Faust. Eine Tragödie. Erster Teil. München: Beck; 1994: 63

Goethe JW. Tag- und Jahreshefte 1801. In: Goethes Werke. Band X. Hamburger Ausgabe in 14 Bänden. München: C.H.Beck; 1994: 454

Goethe JW. West-Östlicher Divan. In: Goethes Werke. Band II. Hamburger Ausgabe in 14 Bänden. München: C.H.Beck; 1994: 66

Gogh Vv. In seinen Briefen. Frankfurt a.M.: Insel Verlag; 1977: 70-71

Görnitz T. Carl Friedrich v. Weizsäcker. Physiker, Philosoph, Visionär. Enger: Verlag der CFvW-Stiftung; 2012

Görnitz T. Quanten sind anders. Heidelberg: Spektrum Akademischer Verlag; 2006

Görnitz T. Abstract quantum theory and space-time-structure, Part I: Ur-theory, space-time-continuum and Bekenstein-Hawking-entropy. Intern. Journ. Theoret. Phys. 27; 1988: 527-542

Görnitz T. On connections between abstract quantum theory and space-time-structure, Part II: A model of cosmological evolution. Intern. Journ. Theoret. Phys. 27; 1988: 659-666

Görnitz T, Görnitz B. Der Kreative Kosmos. Geist und Materie aus Quanteninformation. Heidelberg: Spektrum Akademischer Verlag; 2008

Görnitz T, Görnitz B. Die Evolution des Geistigen. Göttingen: Vandenhoeck & Ruprecht; 2008

Görnitz T, Görnitz B. Das Geistige im Blickfeld der Naturwissenschaft – Bewusstsein und Materie als spezielle Formen der Protyposis – von abstrakter, bedeutungsfreier Quanteninformation. In: Weinzirl J, Heusser P (Hg.). Was ist Geist? Wittener Kolloquium. Band 2 – 2014. Würzburg: Königshausen & Neumann; 2014: 11-44

Görnitz T, Graudenz D, Weizsäcker CFv. Quantum Field Theory of Binary Alternatives. Intern. Journ. Theoret. Phys. 31; 1992: 1929-1959

Görnitz T, Schomäcker U. Quantum Particles from Quantum Information. Journal of Physics: Conference Series 380; 2012: 012025 doi:10.1088/1742-6596/380/1/012025

Heisenberg W. Der Teil und das Ganze. Gespräche im Umkreis der Atomphysik. München: Piper; 1969

Herpertz SC. Wie beeinflussen neurobiologische Erkenntnisse die Psychotherapie? In: Fiedler P (Hg.). Die Zukunft der Psychotherapie. Heidelberg: Springer; 2012: 42-52

Jahn R. Wir Angepassten. Überleben in der DDR. München Zürich: Piper; 2014: 134-135

Jung CG. Über die Energetik der Seele. In: Jung CG. Gesammelte Werke Band 8. Die Dynamik des Unbewussten. Sonderausgabe. Düsseldorf: Walter; 1995: 11-42

Jünger E. Autor und Autorschaft. In: Jünger E. Sämtliche Werke. Band 19. Stuttgart: Klett Cotta; 1999: 43

Jünger E. Eumeswil. In: Jünger E. Sämtliche Werke. Band 17. Stuttgart: Klett-Cotta; 1980: 196

Kandel ER. Psychiatrie, Psychoanalyse und die neue Biologie des Geistes. Frankfurt: Suhrkamp; 2008

Kappeler PM. Verhaltensbiologie. Heidelberg: Springer; 2012: 4

Kast V. In: Nachtmeerfahrten. Eine Reise in die Psychologie von C. G. Jung. Filmaufnahme. Deutschland, R: Rüdiger Sünner; 2011

Katz, D. Gestaltpsychologie. Basel: Benno Schwalbe & Co.; 1948: 9-14

Kircher T. Man sieht, dass sich durch Psychotherapie im Gehirn etwas ändert. InFo Neurologie & Psychiatrie. 15 (3); 2013: 8-9

Kluge F. Etymologisches Wörterbuch der deutschen Sprache. Walter de Gruyter. Berlin, New York, 22. Auflage; 1989

Krüger R. Der Algorithmische Mensch und der Spieler. In: Signum. Blätter für Literatur und Kritik. 12 (2); 2011: 20-23

Krüger R. Im Engen Winkel. In: Signum. Blätter für Literatur und Kritik. 13 (2); 2012: 6-7

Lewin K. Vorsatz, Wille und Bedürfnis: mit Vorbemerkungen über die psychischen Kräfte und Energien und die Struktur der Seele. Berlin: Springer; 1926

Libet B. Mind Time. Wie das Gehirn Bewusstsein produziert. Frankfurt: Suhrkamp; 2007

Lorenz K, Kreuzer F. Leben ist lernen. München: Piper; 1988: 32-33

Lorenz K. Theoretische und praktische Auswirkungen des Szientismus. In: Der Abbau des Menschlichen. Doppelband, gemeinsam mit: Die Rückseite des Spiegels. München: Piper; 1988: 451

Maudsley H. Die Physiologie und Pathologie der Seele. Würzburg: A. Stuber's Buchhandlung; 1870: 37

Metzger W. Gestaltwahrnehmung. In: Metzger W. (Hg. Stadler M, Crabus H). Gestalt-Psychologie. Frankfurt a.M.: Waldemar Kramer; 1986: 322-345

Metzger W. Zum gegenwärtigen Stand der Psychophysik. In: Metzger W. (Hg. Stadler M, Crabus H). Gestalt-Psychologie. Frankfurt a.M.: Waldemar Kramer; 1986: 232

Metzger W. Psychologie. Darmstadt: Dr. Dietrich Steinkopff; 2. Aufl. 1954

Metzinger T. Philosophie des Bewusstseins. Gibt es einen freien Willen? Gefilmtes Interview mit Thomas Metzinger von Dierk Heimann. In: Gut geforscht. Wissenschaft vor Ort. Produktion der Gutenberg.tv; 2010

Moleschott J. Der Kreislauf des Lebens. Physiologische Antworten auf Liebigs Chemische Briefe. In: Wittich D (Hg.). Vogt, Moleschott, Büchner. Schriften zum kleinbürgerlichen Materialismus in Deutschland. Erster Band. Berlin: Akademie Verlag; 1971: 288

Nietzsche F. Die fröhliche Wissenschaft. Sämtliche Werke. Kritische Studienausgabe Band 3. München, Berlin, New York: Dtv, de Gruyter; 1980: 347

Nietzsche F. Zur Genealogie der Moral. Sämtliche Werke. Kritische Studienausgabe Band 5. München, Berlin, New York: Dtv, de Gruyter; 1980: 376

Nietzsche F. Nachgelassene Fragmente. Sämtliche Werke. Kritische Studienausgabe Band 9. München, Berlin, New York: Dtv, de Gruyter; 1980: 578

Petermann B. Das Gestaltproblem in der Psychologie im Lichte analytischer Besinnung. Leipzig: Johann Ambrosius Barth; 1931: 14

Pfeifer W (Hg.). Etymologisches Wörterbuch im Deutschen. Erster Band, A-L. Berlin: Akademie Verlag; 1993: 227

Popper KR. Auf der Suche nach einer besseren Welt. München, Zürich: Piper; 1995: 260

Popper KR. Ausgangspunkte. Ein evolutionärer Entwurf. Hamburg: Hoffmann und Campe; 1992: 268

Popper KR. Das offene Universum. Aus dem Postskript zur Logik der Forschung II. Gesammelte Werke Band 8. Tübingen: Mohr Siebeck; 2001

Popper KR. Die offene Gesellschaft und ihre Feinde II. Tübingen: Mohr Siebeck; 1992: 483

Popper KR. Eine Welt der Propensitäten. Tübingen: J.C.B. Mohr (Paul Siebeck); 1995: 43

Popper KR. Logik der Forschung. Tübingen: Mohr Siebeck; 1994: 412-418

Popper KR. Objektive Erkenntnis. Ein evolutionärer Entwurf. Hamburg: Hoffmann und Campe; 1984

Popper KR. Realismus und das Ziel der Wissenschaft. Aus dem Postskript zur Logik der Forschung I. Gesammelte Werke Band 7. Tübingen: Mohr Siebeck; 2002: 52

Popper KR. Wissen und das Leib-Seele-Problem. Gesammelte Werke Band 12. Tübingen: Mohr Siebeck; 2012

Popper KR, Lindahl BIB, Åhrem P. Die Beziehung zwischen Bewusstsein und Gehirn: Diskussion einer interaktionistischen Hypothese. In: Aufklärung und Kritik. Zeitschrift für freies Denken und humanistische Philosophie. 17 (4); 2010: 9-21

Rausch E. Über Summativität und Nichtsummativität. Darmstadt: Wissenschaftliche Buchgesellschaft; 1967

Roth G. Aus Sicht des Gehirns. Frankfurt: Suhrkamp; 2009: 198-201

Roth G. Wie einzigartig ist der Mensch. Die lange Evolution der Gehirne und des Geistes. Heidelberg: Spektrum Springer; 2010

Roth G. Das Problem der Willensfreiheit aus Sicht der Hirnforschung. In: Information Philosophie. 2004: 83-92

Roth G. Geist und Bewusstsein als physikalische Zustände. In: Dresler M (Hg.). Kognitive Leistungen. Intelligenz und mentale Fähigkeiten im Spiegel der Neurowissenschaften. Heidelberg: Spektrum Springer; 2011: 171-174

Roth G. Wir sind determiniert. Die Hirnforschung befreit von Illusionen. In: Geyer C (Hg.). Hirnforschung und Willensfreiheit. Frankfurt: Suhrkamp; 2004: 218

Roth G. Worüber dürfen Hirnforscher reden – und in welcher Weise? In: Geyer C (Hg.). Hirnforschung und Willensfreiheit. Frankfurt: Suhrkamp; 2004: 78

Roth G, Pauen M. Freiheit, Schuld und Verantwortung. Grundzüge einer naturalistischen Theorie der Willensfreiheit. Frankfurt a.M.: Suhrkamp; 2008

Roth G, Strüber N. Wie das Gehirn die Seele macht. Stuttgart: Klett Cotta; 2014

Scharfetter C. Allgemeine Psychopathologie: Eine Einführung. Stuttgart, New York: Thieme; 1996: 167

Schneider K. Klinische Psychopathologie. Stuttgart, New York: Thieme; 1992

Schrödinger E. Die gegenwärtige Situation in der Quantenmechanik. In: Neuser W, Neuser-von Oettingen K (Hg.). Quantenphilosophie. Heidelberg: Spektrum; 1996: 21-33

Singer W. Der Beobachter im Gehirn. Frankfurt: Suhrkamp; 2002

Singer W. Der freie Wille ist nur ein gutes Gefühl. Gespräch mit Birgit Recki (Philosophin der Universität Hamburg) und Konrad Paul Liessmann (Philosoph der Universität Wien). Gesprächsleitung: Heinz Nußbaumer. Filmaufnahme. Produktion der ORF-Reihe Kreuz & Quer: Philosophicum; 2006

Singer W, Nida-Rümelin J. »Gehirnforscher sind doch keine Unmenschen« – »Aber vielleicht leiden sie an Schizophrenie?«. Ein Streitgespräch. Frankfurter Rundschau Magazin vom 3.4.2004

Singer W. Das Ende des freien Willens? Gespräch mit dem Hirnforscher Wolf Singer und den Autoren Inge Hoefer und Christoph Pöppe von der Zeitschrift Spektrum. Spektrum der Wissenschaft. Heft 2; 2001: 72

Singer W. Der freie Wille ist nur ein gutes Gefühl. Interview mit Markus C. Schulte von Drach. Süddeutsche Zeitung vom 25.1.2006

Singer W. Nachtseite der Vernunft: Philosophische Implikationen der Hirnforschung. Freiheit und Determinismus. Festspiel-Dialoge. Vortrag vom 23. August 2007. www.wk.sbg.ac.at/fileadmin/Media/arts_and_festival_culture/singer_fsdialoge_070823.pdf

Singer W. Neurobiologische Anmerkungen zur Willensfreiheit. In: Bonhoeffer T, Gruss P (Hg.). Zukunft Gehirn. München: C.H.Beck; 2011: 260-261

Singer W. Verschaltungen legen uns fest. In: Geyer C (Hg.). Hirnforschung und Willensfreiheit. Frankfurt: Suhrkamp; 2004

Singer W. Wann und warum erscheinen uns Entscheidungen als frei? Ein Nachtrag. In: Deutsche Zeitschrift für Philosophie 53, Berlin; 2005: 707-722

Singer W. Wer deutet das Denken? Streitgespräch zwischen Wolfgang Prinz und Wolf Singer über Neurowissenschaften und den freien Willen. Die Zeit. Heft 29; 2005

Singer W. Wer deutet die Welt? Streitgespräch zwischen Lutz Wingert und Wolf Singer über den freien Willen, das moderne Menschenbild und das gestörte Verhältnis zwischen Geistes- und Naturwissenschaften. Die Zeit. Heft 50; 2000

Singer W. »Wir brauchen Übersetzer«. Ein Gespräch. In: Hüttemann A (Hg.). Zur Deutungsmacht der Biowissenschaften. Paderborn: Mentis; 2008: 22-23

Sorge S. Neue Versuche über die Wiedergabe abstrakter optischer Gebilde. Leipzig: Akademische Verlagsgesellschaft m.b.H.; 1940

Stark F (Hg.). Revolution oder Reform. Herbert Marcuse und Karl Popper – Eine Konfrontation. München: Kösel; 1971: 37

Swaab D. Wir sind das Gehirn. Wie wir denken, leiden und lieben. München: Droemer; 2011: 27

Tellenbach H. Melancholie. Zur Problemgeschichte, Typologie, Pathogenese und Klinik. Berlin, Göttingen, Heidelberg: Springer; 1961: 140-144

Thunberg T. Förnimmelserna vid till samma ställe lokaliserad, samtidigt pågående köld- och värmeretning. Uppsala Läkkfören: Föhr; 1896: 489-495

Ulfig N. Kurzlehrbuch Embryologie. Stuttgart: Thieme; 2009: 147

Ursin R, Tiefenbacher F, Schmitt-Manderbach T, Weier H et al. Entanglement-based quantum communication over 144 km. Nature Physics 3; 2007: 481-486

Vogt K. Physiologische Briefe für Gebildete aller Stände. Zwölfter Brief. In: Wittich D (Hg.). Vogt, Moleschott, Büchner. Schriften zum kleinbürgerlichen Materialismus in Deutschland. Erster Band. Berlin: Akademie Verlag; 1971: 18

Webb R. Virginia Woolf. Writer's life. London: The British Library; 2000: 113

Weizsäcker CFv. Aufbau der Physik. München: Hanser; 1985

Weizsäcker CFv. Das Weltbild der Physik. Stuttgart: Hirzel; 1990: 369

Weizsäcker CFv. Der Mensch in seiner Geschichte. München: Hanser; 1991

Weizsäcker CFv. Die Einheit der Natur. München: Hanser; 1982

Weizsäcker CFv. Die philosophische Interpretation der modernen Physik. Nova Acta Leopoldina. Nummer 207, Band 37/2. Halle (Saale): Deutsche Akademie der Naturforscher; 1986: 16

Weizsäcker CFv. Quantentheorie elementarer Objekte. Nova Acta Leopoldina. Nummer 230, Band 49. Halle (Saale): Deutsche Akademie der Naturforscher; 1978: 5-19

Weizsäcker CFv. Reden in der Leopoldina. Nova Acta Leopoldina. Neue Folge, Nummer 282, Band 68. Halle (Saale): Deutsche Akademie der Naturforscher; 1992: 67-108

Weizsäcker CFv. Wahrnehmung der Neuzeit. München: Hanser; 1984: 136

Weizsäcker CFv. Zeit und Wissen. München: Hanser; 1992

Weizsäcker CFv. Philosophie eines Physikers. Vortrag vom 22.6.1992 an der Universität Bamberg. Filmaufnahme. Produktion des SWR. 1992

Weizsäcker CFv. Gespräch mit Manfred Eigen. Gesprächsleitung: M. R. Schroeder im 3. Physikalischen Institut Göttingen. Filmaufnahme. Produktion des IWF, Institut für den Wissenschaftlichen Film; 1986

Wellek A. Ganzheit, Gestalt und Nichtgestalt. Wandel und Grenzen des Gestaltbegriffs und der Gestaltkriterien. In: Weinhandl F (Hg.). Gestalthaftes Sehen. Ergebnisse und Aufgaben der Morphologie. Zum hundertjährigen Geburtstag von Christian v. Ehrenfels. Darmstadt: Wissenschaftliche Buchgesellschaft; 1978: 384

Wilde O. Lady Windermere's Fan. Stuttgart: Phillip Reclam jun.; 2000: 70

Wilde O. The Picture of Dorian Gray. London: Collector's Library; 2003: 78

# Sozialphilosophische Studien

Marcel Hénaff

## Die Gabe der Philosophen

Gegenseitigkeit neu denken
(übersetzt aus dem Französischen von Eva Moldenhauer)

2014, 280 Seiten, kart.,
29,80 €,
ISBN 978-3-8376-2385-7

■ Der philosophische Diskurs um die Gabe erfährt seit geraumer Zeit eine Renaissance. Trotz vieler Unterschiede sind sich Philosophen wie Derrida, Levinas, Ricoeur und andere in einem zentralen Punkt einig: In ihren Augen ist die einzige wirkliche Gabe eine Gabe ohne Erwiderung. Jedwede Gegenseitigkeit scheint ihnen von vornherein mit einem ökonomischen Tausch verbunden zu sein und damit das Wesen der »reinen« Gabe zu verfehlen. Doch können wir die Stiftung des sozialen Bandes gänzlich ohne ein Verhältnis der Gegenseitigkeit denken.
Marcel Hénaff interveniert in diesen Diskurs, indem er zeigt, dass verschiedene Arten der Gabe unterschieden werden müssen. Die wohltätige Gabe und die solidarische Gabe kennen die Forderung nach Gegenseitigkeit nicht. Diese steht jedoch im Mittelpunkt der zeremoniellen Gabe, die in erster Linie eine Entscheidung für das Bündnis ist, eine Geste gegenseitig gewährter öffentlicher Anerkennung, wodurch sich das typisch menschliche soziale Band als politisch erweist.

# Edition Moderne Postmoderne

*Andreas Hetzel*
**Vielfalt achten**
Eine Ethik der Biodiversität

Februar 2016, ca. 200 Seiten, kart., ca. 24,99 €,
ISBN 978-3-8376-2985-9

*Sandra Markewitz (Hg.)*
**Grammatische Subjektivität**
Wittgenstein und die moderne Kultur

Januar 2016, ca. 300 Seiten, kart., ca. 34,99 €,
ISBN 978-3-8376-2991-0

*Stefan Deines*
**Situierte Kritik**
Modelle kritischer Praxis in Hermeneutik,
Poststrukturalismus und Pragmatismus

November 2015, ca. 240 Seiten, kart., ca. 29,99 €,
ISBN 978-3-8376-3018-3

Leseproben, weitere Informationen und Bestellmöglichkeiten
finden Sie unter www.transcript-verlag.de

# Edition Moderne Postmoderne

*Christian W. Denker*
**Vom Geist des Bauches**
Für eine Philosophie der Verdauung

Oktober 2015, ca. 500 Seiten, kart., 34,99 €,
ISBN 978-3-8376-3071-8

*Karl Hepfer*
**Verschwörungstheorien**
Eine philosophische Kritik der Unvernunft

August 2015, 192 Seiten, kart., 24,99 €,
ISBN 978-3-8376-3102-9

*Dirk Stederoth*
**Freiheitsgrade**
Zur Differenzierung praktischer Freiheit

Juni 2015, 304 Seiten, kart., zahlr. Abb. , 29,99 €,
ISBN 978-3-8376-3089-3

Leseproben, weitere Informationen und Bestellmöglichkeiten
finden Sie unter www.transcript-verlag.de